本書爲國家社科基金青年項目“晚明傳教士高一志‘義禮西學’系列譯著整理與研究”（17CZJ012）階段性成果

童幼教育今注

〔意〕高一志　著
〔法〕梅謙立　編注
譚　杰　校勘

創于1897 商務印書館 The Commercial Press
2017年·北京

圖書在版編目(CIP)數據

童幼教育今注 /（意）高一志著；（法）梅謙立編注；譚杰校勘. — 北京：商務印書館，2017
ISBN 978-7-100-14676-0

I. ①童… II. ①高… ②梅… ③譚… III. ①耶穌會—宗教教育—兒童教育—教育思想—研究—中國②《童幼教育》—注釋 IV. ①B976.1

中國版本圖書館CIP數據核字（2017）第157179號

童幼教育今注

〔意〕高一志 著
〔法〕梅謙立 編注
譚 杰 校勘

商 務 印 書 館 出 版
（北京王府井大街36號 郵政編碼 100710）
商 務 印 書 館 發 行
三河市尚藝印裝有限公司印刷
ISBN 978-7-100-14676-0

2017年12月第1版 開本 880×1230 1/32
2017年12月第1次印刷 印張 8 5/8

定價：46.00元

目　録

第一章　晚明耶穌會士高一志生平

段春生（香港神修院神哲學院教授）

隨着西學東漸研究的逐步深入和細緻化，學術界對高一志（或王豐肅，Alfonso Vagnone）的關注不斷增多與深入。關於高一志生平的研究，最早是1647年（清順治四年）韓霖和段衮在《辯教論》和《聖教信證》中的記述。這以後的1868至1875年間，法國耶穌會士費賴之編撰的《在華耶穌會士列傳及書目》，以及之後榮振華的《在華耶穌會士列傳及書目補編》，鄧恩的《巨人的一代》，這些關於高一志的著作對其生平都有簡單的回顧與介紹。本文再一次介紹高一志的生平，其優勢在於使用的是在義大利發現的第一手資料，尤其是保存在羅馬耶穌會歷史檔案館的高一志年信，以及其他耶穌會士在年信中關於高一志生平事蹟的記述，以此本文得以盡量豐富其生平事蹟。

一、高一志在義大利

1566年1月，高一志出生于義大利都靈郊區的特洛伐雷洛區的一個顯赫且具有濃厚信仰氛圍的贵族家庭，其家庭背景對高一志早年的成長以及教育有重要的影響。[1]

17 世紀中叶，耶穌會士在義大利北部伦巴第（Lombardi）、皮埃蒙特（Piemonte）創辦了许多學校。当时耶穌會总會长是方濟各・博爾吉亞（Francesco Borgia，1565—1572），他修訂了耶穌會的“教育計劃”（*Ratio Studiorum*）。[2] 後來，由於公爵的經費匱乏，以至於擱置了新建耶穌會學校的計畫，不久，蒙道維的學校也被迫停辦。皮埃蒙特首府都靈（Torino）的耶穌會學院雖然負債累累，但還是成爲大學新的地點和傳教最佳的前沿陣地。[3] 而高一志就是在都靈耶穌會學校完成了良好的人文學培育。[4]

---

[1] 關於高一志出生的時間，史料中記載兩個版本，費賴之、巴托利、方豪等均認爲高一志出生於 1566 年，於 1640 年去世，享年七十四歲。他們可能是根據高一志在 1616 年在《南宫署牘》中自述“年五十歲”所推測。但法國耶穌會士榮振華則“認爲高一志生於 1568 年左右”，根據是“因爲 1599 年的人名册認爲他在 1597 年已 29 歲，而 1600 年的人名册又在 1599 年 1 月間把他記載爲 31 歲”。參見〔法〕榮振華著，耿昇譯：《在華耶穌會士列傳及書目補編》，中華書局 1995 年版，第 690—691 頁。榮振華著作的根據是保存在羅馬耶穌會歷史檔案館的關於高一志的人名册記録。幾年前，笔者查閱核對了榮振華所考證的資料，並曾兩次去拜訪高一志的家族後代，參訪了高一志出生時就有的教堂，希望在該教堂的檔案館能找到有關高一志出生及受洗的時間，但保存的資料僅可以追溯至 1700 年。笔者根據高一志家譜中的記載，確定高一志生於 1566 年。

[2] 參見 M. Casassa, S. J.,“La Compagnia di Gesù nelle Provincie di Torino e Aosta”, in *La Compagnia Gesù nella Provincia di Torino dagli anni di Emanuele Filiberto a quelli di Carlo Alberto,* Torino: Società Piemontese di Archeologia e Belle Arti, 1998, pp. 13-24。

[3] 參見 W. E. Crivellin,“La ricostruzione della Compagnia di Gesù a Torino (1870-1916): un primo bilancio”, in *I Santi Martiri: una chiesa nella storia di Torino,* B. Signorelli ed., Torino: Compagnia di San Paolo, 2000, pp. 157-182。

[4] J.W. O’ Malley, *The First Jesuits,* Cambridge, Mass.: Harvard University Press, 1993, p. 8; 亦參見 B. Signorelli,“L'ultima collaborazione fra lo Stato Sabaudo e la Compagnia di Gesù in epoca di antico regime: la creazione degli ospizi e delle congregazioni di carita”, in *La Compagnia di Gesù nella Provincia di Torino dagli anni di Emanuele Filiberto a quelli di Carlo Alberto,* Torino: Società Piemontese di Archeologia e Belle Arti, 1998, pp. 221-246。

1584年10月24日，十八歲的高一志正式進入了耶穌會。[1] 他先做了兩年的靈修工夫（稱爲“初學”），然後從1586至1589年，學習三年哲學。根據耶穌會的慣例，他需在1589至1592年參加教學實習，在同一個學校教授三年的人文學。最後，1592至1597年完成長達五年的神學學習。[2]

高一志從1584年10月24日進入耶穌會直到1597年1月結束學習，期間經過了十二年時間。這個培育過程反映出耶穌會“教育計劃”逐步臻於完善的過程。[3] 結束學業後，高一志經過考核，至少於該年底領受了司鐸聖職。[4] 由於高一志成績優秀，故被任命爲該學院教授，從1597年至1603年，出發去中國之前，他一直在米蘭教授一些人文學、哲學和神學的課程。[5]

那時利瑪竇在中國傳教的事蹟不斷傳到歐洲，激起了許多青年耶穌會士奔赴遠東傳教的高度熱情。身在米蘭的高一志也不例外，他曾兩次向總會長阿奎維瓦（Claudio Acquaviva，1543—1615）申請去國外傳教。[6] 第一次是1602年7月9日，他在米蘭

---

[1] ARSI, Jap. Sin., Catalogo 1592, p. 24；〔法〕榮振華：《在華耶穌會士列傳及書目補編》，第690—691頁。

[2] ARSI, *Mediol.* 47, f. 24v, f. 58r, f. 108v-109r；也參見 D' Elia, *Fonti Ricciane* II, Roma: La Libreria dello Stato, 1949, pp. 277-278。

[3] 耶穌會“教育計劃”，直至1599年已完成定稿。

[4] 查閱關於高一志在羅馬耶穌會檔案館的所有資料時，筆者没有發現他晉升神父的日期，但通過其他相關資料至少可以證明在該年底他已經領受了神職。

[5] 布雷拉公學院於1621年與1624年的記載披露了高一志的信息："in Societate studuit rethoricae annis 2, philosophiae annis 3, theologiae 4, docuit litteras humaniores annis 3, rethoricam 2, philosophiam 3, theologiam 2。" ARSI, *Jap. Sin.*, 134, f. 302[…]；參見 D' Elia, *Fonti Ricciane* II, p. 278。

[6] 〔意〕汾屠利（P. T. Venturi），在《利瑪竇歷史集》（*Opere storiche del P. Matteo Ricci S. I.*），第451頁，談到了高一志於1592年曾致信給總會長阿奎維瓦，申請去中國傳教，但筆者在找到了這封信（寫於1592年3月30日）後，發現其內容是高一志寫的關於當時在阿羅納（Arona）的耶穌會院院長梅拉諾（Mellano）及當時在米蘭布雷拉公學院的著名神學家及哲學家的生活片段的介紹。

致信給阿奎維瓦，提到了自己在一個港口休假，在那裏他萌生了渴望到國外，特別是去中國傳教的願望，“因着我們的會祖依納爵之名，及我們的主天主對我們的愛，特別是爲中國那些可憐的尚不認識天主的人的靈魂，我誠懇請求您在下一次能派遣我去中國傳教。爲了實現這一個願望，我從初學時就很渴望前往中國傳教，即便您自己认爲去日本更好”。爲了表明自己有能力勝任赴遠東傳教的任務，他説“我剛結束了學習，且精力充沛……有信心也有能力繼續學習”。他自信有學習外語的能力，“我認爲不會感到非常困難……就如在過去幾年已經學習和掌握了希臘語和希伯來語一樣”[1]。同一年的8月20日，他於米蘭致信給總會長表達了他的感恩之情，“我非常喜悦地收到了您讓我們前往中國和日本的充滿希望的信”[2]。在這封信中，高一志已經確切得到了總會長的答复，也知道他將與其他會士一同奔赴遠東去傳教。

1603年4月9日，三十七歲的高一志如願以嘗前往中國。[3]他先從米蘭出發到了當時的威尼斯，然後從那裏出發去了里斯本，再從里斯本乘“聖若望號”船出發去印度。[4]與他同行的有日後在日本殉道的聖人科斯坦佐（Camillo Costanzo，1571—1622）、在錫蘭殉道的聖人邁特拉（João Metella）以及在中國傳教的林斐理

[1] ARSI, FG 734, fol. 383；參見 Camilla Russell, “Vocation to the East: Italian Candidates for the Jesuit China Mission at the Turn of the Seventeenth Century”,in *Renaissance Studies in Honor of Joseph Connors* II, edited by Machtelt Israëls, Cambridge, Mass.: Harvard University Press, 2013, p.321。

[2] ARSI, FG 734, fol. 383；參見 Russell, p.322。

[3] 參見 Venturi, *Opere storiche del P. Matteo Ricci S. I.*, p.51; 也參見 D'Elia, *Fonti Ricciane*, p.277。

[4] ARSI, *Jap. Sin.*, p.342, 499；參見〔法〕榮振華：《在華耶穌會士列傳及書目補編》，第690—691頁。

（Feliciano da Silva，1578—1614）和陽瑪諾（Manuel Dias Júnior，1574—1659）。高一志被任命擔任此次旅行耶穌會士的負責人。[1]

高一志一行歷經乏味、惡劣的海上長途旅行後，終於在 1604 年 7 月抵達澳門。[2] 陽瑪諾由於患病留在澳門聖保禄會院，而“王豐肅與林斐理前至韶州住了幾日，又到江西南昌府住了四個月”[3]。該年 12 月份又重新出發，於 1605 年 2 月底，終於抵達目的地——南京。[4]

二、高一志在南京

被任命爲南京會院負責人

葡萄牙耶穌會士羅如望（João da Rocha，1565—1623）是南

---

[1] 參見 Bartoli, IV, p. 27；也參見 D' Elia, *Fonti Ricciane* II, pp. 277-278。

[2] 參見〔法〕榮振華：《在華耶穌會士列傳及書目補編》，第 691 頁。

[3] 參考周駬方编校：《聖朝破邪集》，《明末清初天主教史文獻叢編》第二册，北京圖書館出版社 2001 年版，第 125 頁。參見方豪：《中國天主教史人物傳》第一册，香港公教真理協會 1967 年版，第 150 頁。

[4]〔法〕榮振華：《在華耶穌會士列傳及書目補編》，第 691 頁。在《中國天主教史人物傳》上册，第 159 頁，方豪記載高一志一行在海上旅行了“兩年零四個月，於萬曆二十七年七月達到廣東廣州府香山奧中”。經過考證，發現方豪記載的關於高一志到澳門的時間是根據徐昌治编订《破邪集》所定，他並没有對此作進一步的考證。《破邪集》所記是徐昌治根據高一志的口述而成，按理應該是正確的，但是通過其他資料的考證發現，《破邪集》此處記載高一志於“萬曆二十七年（1599）”到了澳門，這一時間有誤。由此判斷，方豪引用的高一志到澳門的時間有誤，極有可能是記録員在記録時文筆有誤所致（《破邪集）於萬曆四十五年八月南京督查院同知林有梁回谘）。參見周駬方编校：《聖朝破邪集》，第 125 頁。

京會院的負責人，同時也負責教授高一志、林斐理等新來會士學習中文。[1]1605年3月16日，高一志曾致信羅馬耶穌總會長阿奎維瓦，詳細匯報了從里斯本到南京的過程，以及他們到達後開始學習中文一事，"我們跟羅若望神父學習中文和文學"，爲的是"早日在這個幅員遼闊的帝國開始傳播福音"。[2]同時，高一志也開始學習中國經典。[3]

1604年至1609年期間，在利瑪竇領導下的中國耶穌會傳教團風平浪靜，一切依常規而行。据《破邪集》記載，"豐肅數年以前，深居，簡出入，寡交遊，未足啓人之疑，民與之相忘，即士大夫亦與之相忘"[4]。這段時間，高一志深居簡出，努力學習中國語言和儒家典籍。如前文所言，早在米蘭學習神學和哲學之時，高一志即被利瑪竇在中國的傳教事蹟所振奮和鼓舞，渴望早日去中國傳教，而今如願以償，因而他加倍努力學習中國語言和文學。高一志學習語言的天賦，在米蘭布雷拉公學院學習希臘語和希伯來等語言時，就已脱穎而出。1606年2月15日，在致總會長阿奎維瓦的信中，利瑪竇特別談到"王豐肅神父在南京已兩年了，努力學習中文與文學，很有成績，做事睿智有德，那裏的長上對他非常滿意。他入會已多年，學業與受試皆表現良好，相信他可以矢發本會四大聖願。"[5]六個月後，即該年的8月13日，高一志在南京宣

---

[1] 參見 Venturi，第451頁；D'Elia，*Fonti Ricciane* II，pp.277-278。

[2] ARSI，*Jap. Sin.*，第207頁；也參見費賴之，第88頁。

[3] 參見 ARSI，*Lus.*, 3, 第149頁。

[4] 周騈方编校：《聖朝破邪集》，第121頁。

[5]〔意〕利瑪竇著，文錚譯，梅歐金（Eugenio Menegon）校：《耶穌會與天主教進入中國史》，商務印書館2014年版，第461頁；〔法〕费赖之著，馮承鈞譯：《在華耶穌會士列傳及書目》第一册，中華書局1995年版，第88頁。

發了耶穌會第四聖願。[1]

1609 年，鑒於當時傳教形勢的需要，利瑪竇安排陽瑪諾去了澳門，羅如望被派往南昌，高一志因成績與能力突出，則被任命爲南京會院的負責人。[2] 此時高一志來南京已有四年的時間，而南京會院的重要性僅次於北京會院。

學術傳教

1610 年左右，高一志爲官員許樂善（1548—1627）作《性靈説》。同一時期，在徐光啓（1562—1633）協助下完成了《推演正道論》及《諮周偶編》。這兩部小書可以看作是遵循利瑪竇傳教策略的典範之作。後高一志又通過學習儒家經典，於 1615 年著《教要解略》，並以四篇神學論文對利瑪竇的《天主實義》做了註釋。同一年，又著《西學》一文，後收録在 1632 年在絳州出版的《童幼教育》一書中。[3] 耶穌會史學家巴托利（Bartoli）記載："初入中國之四年，一志精研中國語言文字，歐羅之人鮮有能及之者。

---

[1] 參見 ARSI，Lus. 3，p. 149；也參見 D'Elia, *Fonti Ricciane* II，p. 278。耶穌會發第四聖願是耶穌會建會之初，依納爵特別向教宗做的承諾，要絶對服從教宗安排，到世界各地去傳教。

[2] 參見 Ricci，*Lettera Annuale del 15 agosto 1606*，ASIA，Jap. Sin.; 參見 D'Elia，*Fonti Ricciane* II，pp. 277-278；也參見 Venturi，*Opere storiche*，p. 302。

[3] 這四篇論文："第一篇是關於天主，第二篇是關於靈魂，第三篇是有關於原罪，第四篇是講述救主耶穌生平。"至於這四篇論文的內容，尚未看到。高一志於 1615 年著的《教要解略》是對天主教"天主經"、"信經"等各種經文的詮釋。參見〔意〕利瑪竇：《耶穌會與天主教進入中國史》，第 461 頁。

因是撰作甚多，頗爲中國文士所嘆賞。”[1]巴托利認爲，“南京的基督徒比以往增加了一倍多，他們所表現的虔誠和熱心堪與北京的基督徒相媲美。如同龍華民神父（Nicolò Longobardo，1559—1654）所説的，南京官員們也很欣賞我們天主教的信仰與耶穌會神父們”[2]。

法國耶穌會士高龍鞶（Auguste Colombel，1833—1905）在《江南傳教史》中認爲高一志在南京時“是南京教務的全盛時期”。[3]因爲“經常造訪南京的徐光啓和李之藻（1571—1630）在激勵天主教團體的熱誠上，曾給了高一志無可估量的幫助。”[4]在中國傳教區，“由高一志負責的南京傳教點工作似乎是最興旺的，皈依天主教的人數也是最多的。南京的工作受到了神父們的讚賞，天主教的信仰也得到了極高的評價”[5]。高一志後來在寫給耶穌總會長阿奎維瓦的年信中，自述當時教會迅速發展的原因：“一是教友們熱心參加聖母會；再者，是由於徐光啓與李之藻基督徒生活的榜樣。”因爲“光啓在三年守制期間，屢至南京，以住院爲下榻之處，使神父們取得官員保護。”[6]徐光啓對教會的大力支持，爲高一志在南京的傳教活動創造了極爲有利的條件。

耶穌會的傳教策略是自上而下地向社會各階層進行傳教，認爲要想讓一個國家皈依基督宗教，首先要歸化那些在社會上有權

---

[1] Bartoli，*Opere* XVIII，p.1144；也參見 D'Elia，*Fonti Ricciane* II，pp.277-278。

[2] Bartoli，*Opere* IV，p.25.

[3]〔法〕高龍鞶（Aug. M. Colombel）著，周士良譯：《江南傳教史》第一册，臺灣輔仁大學出版社 2007 年版，第 148 頁。

[4]〔美〕鄧恩：《從利瑪竇到湯若望》，第 106 頁；也參見張凱：《龐迪我與中國》，大象出版社 2009 年版，第 330 頁。

[5] 張凱：《龐迪我與中國》，大象出版社 2009 年版，第 330 頁。

[6]〔法〕高龍鞶：《江南傳教史》第一册，第 148—149 頁。

力和有影響的人物，使他們對下層社會的皈依發揮大的影響力。[1]正是在這種思想的激勵下，高一志努力實踐利瑪竇的文化適應與學術傳教的策略。至萬曆三十八年（1610），在南京“爲數衆多皈依者中，有三位是官員”，其中一位是姓許的“相當重要的官員”[2]，另一位“是張多默，二人都是進士出身，西史稱之爲博士”[3]。黄一農認爲第一位姓許的官員乃許樂善，“字修之，號惺初，江蘇華亭人，隆慶五年進士，後升至南京通政使”[4]。他是當時奉教官員中除徐光啓之外職位最高的一位。在徐光啓的介紹下，許氏與高一志過從甚密，並由高氏接受了洗禮，聖名若望。[5]徐光啓在這位未來成爲自己兒女親家的許樂善的皈依中起到了重要的推動作用。

當許樂善“第一次讀利瑪竇神父的《天主實義》時，感覺味如嚼蠟，這大概是因爲書中藴藏的真理與他所持的觀點不大一

---

[1]〔美〕孟德衛（David E. Mungello）：《1500—1800中西方的偉大相遇》（*The Great Encounter of China and the West*），新星出版社2007年版，第34頁。

[2]〔美〕鄧恩：《從利瑪竇到湯若望》，第106頁。

[3]〔法〕高龍鞶：《江南傳教史》第一册，第149頁。

[4] 黄一農認爲這個許姓官員，並非如德理賢（Pasquale M. D' Elia，1890—1963）和裴化行（Henri Bernard，1889—1975）所考證的“許胥臣”，因爲許胥臣爲浙江錢塘江人，曾經爲艾儒略的《西學凡》和《職方外紀》作序。“他並未中舉也不曾出仕，故不可能擔任專司納言的正三品通政使一職。”參見黄一農：《兩頭蛇：明末清初的第一代天主教徒》，台湾“清華大學”出版社2005年版，第84—85頁。

[5] 鄧恩認爲許姓官員（樂善）受洗在1612年（《從利瑪竇到湯若望》，第106頁），應爲有誤。根據高龍鞶考證，1611年5月3日，高一志在南京奉獻聖堂典禮時，許樂善還曾贈送一幅對聯，懸掛在祭台兩側，在建教堂前許樂善亦曾捐款。由是可以斷定，許樂善受洗當在1611年之前。參見〔法〕高龍鞶：《江南傳教史》第一册，第148頁。黄一農認爲許樂善受洗確切時間應當在萬曆三十八年（1610），此説當爲可信。參見黄一農：《兩頭蛇：明末清初的第一代天主教徒》，第84頁。

致”[1]。當高一志發現他對宗教没有興趣，就不和他談論宗教，而是給他做了一個地球儀，並在上面加上了適當的注釋。當許樂善嘖嘖稱讚科學的高超和奇妙時，高一志趁機對他說：“與我們的聖教相比，數學簡直不值一提，聖教的理論比數學更爲高深，更爲必要。”[2] 這些話在他心裏產生了强烈的震撼，促使他“仔細閱讀基督教的戒律……認真地、以新的思想和態度來重新閱讀利瑪竇神父的教義問答……高一志神父送他基督像，他穿上全副官服來接受它”[3]。此處的“教義問答”可能指利瑪竇的《天主實義》。從這位許姓官員受洗的過程不難看出，正是由於徐光啓的熱情推薦與高一志的循循善誘，使得許氏最終皈依了天主教。高一志先以科學吸引，再以教理歸化的傳教方法，在中國天主教傳教史上堪稱爲典型。

而後來南京禮部侍郎沈㴶在1616年給萬曆皇上的第一道奏疏中，表明了高一志對於上流社會文人學士的影響，“臣初至南京，聞其聚有徒衆，營有寶廬，即欲修明本部職掌，擒治驅逐。而説者或謂其類實繁、其説浸淫人心，即士君子亦有信向之者”[4]。一向關注從外教典籍中尋找研究天主教史料的著名史學家陳垣（1880—1971）在引證明末高僧袾宏（1535—1615）的撰《天説》時説：“現前信奉士友皆正人君子，表表一時，衆所仰瞻以爲向背者，予安得避逆耳之嫌，而不罄其忠告！”並説，“奉教者爲賢士

---

[1] 〔意〕利瑪竇：《耶穌會與天主教進入中國史》，第461頁；也參見黄一農：《兩頭蛇：明末清初的第一代天主教徒》，第84頁。

[2] 〔意〕利瑪竇：《耶穌會與天主教進入中國史》，第461頁。

[3] 同上書，第595—596頁。

[4] 周騈方编校：《聖朝破邪集 · 南宫署牘》，第115頁。

良友，正人君子，此反對者之言也”[1]。方豪精闢地分析了沈㴶對高一志的控告，並充分肯定高氏在南京的傳教成績：“一方面是‘其類實繁’，證其數字之多；一方面有‘士君子’‘信向’，更證信教者素質之高。”[2]《明史·沈㴶傳》將高一志作爲與利瑪竇相同的人：“西洋人利瑪竇入貢，因居南京，與其徒王豐肅等倡天主教，士大夫多宗之。”[3]從反教者的立場看反而更加證實了高一志在南京的傳教成績，凸顯出他在培育新教友時，堅持“質”與“量”並重，在士大夫文人心目中樹立了一個良好的形象。

興建教堂

由於南京的傳教工作很順利，高一志幾乎與中華耶穌會負責人龍華民持相同的觀點，他們認爲當時的環境很安全，可以建立一座教堂，以吸引更多的人成爲基督徒。[4]在當時的南京要建教堂，首先需要得到政府官員審批，也需要估計本地宗教信仰對此的反應。巴托利對此談道：“在談南京基督徒信仰生活之前，我要先談一下他們建立的教堂，這不僅需要資金，而且還有一個事實，在中國首先需要得到政府官員許可，才可以在其他宗教廟宇或自十五世紀以來已經存在的家廟附近，建立一座爲敬拜天主的教堂。”[5]這一切的困難，在楊廷筠（1557—1627）和許樂善等奉教

---

[1] 陳垣：《從外教典籍見明末清初之天主教》，《民元以來天主教史論集》，臺灣輔仁大學出版社 1985 年版，第 21 頁。

[2] 參見方豪：《中國天主教史人物傳》第一册，第 148 頁。

[3] 同上。

[4] 〔美〕鄧恩：《從利瑪竇到汤若望》，第 95、97 頁。

[5] 參見 Bartoli，*Opere* XVII，pp. 24-26。

人士出面調停下都迎刃而解。李之藻慷慨捐款“買下了建築用地。其他朋友，包括天主教徒和非天主教徒，則慷慨解囊，捐贈了資金。”[1]中國耶穌會士蕭若瑟（蕭靜山，1855—1924）在《天主教傳行中國考》（献县胜世堂，1922）對於高一志在南京教堂，有更詳盡的描述：

> 王司鐸（高一志）傳教熱心，又長於演說。有許姓及張姓兩進士，亦聞道信主。而平民之被化奉教者更多。以至於利瑪竇昔年所設之經堂，已不能容。瞻禮日，教友登堂祈禱常有擁擠之患。王司鐸乃倡議改建洋式大教堂，商於教衆，莫不贊成。教衆慷慨解囊，不數日，湊成巨款。所奇者，外教之人亦樂於捐輸，人心踴躍，指日興工，不數月，堂工告竣。頂上高懸白玉十字架，闔城望見。中國前此未有也。[2]

教堂竣工後，許樂善親自書寫並“贈送楹聯，懸於祭台兩旁”[3]。1611年5月3日，在李之藻、許樂善奉教士大夫的幫助下，高一志舉行了隆重的“聖十字教堂”奉獻大典[4]，並在當天舉行了奉獻教堂彌撒，而“教友們也將舊教堂的東西全都搬到了新教堂”[5]。這是自利瑪竇進入中國後，耶穌會建立的第二座教堂。

---

[1] 參見Bartoli，*Opere* XVII，pp. 24-26。

[2]〔法〕费赖之：《在華耶穌會士列傳及書目》第一册，第89頁。

[3] 黃一農：《兩頭蛇：明末清初的第一代天主教徒》，第84頁。

[4] 參見Bartoli，*Opere* XVII，pp. 24-26; 參見《明史》卷326，《列傳二一四・意大里亞傳》；〔美〕鄧恩：《從利瑪竇到湯若望》，第121頁；蕭若瑟：《天主教傳行中國考》，第154頁。

[5]〔美〕鄧恩：《從利瑪竇到汤若望》，第108頁。

巴托利引用了高一志的年信，進一步講述了當時建造這座歐式教堂的細節，以及人們對此的反應："教堂竣工了，教堂的建築材料是取自本地。選用上好的磚石及製作精良的木雕；建築及壁畫是歐式風格的……這些都是中國人前所未見的，他們對我們的教堂贊不絕口，感嘆中國的建築不如歐洲的。"[1] 在此，可以看到高一志對於這座教堂的建築很滿意，無意中也隱約流露出西方文化的優越感。據《破邪集》記載，萬曆四十五年（1617）八月，高一志又建了"七間無梁殿樓房、花園……苜蓿園廳房"及"房地一塊，坐落於崇禮街西營三鋪地方，前街至後巷基地通共七間"[2]。高一志將教堂和會士的住宅連在了一起。由此可見，他對南京的傳教活動有長期的規劃。

面向平民傳教

高一志在南京傳教期間，尤其是從 1611 年新建教堂之後，在傳教策略方面逐步有了一個新的發展，也就是將上層與下層傳教路綫結合起來。從高一志致耶穌會總會長阿奎維瓦年信可知當時的傳教情形："那時在中國，南京教會一如其他會院，傳教事業一帆風順，教友數字增長很快，僅僅四個月時間，就發展了六十個教友。"[3]

《破邪集》爲我們敘述了高一志傳教情形："從其教者，灑之

[1] Bartoli，*Opere* IV，p.27.

[2] 周駬方编校：《聖朝破邪集》，第 139 頁。

[3] ARSI, Jap. Sin., 161 I, ff. 1-26 (A. Vagnone, Al Padre Generale sulla Persecuzione di Nanchino, 4-1-1619).

以水，曰‘灑聖水’，擦以油，曰‘擦聖油’……其每月房、虛、星、昴、大小瞻禮等日，俱三更聚集，天明散去……”[1] 在高一志領導下，南京教友每星期日和大小教會節日都要聚會，他們“其衆俱同，七日一會，歲時不絶”[2]。爲了避免教友進教堂擁擠不堪，他將南京分爲三個區，每個區的教友按照規定時間進教堂參與禮儀，並爲每個區指定負責人。[3]

《破邪集》爲我們提供了非常豐富的第一手資料，其中有對高一志和曾德昭（Alvaro Semedo，1585—1658）的審訊記録。記録了從 1609 年至 1616 年的南京基督徒皈依情況，除了上層社會的士大夫、官員接受洗禮之外，還有一些社會底層民衆，因着高一志及鐘鳴禮與鐘鳴仁等的協助而信教。

1616 年，從在南京教案中被捕的一名叫夏玉的糕點商人的證詞中，可以看出高一志直接傳教的方法。1612 年 10 月，夏玉去了編織草帽的曹秀家中，身爲基督徒的曹秀對他宣教説："天主生天、生地、生萬物。汝何不從之？"緊接着，鐘鳴禮也爲夏玉仔細地講解了這一教理。夏玉質問説："既謂之天主，何以有像？"鐘鳴仁答道："當初天主化生，止有一男一女，自後百姓作業，不認得天主了，所以洪水氾濫，遭此大難。天主不忍，降生西洋國，以教化天下，至今共一千六百十五六年。""又將夷教書十五本，付玉誦讀，隨進天主堂，擦油淋水。"[4] 高一志從不向婦女直接傳教

[1] 周駬方编校：《聖朝破邪集》，第 137—138 頁。

[2]〔法〕高龍鞶：《江南传教史》第一册，第 148 頁。

[3]〔美〕鄧恩：《從利瑪竇到汤若望》，第 106 頁。

[4] 周駬方编校：《聖朝破邪集》，第 131 頁。也參見〔法〕謝和耐著，耿昇譯：《中國與基督教》，上海古籍出版社 2003 年版，第 80—81 頁。

或施行洗禮，“若婦人有從教者，就差鐘鳴仁前往女家，以聖水淋之，止不用油”[1]。

從曹秀、鐘鳴仁與夏玉之間的對話，可以看出高一志培訓傳教員的模式，是先由傳教員出去傳教，然後將慕道者帶進教堂，高一志進一步爲他們講道，之後就施行洗禮。經高一志培育的鐘鳴仁、鐘鳴禮及其他一些傳教員，逐步成爲他在南京向平民傳教的中堅力量。

《破邪集》爲我們介紹的高一志傳教的場面極少，可能僅有一次記載：1610 年正月，高一志去拜訪一位年六十一歲來自江西撫州府的書商周用，請周用爲他印刷天主經，在與周用聊天時，他說：“你年紀老大，何不從天主教，日後魂靈可升天堂！”高一志直白的話語，似乎產生神奇的力量，於是“用遂入教”[2]。像這樣通過直白簡短的對話，一語中的直至問題的中心，迅速歸化的案例不是很多，但足以反映高一志面對民衆與面對文人學士如許樂善之類，在宣教模式上是有很大的區别的。

《南宫牘署》訴訟記録中披露的被捕基督徒名單顯示，高一志不僅向士大夫階級宣教，也特别關注歸化平民階層，以直接的方法向他們傳教。[3] 在高一志歸化的這些平民階層的基督徒中，除了鐘鳴仁與鐘鳴禮兄弟自幼從其父受洗入教之外，其餘都是在高一志擔任南京會院負責人之後受洗的。從身份來看，“除了修士，刷印、孤兒三人，結帽三人，此外擔水、描金、挑腳、剃頭、畫童、

---

[1] 參見周騏方编校：《聖朝破邪集》，第 131 頁。

[2] 同上書，第 131—132 頁。

[3] 參見〔法〕费赖之：《在華耶穌會士列傳及書目》第一册，第 90—91 頁；陳垣：《民元以來天主教史論集》，第 21—22 頁。

補網、煮飯、賣糕、種園、看園、木匠各業皆有”[1]。從原籍來看以江西人爲主，他們共有七人，佔總人數三分之一。從時間上來看，主要從萬曆三十八年（1610）開始到四十四年（1616）南京教案爲止。從這些皈依天主教的形形色色社會底層人物中，我們可以看到明末社會底層衆生相的一個縮影。這些新教友之所以皈依天主教，大多是因爲“因王豐肅所勸”，“仰慕王豐肅”及“投奔王豐肅”等，或者是因爲親戚相勸勉。[2]

直到1616年“時入教者甚衆，中有士大夫數人”，龍華民認爲：“南京傳教所乃當時中國全國最發達的傳教所之一，是爲各種德行燦爛之園圃。入教及受洗者甚衆，其中有士大夫，城鄉居民也不少，亦有外國人。一志爲婦女設天使聖母會一所，其實行默誦與永遠守貞之方法者，爲數甚多。”[3]

高一志將基督徒的虔誠歸功於他們常常做聖依納爵神操。他鼓勵教友們按照依納爵神操第一周靈修方法作爲淨化心靈，歸向天主的有效途徑。因爲當時利瑪竇的故友瞿太素（1549—1612）日久冷淡失卻了昔日熱誠，徐光啓即曾利用此方法幫助瞿太素恢復了信仰。[4]

《明史·列傳二一四·意大里亞傳》更説“乃留都王豐肅、陽瑪諾等，煽惑群衆，不下萬人，朔望朝拜，動以千計”。[5]這

[1]〔法〕謝和耐：《中國與基督教》，第80—81頁。

[2] 參見周駬方編校：《聖朝破邪集》，第117頁；方豪：《中國天主教史人物傳》第一册，第149頁。

[3] Bartoli, *Opere* XVII，pp. 74-76；也參見〔法〕費賴之：《在華耶穌會士列傳及書目》第一册，第89頁。

[4] Bartoli, *Opere* IV，第25頁；〔法〕高龍鞶：《江南傳教史》第一册，第148頁；張鎧：《龐迪我與中國》，第328頁。

[5]《明史》卷三二六，《列傳二一四·意大里亞傳》。

份官方文件，可以幫助我們了解到高一志在南京掀起了一場轟轟烈烈的傳教運動，其人數之多是否如明史所言“不下萬人”或“動以千計”或不一定，可能只是一種誇張的説法。根據鐘鳴旦的研究，十七世紀初期中國天主教人數統計爲：1606 年 1000 人，1610 年 2500 人，1615 年，南京教案前全國教友人數爲 5000 人。[1] 南京及其附近的教友至多有一千人，其人數很有可能居全國首位。[2]

南京教案前夕

1614 年，日本德川幕府掀起了迫害天主教的運動，耶穌會日本省區的省會長瓦倫蒂姆·卡爾瓦羅（Valentim Carvalho，1559—1630）不得已退居澳門，兼任中國教會事務。他依據日本的經驗，否定了利瑪竇的間接文化傳教方法，勒令“教授數學和哲學的工作停止了，神父們只能專門宣講福音。他們必須拒絕做任何與修訂曆書有關的事情，即使是皇帝特别頒布了聖旨也不行”[3]。由於他負責中國教務的時間不長，“被攥在他那雙粗暴的手裏的幼嫩的植物還沒有被完全摧毀時，他的那個難以置信的命令就被取消了”[4]。然而他對利瑪竇的傳教策略反對和抵制，在中國教會激起了一陣騷動，龍華民與高一志在某種程度上也受到了他的影響。龍華民

---

[1] 參見 Nicolas Standaert, “Chinese Christians”, in *Handbook of Christianity in China*, Leiden: Brill, 2001, pp. 380-393；趙慶源編著：《中國天主教教區劃分及其首長接替年表》，臺灣聞道出版社 1976 年版，第 13 頁。

[2] 張鎧：《龐迪我與中國》，第 328 頁。

[3]〔美〕鄧恩：《從利瑪竇到汤若望》，第 108 頁。

[4] 同上。

就很樂觀地認爲傳教士永遠不會被逐出中國，因爲“皇帝樂意我們在中國”，以及“總是有支持我們的官員來幫助並保護我們”。而且還提到皇帝禁止在陝西居住長達九年的穆斯林商人離開中國的事實。[1]

當然高一志也很可能受到了這些思想的影響。他甚至在 1615 年準備好了呈遞給萬曆皇帝的奏摺，請求朝廷准許在全國擁有傳教的自由，使天主教與中國其他各教享受同樣權利。奏摺擬成後，他徵求奉教官員的意見，大家都不贊成這一舉動。[2] 對此，鄧恩批評道：“在南京的王豐肅被勝利沖昏了頭腦，將謹慎小心的態度拋之腦後，以完全公開的方式來宣講福音。在教堂裏進行的禮儀中，神父穿着華麗的服飾，場面十分輝煌壯麗。”[3] 這些公開積極的宣教活動，勢必招致那些捍衛儒家正統性的文化保守主義者的敵視。

在南京即有一些人“帶有偏見的眼光”來審視這一“新興”團體。其中“有很多僧侣，將這一新興而充滿生機的運動視爲對自己地位的威脅”。[4] 高一志似乎也没有以温和的態度對待這一對他抱有敵意的群體，“以平息這些人本能的反感”，而認爲這些人大多都是“騙子”，只會蠱惑那些無知的人。[5] 可見，當時高一志對那些佛教人士缺乏足夠的耐心。

巴托利給我們描述的高一志思想敏鋭、學術淵博，“是一個

---

[1] 參見〔美〕柏里安著，陳玉芳譯：《東遊記，耶穌會在華傳教史，1579—1724》，澳門大學出版社 2014 年版，第 45 頁。

[2] 〔法〕高龍鞶：《江南傳教史》，第 155 頁。

[3] 同上書，第 110 頁。

[4] 同上書，第 155 頁。

[5] 同上。

才華橫溢的人，在中國傳教團僅次於利瑪竇，無論在天主教和非天主教徒中都受到廣泛愛戴和普遍尊敬的人”[1]。關於高一志的才學，大家都没有什麽爭議，但在論及他的暴躁性格時，龍華民毫不掩飾地批評道：“他的粗暴和驕傲自大的性格使得他有時遭人嫉恨。”[2]這種評價也許不是很公正，因爲在1621年的澳門，以及1627年在嘉定會議中，在關於“術語之爭”中，高一志一直作爲龍華民的對立面出現，强烈反對他攻擊和詆毁利瑪竇傳教策略。後來和高一志同時代的會士高度地讚揚他具有卓越的才華和衆多美德，指出他有“不温和”的暴躁脾氣：“如果他能比較和氣一點，他會是一名好的副省區負責人人選的。”[3]鄧恩對此不無惋惜地説：“在王豐肅生活的環境中，這些缺點是有危險的。如果他有利瑪竇那樣更寬容的話，他的事業會做的更好。”[4]

如上所言，1614年，耶穌會日本省區的省會長瓦倫蒂姆·卡爾瓦羅武斷地否定利瑪竇的傳教方法，竭力推行大張旗鼓地宣教方式，也構成高一志一改過去謹小慎微不事聲張的傳教策略的思想和理論基礎，致使他希望在中國掀起一場轟轟烈烈的傳教運動，結果卻給那些文化極端保守者提供了反教及“破邪”的口實，而沈㴶則名副其實地充當“這一反對天主教的領袖”。[5]

---

[1] Bartoli，*Opere* IV，p. 26；〔美〕鄧恩：《從利瑪竇到汤若望》，第109頁。

[2]〔美〕鄧恩：《從利瑪竇到汤若望》，第110頁。

[3] 同上書，第110—111頁。

[4] ARSI，Jap. Sin.，pp. 134, 305；〔美〕鄧恩：《從利瑪竇到汤若望》，第110—111頁。

[5]〔美〕鄧恩：《從利瑪竇到汤若望》，第XX頁。

南京教案

萬曆四十四年（1616）五月，南京禮部侍郎沈㴶向萬曆皇帝遞呈了《參遠夷疏》，該文章作爲中國士紳反對天主教的先聲，標志着南京教案的正式開始。[1] 对于南京教案有许多學者做过研究，他們從各個角度嘗試探究造成这一教案的深層原因。[2]

筆者在此無意贅述以往專家學者發表的研究成果，而是想以高一志在1618年於澳门給耶穌會總會長阿奎維瓦的年信爲出發點，從高一志身爲整個事件的親歷者及受害者的視角來反思和審視造成教案的原因。衆所周知，與高一志一同經歷南京教案的曾德昭也曾寫了《大中国誌》，其中有一章是關於南京教案的描述。[3] 但是，曾德昭的在整個敘事的角度以及對南京教案的反思方面顯然不如高一志的年鑑報告那樣詳盡。關於沈㴶之所以發起南京教案

---

[1] 譚樹林、張伊玲：《晚明南京教案起因再探——以西方殖民活動爲視角》，《江蘇社會科學》2001年第5期，第209頁。

[2] 關於南京教案專題研究有很多，比如蕭若瑟：《天主教傳行中國考》，第164—165頁；張維華：《南京教案始末》，《齊大》第一卷，齊魯大學1930年版，第113頁；〔美〕鄧恩：《從利瑪竇到湯若望》，第113—130頁；Edward Kelly, *The Anti-Christian Persecution of 1616-1617 in Nanking*, Ph. D. Diss., Columbia University, 1971；萬明：《晚明南京教案新探》，中國社會科學出版社1997年版，第141—155頁；譚樹林、張伊玲：《晚明南京教案起因再探——以西方殖民活動爲視角》，《江蘇社會科學》2001年第5期，第209—214頁；Dudink, *Nangong Shudu*，pp. 241-248；鄒振環：《明末南京教案在中國教案史研究中的範式意義——以南京教案的反教與'破邪'模式爲中心》，《學術月刊》2008年5月。

[3] 參見曾德昭著，何高濟譯，李申校：《大中国誌》（*Relacão Da Grande Monarquia Da China*），上海古籍出版社1998年版。

反對傳教士，高一志認爲主要原因有以下幾個方面[1]：

（1）沈㴶對未能反駁利瑪竇和徐光啓對佛教的批判感到很憤怒。

（2）沈㴶的一位好友寫了一篇攻擊教會的文章，徐光啓所寫的一篇“反駁的文章所產生的效力使这位僧人饮恨而死”[2]。

（3）沈㴶本來是利瑪竇的朋友，在北京和耶穌會神父相熟，只是，在北京發生的幾次与宗教相關的爭論中，沈㴶都被徐光啓和杨廷筠所擊敗。沈㴶由于徐光啓和杨廷筠提議將修曆的工作交給傳教士而更加憤怒。

（4）南京的僧人們給了沈㴶大筆錢，買通了沈㴶，希望沈㴶將傳教士驅趕出境。

（5）“一個朝廷高官鼓勵聳動沈㴶保護佛教。”[3] 沈㴶本人也是一個愛慕虛榮的人，他盯着内閣大學士的位置，希圖通過自已对中國傳統文化的热忱，而得到皇帝的賞識和提拔，以青雲直上，達到在政治上高升的目的。

---

[1] ARSI, Jap. Sin. 161 I，pp. 1-26. 高一志於 1618 年 11 月 20 日從澳門給耶穌會總會長的年信，用了 26 頁信紙，對南京教案發生的原因、過程、結果，都做了詳細的匯報。由於高一志在寫作方面傑出的才華，以及他作爲歷史的見證者和受害者的身份，在經過了近一年之後，對發生在南京的教案，做了冷靜而理性的回憶，這使得他的報告成爲研究南京教案非常重要的原始史料。迄今爲止，只有少數西方學者使用這份報告。該史料今保存在羅馬耶穌歷史檔案館。原文爲古義大利文手寫體，譯文由段春生翻譯。

[2] 此處所説沈㴶好友應指沈袾宏，法名袾宏，字佛慧，法號蓮池，是中國佛教淨土宗的第八代祖師，被稱爲明末四大高僧之一。根据高一志年信記載，一位高僧（袾宏）寫了一篇文章攻擊天主教會，徐光啓看到該文后，付之一笑，隨後於一夜間寫了一篇反駁他的文章，由於徐光啓反駁的文章所產生的强大震懾力，致使該高僧羞愧、鬱悶，一天在講課時從台上摔下來，飲恨而死。這個消息很快就傳遍了整個城市，以至於所有基督徒也都知道了這個消息。參見高一志 1619 年 4 月 1 日致總會長年信（ARSI，Jap. Sin.，161.，耶穌會檔案日本一中國卷）。

[3] 周志斌：《晚明南京教案探因》，《學海》2004 年第 2 期，第 105 頁。

（6）沈漼與杨廷筠是同一年考取進士，且是同鄉。當他被任命爲南京的禮部侍郎之後，宴請楊廷筠晚餐，席間有不雅的歌舞和猥褻的舉止，楊廷筠面帶慍色説這不符合天主教的誡命，當場拂袖而去，致使沈漼很不高興。

（7）一個住在南京耶穌會院附近的一個人，純粹爲了妒忌，控告傳教士無理的行爲，説他們會顛覆國家危及老百姓的安全。

以上是高一志歸納的導致南京教案的原因，他從一個受難者的角度對教案做出如此的分析和解讀，是可以理解的。高一志也許沒有意識到還有更深層次的政治及文化意識形態的原因：傳統的儒家知識分子，以捍衛宋明理學、儒家的權威及正統性爲己任。他們“時刻提防着破土而出的新思想。他們一直在維護着宋明理學的虛幻的神話”。因爲在他們看來，“宋明理學給出的是關於真理和道德的最終定義。任何其他的關於真理或者真理來源的學説不僅是異端邪教，而且大逆不道”[1]。在這些保守主義者中，以沈一貫（1531—1617）、方從哲（？—1628）和沈漼等爲代表的浙東人物竭力反對東林黨人的政治改革，沈漼作爲其中最具權威的代言人，反對天主教的最主要原因是：“天主教是標新立異的新事物，在儒學的經典中找不到天主教所講的內容；天主教不承認皇帝爲最高精神權威，天主教斷言，它的道德體系要優於正統儒家所主張的經典的五種關係，同時也比後者更爲全面和廣博。”[2]除此之外，也由於徐光啓幫助傳教士在曆局工作，以新曆替代舊曆，在他看來曆法關乎天象，是關係到國運興盛及國家興亡之關鍵。當然也是出於對天主教的敵視，更爲提升自己的政治地位，沈漼竭

[1]〔美〕鄧恩：《從利瑪竇到湯若望》，第 114 頁。

[2] 同上書，第 113—114 頁。

力興起一場所謂的政治顛覆運動。

教案之所以發生的原因当然也还包括文化的差異和政治及思想方面的誤解。比方傳教士被控訴爲“掌握神秘的煉丹術，新入教人都要起一個十分陌生的外國名字；教徒們一律都被教如何畫十字，這是因爲他們要發動革命，而畫十字是他們使用的暗號；在外國人的住所裏藏有武器”等。[1] 本來天主教教友在受洗時要取一個洗名，並要學會畫十字聖號作爲信仰的標記，而這些卻因特殊的歷史場景產生了誤解，一些標記被誤讀，與當時朝廷鎮壓的白蓮教聯繫起來，這樣一場政治運動的爆發就無可避免了。

高一志自述楊廷筠“寫了許多信給幾個官員，爲我們辯護，有一封信是直接寫給沈㴶，没有透露他已知道對方的意圖，只駁斥了沈㴶對傳教士及天主教的指控。最後，他邀請神父們退隱到他杭州的家裏，以待風暴過去”[2]。之後，高一志、曾德昭等人還去探訪了在高郵的李之藻，把楊廷筠寫的辯護文《鴞鸞不並鳴説》帶給他，李之藻在此基礎上又添了一篇頌揚西人西教的文字，並將其在全城散發。

面對沈㴶的發難，徐光啓也密切關注南京的發展動態。他在《家書》中諄諄告誡在上海的家人説：“西洋先生（龐迪我、高一志等）被南北禮部參論，不知何由。南京諸處移文驅迫，一似不肯相容，杭州諒不妨。如南京先生，有到上海者，可收拾西堂與住屋也。”[3] 在七月間，徐光啓寫了著名的《辨學章疏》，充分表達

---

[1]〔美〕鄧恩：《從利瑪竇到湯若望》，第 115 頁。

[2] 曾德昭：《大中国誌》，第 252 頁。

[3] 徐光啓：《家書》（十一），《徐光啓集》，第 492 頁；另參見梁家勉：《徐光啓年譜》，第 113 頁；陳衛平、李春勇：《徐光啓評傳》，南京大學出版社 2007 年版，第 156 頁。

了他對當時教會的關心與擔憂：

> 臣見邸報，南京體部參西洋陪臣龐迪我等，内言其説浸淫人心，即士君子亦有信向之者。一云妄爲星官之言，士人亦墮其雲霧。曰士君子，曰士人，部臣恐根株連及，略不指名。然廷臣之中，……信向之者臣也，與言星官者臣也，諸陪臣果應得罪，臣豈敢幸部臣之不言以苟免乎！[1]

他勇敢地承認自己是天主教徒，並且證明這些教士，都是有德有學之人，他們到中國來無非是勸人爲善，絶無陰謀。進一層説到他們所傳之道，不但高出佛道二教，而且與儒教道德相符合，希望朝廷能本容納佛回之例，容納他們。但是沈漼不肯罷休，又上第二疏，再從“陰謀不軌”及“裔夷窺伺，潛住兩京，則國家之隱憂當杜也”，加以指控：

> 豐肅神奸，公然潛住正陽門裏，洪武岡之西，起蓋無梁殿，懸設胡像，誑誘愚民。從其教者，每人與銀三兩，盡寫其家人口生年月日，云有咒術，徑有呼召，不約而至。……尤可恨者，城内住房既據洪武岡王地，而城外又有花園一所，正在孝陵衛之前，狡夷伏藏於此，意欲何爲？[2]

沈漼指控高一志有政治野心，將顛覆大明王朝的根基。沈氏在

---

[1] 徐光啓：《家書》（十一），《徐光啓集》，第 492 頁；另參見王治心：《中國基督教史綱》，上海古籍出版社 2004 年版，第 83—85 頁。

[2] 周駬方编校：《聖朝破邪集》，第 111 頁。

没有等到朝廷批文的情況下，迫不及待地逮捕了十三人。萬曆帝在沈㴶危言聳聽一再控告下，終於頒布了放逐教士離境的諭令。[1]

1616年8月3日午夜，高一志收到了來自京城的信息，得知事態極爲嚴重，31日，他與曾德昭接待了三位由南京兵部尚書派來的官員，獲悉他們將由兵部尚書和沈㴶負責驅逐出境。當天晚上，沈㴶就派兵包圍會院，第二天黎明，來了三位兵士拘捕了高一志與曾德昭。由於曾德昭患病暫留會院，高一志則被帶上一乘轎子押往監獄。一路上圍觀的看客對高一志極盡譏笑和嘲諷之能事，但他卻“將這些笑聲歸於天主賜給他特殊的恩典，（因爲）他做好了隨時爲信仰殉道的準備”[2]。高一志被關入牢房，和他在一起的有兩名中國教友，“他們跟隨高一志三年之久，信仰堅定願與他們的神父共命運”。高一志被捕的消息傳來，教友們紛紛趕來神父們的住地。領頭人姚若望，手揮小黃旗，大聲吶喊“願爲基督而死，爲耶穌基督的信仰甘灑我的熱血”[3]。他被帶到法庭，審判官見狀，不知如何是好，只好給他鬆綁，釋放回家。9月1日，沈㴶命令將患病的曾德昭及鐘鳴仁兄弟及其他教友一併逮捕押入牢房。沈㴶命令徹查神父們休息時去的花園，但没有找到他所希望見到的武器。[4] 沈㴶依然堅持不放鬆。北京禮儀侍郎沈從哲建議沈㴶“將一佈告連同奏疏一同上，皇上只要簽字即可。”[5] 佈告内容如下：

---

[1] 蕭若瑟：《天主教傳行中國考》，第164—165頁；王治心：《中国基督教史纲》，第83—85頁。

[2] 參見ARSI, Jap. Sin. 161 I, pp. 1-26；〔美〕鄧恩：《從利瑪竇到湯若望》，第118—120頁。

[3] 同上書，第118—120頁。

[4] 同上。

[5] 參見ARSI, Jap. Sin. 161 I, pp. 1-26；〔美〕鄧恩：《從利瑪竇到湯若望》，第118—120頁。

鑑於大臣懇求和忠告，朕向所有省份發布命令：王豐肅和龐迪我及他們的同夥將被送回他們自己的國家。因爲他們傳播不爲人知的教義；因爲他們以宗教爲借口，圖謀擾亂我們百姓的平靜的生活，煽動臣民造反，鼓動百姓與國家做對……要將他們集合在一起聽好朝廷的命令，並且將他們遣送回國……[1]

1617年2月18日，萬曆皇帝正式下達了讓傳教士返回自己國家的驅逐令。這場風暴持續了十六個月，共有二十六人被捕下獄，“有一位名叫安德者以身殉教”[2]。《破邪集》爲我們留下了高一志肖像的描述：

王豐肅面紅白、眉白長、眼深、鼻尖、鬍鬚黃色。供稱年五十歲，大西洋人。幼讀夷書，繇文考、理考、道考、得中多耳篤，即中國進士也。不願爲官，只願結會，與林斐理等講明天主教。約年三十歲時，奉會長格老的惡之命，同林斐理、陽瑪諾三人，用大海船在海中行走二年四個月，於萬曆二十七年七月內，前到廣東廣州府香山縣香山澳中。約有五月，比陽瑪諾留住澳中，是豐肅同林斐理前至韶州府住幾日。又到江西南昌府住四月，於萬曆二十九年三月內，前到南京西營街居住。先十年前，有利瑪竇、龐迪峨、郭居靜、

[1]〔美〕鄧恩：《從利瑪竇到湯若望》，第122頁。
[2]〔法〕費賴之：《在華耶穌會士列傳及書目》第一册，第66頁。

羅儒望等，已分住南京等處。利瑪竇要得進京貢獻，寄書澳中，到王豐肅處，索取方物進獻。是豐肅攜自鳴鐘、玻璃鏡等物前來。比時利瑪竇先已進京，隨將方物等件，寄進京貢獻訖。比時羅儒望將家火交與王豐肅，遂在此建立天主堂，聚徒講教，約二百餘人。[1]

這份三百多字訴訟記録，非常形象地給我們留下了高一志的肖像描繪，也勾勒出了高一志在義大利接受教育的程度及來到中國南京被任命爲該地教會團體負責人的一個輪廓。

1617 年 3 月 6 日，高一志被帶到沈的禮部大堂，“王豐肅身着囚服，脖子上套着繩索，被牽了進來”。他被審訊了兩個多小時，“一直被迫跪着”。沈㴶宣布他們在中國是邪教，本該處死，但由於皇帝仁愛，不忍賜死，要將他們遣送回國。然後，對高一志“杖刑十大板”。[2] 高一志後來回憶道：

過了一個月的時間，我的傷口才開始癒合。……命我與他們一道，去對會院進行嚴密的搜查，將其中的書籍、手稿、聖像和數學測量儀挑了出來，没收入官，送到了沈㴶那裏。會院中的家具没有拿走，讓我處理。處理完了之後，我又被帶回監獄。[3]

---

[1] 周駬方编校：《聖朝破邪集》，第 120 頁。

[2] ARSI, Jap. Sin. 161 I，pp. 1-26；Bartoli, *Opere* XVII，pp. 168-171；〔美〕鄧恩：《從利瑪竇到湯若望》，第 126 頁。

[3] 同上書，第 126 頁。

1617年4月30日，高一志與曾德昭從牢房中被提出來，囚禁於裝死囚的木籠車中。對此，高一志自述道："我們的脖子上掛着重重的鐵鍊，手上帶着鐐銬，衣衫襤褸，頭髮和鬍子已經幾個月没有梳理了。"木車上掛着三個牌子，上面寫着："犯人是邪惡之人，他們擾亂了社會的平安，傳播新的教義。禁止任何人與他們講話或者與他有任何接觸。"他們在木車上被關了四天才被放出來休息，南京的教友們一直陪伴着他們。後來有些學者和朝中"有職位的官員"來看望這二位傳教士，且以詩文相贈，"以示他們的情感，並且留下一些紀念品。來訪的朋友們對耶穌會士的不幸遭遇充滿了同情"[1]。1617年5月20日，經過一個月的長途跋涉，高一志一行抵達廣州，然後就被關押在牢房。1618年初，他被知府轉交給澳門。[2]

三、高一志在澳門

1618年初，高一志一行到了澳門後，就居住在圣保禄學院。高一志在南京受審期間"被杖刑"，後又"在木籠中囚三十日"，受了許多磨難，因而他的健康嚴重受損，過了至少半年的時間才得以恢復。直到1618年10月11日，他才能給總會長寫年信。在這封年信報告中，他表示在廣州被監禁期間，就希望寫一個全面而資料詳實的關於南京教難的報告，但當時健康及各方面情況都

[1] 〔美〕鄧恩：《從利瑪竇到湯若望》，第126頁。

[2] 同上書，第127頁。

不允許。到澳門之後，他於1618和1619年一連寫了六封書信，其中有三封信是寫給總會長阿奎維瓦，另外三封則是寫給朋友的書信。介紹了南京教案的起因、經過以及鮮爲人知的聽聞，及中國福傳的情況，其中還有一封信是談論韃靼人的。[1]1619年4月1日，在致總會長的年信中，高一志用了整整五十三頁紙的篇幅，對南京教案的原因、經過、發展作了詳盡的闡述。

高一志精明能幹，善於管理，被任命爲聖保祿學院的總務長，負責了一年學院的後勤工作。由於高一志良好的中文修養，在1621和1622年，他被委任"教授羅雅各與伏若望漢語口語以及漢字"[2]。之後，他有兩年時間擔任學院神學和哲學的教授，"潛心中文創作與教學"，利用公學院豐富的藏書，尤其是利用1621年金尼閣（Nicolas Trigault，1578—1628）從歐洲帶回來的七千冊書籍，進行譯著和譯介，爲再一次進入内陸傳教做積極的準備。事實上，後來在絳州陸續不斷出版的關於宗教、教育、倫理及修辭學等的書籍，很有可能在澳門期間已經做好充分的準備。[3]

---

[1] 高一志在中國傳教期間共寫了十六封年信，而在澳門期間，就寫了七封，可見在剛到澳門的那段時間，高一志相對清閑，因此有時間寫年信。參見 Jap. Sin.,161（耶穌會歷史檔案館，中國與日本卷）。

[2] Historia Sinarum 1580-1640, ARSI, Jap. Sin. 102, f. 218v；Margiotti, *Il cattolicismo nello Shansi dalle origini al 1738*, p.89.

[3] 參見〔法〕費賴之：《在華耶穌會士列傳及書目》第一册，第94—97頁；方豪：《中國天主教史人物傳》第一册，第151頁；亦參見金文兵：《明末地方教化"引耶入儒"的現實考量——耶穌會士高一志晚年譯著（1630—1640）背景初探》，《世界宗教研究》2012年第3期。

四、高一志在山西絳州

高一志剛到中國時取名王豐肅，又名一元，字泰穩；[1] 後來爲避免給傳教工作帶來麻煩，更名爲高一志，字則聖。[2] 名一志，意即一心一意爲光榮天主而工作，字則聖，即效法聖賢，克盡已職。

據巴托利記載，1624 年 3 月高一志前往江西建昌傳教。[3] 光緒江蘇省《丹徒縣誌》亦證實："天啓四年（1624），高一志司鐸來徒邑傳教。"[4] 地方志的資料豐富了我們對於高一志在建昌傳教活動的認識，所以我們有理由認爲高一志從 1624 年 3 月到 10 月去山西絳州之前這段時間里，一定到過距離南京只有四十多公里的丹徒縣。高一志很可能希望在那裏待一段時間，再伺機返回南京繼續他的使徒工作。沈㴶這位南京教案的始作俑者雖然已經去世[5]，但徐光啓對此表示擔憂："當時的時局還未完全平息，高一志離他出名的地方南京又太近，若是有人聲張那又會發生什麼樣的

[1] 參見〔法〕費賴之：《在華耶穌會士列傳及書目》第一册，第 94—97 頁；方豪：《中國天主教史人物傳》第一册，第 151 頁。

[2] D' Elia, *Fonti Ricciane*, p.278；榮振華：《在華耶穌會士列傳及書目補編》，第 690—691 頁；Margiotti, *Il cattolicesimo nello Shanxi dalle origini al 1738*, p.89；蕭若瑟：《天主教傳行中國考》，第 203 頁；方豪：《中國天主教人物傳》第一册，第 147 頁。

[3] Bartoli, Opere XVII, pp.389-390；亦參見 Margiotti, *Il cattolicismo nello Shansi dalle origini al 1738*, p.90; Dias, *Lettera Annuale 1624*（AHM, Jes. 160 ＝ 11-10-3/21）。

[4] 按丹徒天主教，在明萬曆己亥，有教士利瑪竇由上海來此，天啓四年，高一志司鐸來徒邑傳教。參見（清）李丙榮續纂：《（光緒）丹徒縣誌》卷一，民國七年刻本；（民國）周恭壽修、趙愷纂：《（民國）續遵義府誌》卷三十，民國二十五年刊本。

[5] 沈應該在 1624 年 3 月之前死去，因爲高一志在 1624 年 3 月去建昌之前，應該已經先得到了沈死亡的消息。

事呢？因而，他一個人單槍匹馬的行動終不免要帶來麻煩，再加上當時各地的官員都想方設法欲驅趕這些外國傳教士。”[1]

因此，徐光啓“密函陽瑪諾建議將高一志派遣到鮮有人識的偏遠省份，這樣他便可趨利避害，有益於工作”[2]。徐光啓的建議得到中華耶穌會省負責人李瑪諾（Manuel Dias Senior，1574—1659）的贊同。因爲，此時陝西的王徵（1571—1644）與山西絳州徐光啓的門生韓雲（1596—1649）和韓霖（1600—1644）兄弟正好寫了信，請求派遣傳教士去他們那裏開教。陽瑪諾遂立即致信給正在絳州的金尼閣，並派高一志前去接替他負責該地教務。1624 年 9 月底 10 月初，高一志欣然領命出發，於 12 月底抵達絳州。這位“久經沙場，富有傳教熱忱和忘我工作的傳教士”一到絳州之後，便馬上投入到他的“勇敢的使徒工作中”[3]。

與官府交往

高一志在絳州傳教時所“面對的環境和晚明的標準格局相一致，和北京及其他外省的傳教中心亦無不同。”[4] 傳教士要在當地官府的保護下，或者至少獲得允許，才能進行有效的傳教活動。正

---

[1] Bartoli, *Opere* XVII, p. 389.

[2] Margiotti, *Il cattolicesimo nello Shanxi*, p. 26.

[3] Ibid., p. 26.

[4]〔荷〕許理和：《李九功与慎思录》，載卓新平主編：《相遇与對話：明末清初中西文化交流國際學術研討會文集》，宗教文化出版社 2003 年版，第 72 頁；參見许理和：《一部晚明乡約》（Un contrat communal de la fin des Ming: Le Livre d' Admonition de Han Lin (1641)），載《歐洲在中國：十七、十八世紀的科學、宗教和文化交流》（*L'Europe en Chine: Interactions scientifiques, religieuses et culturelles aux XVIIe et XVIIIe siècles*），Edited by Hubert Delahaye and Catherine Jami, Paris: Collége de France, 1993，第 3—22 頁。

是在這一思想的支配下，高一志請韓霖幫忙聯繫山西省知府，他首先要與這位地方最高行政長官建立友誼，以取得傳教的合法權，並得到庇護。[1]

1626年冬，義大利米蘭耶穌會士羅雅各（Giacomo Rho，1593—1638）奉命到絳州協助高一志負責這一帶的教務。經韓霖介紹，高一志與山西太原知府曹爾禎取得了正式聯繫[2]，並向太守闡明他們來絳州的目的。兩位傳教士滿懷敬意的問候頗得知府歡心，知府贈送他們每人一件禮物，並附有一封有葡萄牙文翻譯的熱情洋溢的書信。兩位耶穌會士也給知府寄去了從歐洲帶來的禮物作爲酬謝，知府非常喜歡這些來自歐洲的具有異國風情的禮物。當然，他們在給知府的信中，除了表達對知府的敬意之外，也表示隨時願意爲他效勞。1627年初，知府邀請兩位耶穌會士來太原府，要舉辦一次關於“西學”的研討會。

> 當兩位傳教士到太原後，受到了非常隆重的款待。他們住在省府官邸，知府以自己生活的規格招待二位神父。很遺憾，神父們在剛到了太原不久，知府忽然接到了皇帝的聖旨，由於山西境內有韃靼侵擾，知府必須去巡查所轄的邊界。[3]

知府不得已取消了關於“西學”大會的計劃，給兩位神父一

[1] 參見 Margiotti, p.97。

[2] 根據（乾隆）《絳州誌》以及《山西通誌》記載，曹爾禎於1624到1628年在山西太原府任知府。參見吴廷燮：《明督抚年表》，中華書局1982年版，第195頁。

[3] 參見 Gernet, pp.96-97。

封信及一些禮物，讓他們返回絳州。在結束了長達三百五十多公里的旅行之後，已是花甲之年的高一志疲勞過度，患了重病。絳州的教友們爲他們的牧人舉行了長久的“祈禱、施捨、守齋”等善功，並在生活方面給予精心照顧。經過一段時間修養，他終於挺過了這一關，逐漸康復。當知府“獲悉高一志因太原之行患重病的消息後，深感不安，馬上寄了一封道歉的信，解釋他不應該在那個艱難的時期邀請他去太原。與信件一起的還有贈送給兩位耶穌會士的禮物，以及知府親自書寫的一塊有四個燙金大字的牌匾”。牌匾的內容大意爲：“在這個教堂所宣講的是真實而正確的法律，教導孩子們孝敬父母，忠於國家，敬愛天主。”[1]

省府最高官員對傳教士表達的敬意，無疑就是對他們所講及所做之事的肯定。由是山西各級地方官員紛紛與高一志交遊，絳州及附近的地方官員也更爭相與他建立友好關係。[2]面對此良機，靈丘王朱鼒鉀的帶領熱情高漲的教友不顧高一志的反對，舉行隆重的“牌匾”遊行。[3]這無形中擴大了教會在絳州的影響力，也使得許多教外人士改變了對教會的看法。

這塊由地方最高長官頒賜的牌匾，給傳教士們帶來了極大的榮譽。他們把匾懸掛在院門的大門上面，這樣來往行人都可以看到，人們懷着極大的興趣討論這件事。此前對於教會的一些流言蜚語，如說高一志被知府帶到了太原是爲了接受懲罰之類，也不攻自破了。[4]

---

[1] Margiotti, p. 97.

[2] Ibid., p. 98.

[3] Ibid., p. 99.

[4] Ibid..

1636年，一位北京的高官路過絳州，拜訪了傳教士，表示如果他們有需要，他可以在各方面提供幫助。這樣的好運也讓一些對傳教士保持中立態度的官員對高一志另眼相看，因此教會在那個時期一度獲得了極大的發展。

然而，傳教事業並非好運連連，曾在絳州傳教，後被崇禎帝招至京城服務於宮廷欽天監的羅雅各，因病於1638年4月26日在北京去世，享年四十五歲。高一志失去了曾經與之親密合作的夥伴。在湯若望請求下，崇禎帝親作謚文讚譽天主教，表彰了在欽天監服務的耶穌會士。這些由皇帝書寫的謚文被謄抄了數份，加蓋玉璽金印後發送到在全國的十幾個耶穌會院。皇帝御筆的“欽褒天學”諭令爲教會創造了寬鬆的政治環境。當時由皇親親自送來的牌匾爲高一志負責的教會帶來了極大的榮耀。[1]

經歷南京教案之後，高一志深知即使教會在和平時期，尤其是在得到了國家最高權威的皇帝以及地方最高官府特殊的庇護時，更應時刻保持清醒，保持低調，以避免引起對教會不滿人士的猜忌，以至於釀成災禍。[2]事實上，高一志的擔憂不無道理，明末傳入的天主教，固然因“新宗教哲理以及所夾帶的優越物質文明，吸引了不少官紳的興趣，但由於中西文化許多根本的差異，在絳州也曾引發辛全的部分門人和其朋儕的反彈”[3]。其中尤以李生光、閻廷玠作爲代表人物，他們以衛道爲己任，著書立說駁斥天主

[1] Margiotti, p. 97.

[2] Ibid., p. 99.

[3] 黃一農：《兩頭蛇：明末清初的第一代天主教徒》，第297頁。

教。[1] 絳州一代“反教的心態即隨着學術的傳承而延續未絶”[2]。尤其是，絳州教區還堂事件激起與加深了的教會與民衆之間的對立，使人看出這種反教情緒，或與絳州自開教兩百多年來地方士紳反教有某種傳承關係。[3]

高一志在山西傳教活動

高一志在與山西巡撫及其他官員建立人脈關係時，就渴望建一座教堂及耶穌會士住的會院。因爲，傳教士自從來到絳州後，一直都是居住在韓雲府上，雖然韓府的人“非常慷慨大方，真誠好客”，但爲長遠的發展計劃，應該建立會院與教堂，以作爲傳教士固定的居所。高一志那時没有足夠的資金去實現這一夢想。韓氏兄弟邀請高一志從江西建昌前來絳州時，也曾許諾一處房屋及基地以準備建立教堂之用。1627 年，韓霖參加會試時，因擔心無法考中功名，曾向天主許願，若金榜題名將建一座教堂，並爲絳州的傳教士建立居住之所。待 1627 年獲取舉人功名之後，他“爲傳教士購買下可供六人居住的房舍，包括一塊田園以及工作場所”。這是耶穌會在中國建立的第七個會院，也是中國第一個由

---

[1] （清）張成德等修纂：《（乾隆）直隸絳州誌》卷十九，第 25 頁；（清）李煥揚總修，（清）張于鑄著：《光緒直隸絳州誌》卷十七，第 47—49 頁；參見黄一農：《兩頭蛇：明末清初的第一代天主教徒》，第 291—292 頁。

[2] 參見 Margiotti, p. 99。

[3] 在雍正二年禁教之後，絳州天主教堂被改爲東雍書院見附録（六）東雍書院（圖）；至咸豐十一年六月，有法國傳教士梁多明與山西撫院多方交涉索取將東雍書院舊址歸還天主教會，經過兩年多的交涉，於同治二年九月二十九日，“延宕兩年多的還堂事件終於結案”。但是，這加深和激化了許多儒家知識分子與教會之間的對立。參見黄一農：《兩頭蛇：明末清初的第一代天主教徒》，第 299—306 頁。

信徒捐贈的會院。此時，高一志感慨地說："（我們）可以在其中按照常規開展我們的牧靈工作。"[1] 接下來，他們計劃在 1627 年 12 月 18 日聖誕節之前舉行奉獻聖堂儀式。絳州的教友熱情高漲，都希望藉此機會隆重地慶祝，以吸引更多的人皈依教會。但此時的高一志，由於南京教案的深刻教訓，"無論身在何處都特別小心謹慎，而且只選擇合適的時候去舉行教會的禮儀"[2]。爲避免任何不測，他甚至決定要在夜間無人知曉之時，悄悄舉行奉獻教堂慶典。他們在新教堂舉行了首台彌撒，以慶祝"聖母無原罪節日"[3]。

高一志在南京傳教時就顯示出他極具説服與勸化人的能力。這些才能在他到絳州十個月後就得到了充分的發揮。據年信記載，在他到絳州後的第一年（1625 年），"有二百多新受洗者，有許多慕道者，也有許多人渴望成爲慕道者。其中有文學士 60 多人，王室貴族數人"[4]。據蕭靜山考證，在該年受洗的王爺是明朝朱元璋的後代靈丘王遜烇的子孫，是絳州著名基督徒段袞的女婿（朱鼐鉀），他奉教後將其中一個王府贈送給教會。此後，在 1626 年，入教者 500 多人，1627 年入教人數與前一年幾乎相同。[5] 1627 年，高一志到距離絳州八十公里的夏縣傳教。不久即發展了一百多教友。時隔不久，在夏縣又建立了二十多個一百人左右的聚會點，這些聚會點無論男女老少都希望高一志到他們那裏傳教，給他們施洗。

---

[1] 參見 Margiotti, p.99。

[2] 參見 Margiotti, pp.98-99; Dias, *Annua 1625* (ARSI, Jap. Sin., 115, I, p. 58); Dias, *Annua 1626*, p.109; Bartoli, *Opere* XVII, pp.389-391。

[3] 參見 Margiotti, pp.98-99。

[4] Dias, *Annua 1625* (ARSI, Jap. Sin. 115, I, p.58); Dias, *Annua 1626*, p.109; Bartoli, *Opere* XVII, pp.389-391.

[5]〔法〕費賴之:《在華耶穌會士列傳及書目》第一册，第 94—97 頁。

1630年，高一志在古城曲沃建立教會。他第一次到該城傳教時，該城縣令以特殊的禮遇接待了這位被大家視爲奇人的西方傳教士。他爲高一志建造了一座教堂，附設有很大的居住房屋和一大塊空地。在傳教士極爲缺乏的情況下，高一志只好派一位傳教員負責曲沃的教務。在這位基督徒的帶領下，曲沃的教務蒸蒸日上。

1625年，高一志在韓氏兄弟的叔叔韓爌幫助下在蒲州開教。[1]蒲州的地位之所以重要，不僅是因爲文化興盛和經濟繁榮，也是因爲它是山西學者仰慕遊學之地。因爲那裏靠近陝西，民風古樸，崇尚讀書。榮休宰相韓爌即“力勸高一志造訪蒲州，並在該城的學者中間爲他造勢。當高一志造訪蒲州後，韓爌熱烈地歡迎並接待了他”[2]。據蕭若瑟記載：

> （韓爌）在京居官年久，與徐光啓、湯若望等熟識，習聞聖教道理，深知真正，向慕已非一日。時方致仕歸里，遂遣人邀高司鐸來蒲州開教，爲時不久，教化大行，宰相家亦多領洗者。[3]

韓爌在經過對天主教的仔細考辨之後，如此確認：“宗教之正者莫若天主教，爲祖國利益，願國人皆信奉之。”[4]榮休宰相韓爌將接納天主教信仰和大明帝國的前途命運緊密地聯繫在一起，希望

[1] 即今之永濟縣，地處山西南部與陝西交界處，爲晉南文化之中心。

[2]〔美〕鄧恩：《從利瑪竇到湯若望》，第287頁。

[3] 蕭若瑟：《天主教傳行中國考》，第154頁。

[4]〔法〕费赖之：《在華耶穌會士列傳及書目》第一册，第106頁。

來自西方的基督宗教信仰能爲國家和民族帶來好運。他全力支持高一志在家鄉傳教，並勸該城的士大夫及家人都信奉天主教。經過數月，高一志又建立了一個善會，所有成員都是官吏和韓爌的家屬。[1] 當高一志四個月離開這裏的時候，他已經在這裏建立了一個教會團體。幾年後，蒲州便發展成爲可以與絳州相媲美的天主教中心。1637 年，蒲州教友日增，高一志無法應付日趨擴大的教務需求，遂邀請郭納爵（Inácio da Costa，1603—1666）來此協助教務。[2]

高一志在距絳州四十公里的稷山縣開教應該歸功於段衮。據記載，當時有一個無辜被判死刑的囚犯，家人向段衮求助幫他昭雪冤案。段公本著基督徒愛主愛人的精神，爲營救該囚犯，四處奔波查找證人，終於還那囚犯一個清白，使他無罪釋放。段公見義勇爲愛人如己的博愛情懷贏得了稷山一帶民衆對天主教濃厚的興趣，經過他熱情的宣講，很多人都願意信奉天主教，段公遂邀請高一志前來給他們授洗，僅一次就授洗 70 多人。後又有許多人皈依教會。[3]

高一志在山西建立的最後一個傳教基地是平陽府，這座古都早在西元前 2357 年就已成爲堯帝的首都。1639 年，高一志來到平陽，拜訪了當地的縣令和其他官員。對於高一志的到來，當地官員們欣喜異常，他們以最上等的方式熱情款待了高氏。高一志傳教心切，在韓霖的資助下在那裏建築了一座教堂，這座教堂不僅

---

[1] 〔法〕费赖之:《在華耶穌會士列傳及書目》第一册，第 107 頁。

[2] 同上。

[3] 參見 Margiotti, p. 111。

能容納許多教友，而且還能住二十多位傳教士。[1]

高一志在山西傳教十五年零四個月的時間，在韓家段家兩大官員的家族鼎力支持下，授洗8000餘人，内有功名中人二三百人，此外還有許多文學士、社會知名人士，建教堂五十餘座。馬爾昭迪記載："高一志神父至1640年已建立102座教友聚會中心。"[2]

中國教會歷史上第一所孤兒院

1634年，山西發生蝗蟲大災難，鋪天蓋地的蝗蟲自東而西席捲大地，蝗蟲經過之處遍地莊稼顆粒不存。[3] 無獨有偶，1634年到1641年，山西省遭受了可怕的飢荒。長達八個月，"没有下過一滴雨，連雲彩的影子都没見過"。這在老年人的記憶中，是最爲嚴重的一次飢荒。"全省哀鴻遍地，餓殍遍野。在絳州，街道上躺滿了屍體。城外四周的護城河被死屍填滿。"[4] 費賴之進一步述説："絳州大飢，人民死者千計，饑民爲求生，至殺生人掘死屍以爲食；母殺其子，致令人憶及耶路撒冷城被圍時之慘象。"[5] 在絳州城所發生的飢荒，讓費賴之想起了教會史之父優西比烏在其巨著《教會史》中，描述耶路撒冷城在被羅馬大軍圍困三個月

---

[1] 參見 Margiott, pp. 109-110。

[2]〔美〕鄧恩：《從利瑪竇到湯若望》，第289—290頁；〔法〕費賴之：《在華耶穌會士列傳及書目》第一册，第92頁；〔法〕高龍鞶：《江南傳教史》，第263頁。

[3] Manuel Gomes a Manuel Dias senior, *Chiang-Chou, La relazione inviata ai superiore dal P. Nicolas Trigual il 2 luglio 1634*, ARSI, Jap. Sin. 27, pp. 234-235. 也參見（清）張成德等修纂：《（乾隆）直隸絳州誌》，第368頁；徐昭儉：《（民國）新絳縣志》，鳳凰出版社2005年版，第641頁。

[4] Manuel Gomes, *Chiang-Chou*；參見〔美〕鄧恩：《從利瑪竇到湯若望》，第288頁。

[5]〔法〕費賴之：《在華耶穌會士列傳及書目》第一册，第93頁。

之後，於城中所發生的母親殺死自己的兒子並以之爲食那慘不忍睹的一幕。[1]

八個月的災情過去後，飢荒災情持續了六年時間。目睹此嚴重災情，高一志不忘救貧濟困，以救死扶傷爲已責，他留下方德望（Stefano Fabro，1598—1659）與澳門人陸有基（Manuel Gomes）修士在絳州負責教務。他自己則“不憚跋涉山谷，尋求信徒，逐家訪問，安慰苦人，救濟弱者”。僅 1634 年，高一志爲絳州和蒲州兩地授洗一千五百三十人。[2]

高一志在絳州創建了中國傳教史上第一所孤兒院。他委託方德望和陸有基修士負責管理。不久他們就收留了三百多棄嬰。[3] 這項工作一開始就得到了官方的允許和支持。從絳州開始發展到全省，高一志每到一地傳教，只要有可能就會建立類似的機構，由信徒來負責管理。如此“官民見其慈善濟衆，甚德之。婦女爭施首飾以助”[4]。方德望和陸有基也爲那些被遺棄和有死亡危險的孩子施洗。因此，孤兒院成爲教會在仁愛工作方面一個喜樂的標志。[5]

高一志每天都在不知疲倦地工作着，“在教內外人中間經常可以看到高神父傳教的身影”[6]。他關愛孤兒，照顧貧窮及瀕臨死亡的人，贏得了當地信徒的大力支持。1634 年，金彌格（Michel

---

[1] 參見〔古羅马〕优西比烏著，瞿旭彤譯：《教會史》（*Church History*），生活・讀書・新知三聯書店 2009 年版，第 114—115 頁。

[2] Bartoli, *Opere* XVIII, pp. 395-396；〔法〕費賴之：《在華耶穌會士列傳及書目》第一册，第 93 頁。

[3] 〔美〕鄧恩：《從利瑪竇到湯若望》，第 288 頁。

[4] 〔法〕費賴之：《在華耶穌會士列傳及書目》第一册，第 93 頁。

[5] 〔法〕高龍鞶：《江南傳教史》，第 167 頁。另參見〔法〕費賴之：《在華耶穌會士列傳及書目》第一册，第 93 頁。

[6] 〔法〕費賴之，第 45 頁；參見〔美〕鄧恩：《從利瑪竇到湯若望》，第 177 頁；方豪：《中國天主教史人物傳》第一册，第 152—154 頁。

Trigault，1602—1667）在年信中記載："在絳州首先開倉賑災的是韓霖和韓雲。韓霖除了捐出五百兩銀子之外，還籌措募集了一筆相同數額的捐款。段衮在他的門口分發食物，還把他的家改造成一所孤兒院和簡陋的醫院。有多達一百名孤兒住在他家。段衮兩隻手各抱着一個被遺棄的孩子走回家，這成了當時在絳州的一個常見的景觀。"

在高一志影響下，韓、段兩大家族在絳州積極地捐錢捐糧，興辦孤兒院、收容所照顧貧民，這一善舉得到了絳州知州雷翀的特別嘉奬和鼓勵。1636年，雷翀在佈告中寫道：

> 幸有西儒高先生，修身事天，愛人如己，以教忠教孝爲第一事。上自聖天子，賢宰相，莫不敬禮之；以至晉紳、學校諸君子，尊之如師傅，愛之如兄弟。百姓從其教者，皆化爲良民。其有功朝廷大矣。爾鄉民有心向善，何不歸於正道？乃甘從邪教，欲爲善反得惡耶？夫聖天子，固天縱之聰明；而賢宰相以下，皆孔聖之弟子也，豈識見不如鄉民？爾等又何疑焉，而不棄邪歸正哉！

在此，雷翀明確肯定了高一志所宣揚的"修身事天，愛人如己，以教忠教孝爲第一事"的天主教社會及倫理價值。同時也可看出，當時山西上層社會對高一志在學術、教育及關愛貧困者方面的評價："以至晉紳、學校諸君子，尊之如師傅，愛之如兄弟。"雷翀則以"其有功朝廷大矣"表達了對高一志的高度讚揚。接着他筆鋒一轉，奉勸絳州居民，"爾鄉民有心向善，何不歸於正道？乃甘從邪教，欲爲善反得惡耶？"雷翀間接地勸勉他治下人民，藉由信奉天主教，修身事天，愛人如己，學忠學孝，改邪歸正，進而實現社會長治久安，人民安居樂業的政治理想。這反映了明末許多士大夫在社會動蕩不安、文化“談玄蹈空”，倫理道德滑坡，帝國大廈將傾之際，欲通過學習“西學”與“西教”尋找拯救帝國之良藥。[1]

五、鞠躬盡瘁、長眠絳州

在17世紀30年代，整個中國教會除了在福建的挫敗之外，均取得了令人矚目的傳教成績。林金水教授認爲：“最爲突出的是高一志在山西的工作。在一群學者的幫助下，他將這個省經營成爲帝國天主教活動的一個主要中心。”他的兩位最堅定的合作者韓霖與段衮爲他在山西的傳教做出了非常重要的貢獻。[2]

作爲中華耶穌會負責人的傅汎際（Francisco Furtado，1589—1653），在視察完了九個會院後致信給總會長說：“高一志神父有教徒數千人，散佈於五六城市及五十餘鄉中，每年不憚勞苦，周巡兩次，而安居時則編撰漢文書籍，無時或息也。”[3] 在這封信中也同時肯定了龍華民的傳教業績。高一志和龍華民是同齡人，在古稀之年仍如同年輕人一般，不知疲倦地在“上主的葡萄

[1] 林金水：《利瑪竇與中國》，中國社會科學出版社1996年版，第82頁。

[2] 同上書，第287頁。

[3] Bartoli, *Opere* XVIII, pp. 95-396；〔法〕费賴之：《在華耶穌會士列傳及書目》第一册，第93頁；參見〔美〕鄧恩：《從利瑪竇到湯若望》，第289頁。

園裏工作。”[1]

直到去世前兩個月，高一志仍一如既往地忘我傳教。1639 年末，正在距離絳州八十公里外的平陽府傳教的高一志突然病倒，積勞成疾，一病不起，無奈返回絳州休養。1640 年 2 月，高一志在視察絳州附近教堂建設時突然倒下。回到絳州後，他又支撐了兩個月。他的教友們無論遠近紛紛趕來看望他，並爲他祈禱，希望他能夠早日康復，然而他病勢沉重，大夫亦無力回天。1640 年 4 月 9 日，“他的屋裏擠滿了他的信徒。在他們的環繞下，高一志溘然而逝，享年七十四歲”[2]。

高一志的靈柩在教堂放了八天，每天都有很多信徒輪流爲他守靈，在靈柩旁爲他祈禱唱聖歌。黄昏時的一幕極爲感人：

> 他們没有採用外教人爲死者燒紙的習俗，而是聚在棺柩的祭台前邊，誦念兩三遍玫瑰經；祈禱結束後，衆信徒已是泣不成聲，淚流滿面，就如子女失去父母般痛哭哀傷。[3]

本城信徒靈丘王府宗理朱鼐鉀佩戴朝服在第一時間前來弔唁。稍後，城中在職官員、士紳，以及其他許多城鎮的有名望之人亦都趕來，“以行他們長輩去世後所行之禮”，對高一志表達他們的深深的哀思和敬意。[4]

高一志去世的消息傳開後，許多官員、學者、商店店主、

---

[1] 〔美〕鄧恩：《從利瑪竇到湯若望》，第 288 頁。

[2] 〔法〕费赖之：《在華耶穌會士列傳及書目》第一册，第 105 頁。

[3] 參見 Margiotti, p. 103。

[4] Ibid..

農民以及貧民，都紛紛前來表達他們的悼念和敬意。[1] 噩耗傳至蒲州，榮休宰相韓爌派了兩名家族成員專程前來祭奠，並親自在“長一丈二寬五尺的白綾”上撰寫了一篇感人淚下的悼詞。與此文相配的還有絳州城文人善會送來的一篇祭文。之後，還有大批官員和學者爲他撰寫祭文，他們當中中很多並非天主教徒，他們由衷讚揚這位傳教士的高尚品德及其爲絳州一帶所作的貢獻。[2]

段衮與段扆兄弟奉獻了非常昂貴的棺柩，並在距離絳州城兩公里的家鄉——段家莊高堰墳捐地五畝，周圍建有圍牆，作爲高一志的墓地。段衮爲高一志立碑，正面有中文大字“泰西耶穌會士高一志之墓”，背面刻有拉丁文的高一志生平簡歷。在墓門上立有一塊長方形石碑，有小篆題寫：“泰西耶穌會士高則聖先生之墓，段衮立。”根據高一志遺囑，金彌格只接受了墓地，本着耶穌會士神貧的精神購置了一個簡陋的棺柩，作爲高一志安眠之所。據文獻記載：

> 第八天，由金彌格神父主持隆重的殯葬彌撒，有兩千多人的送葬隊伍蔚爲壯觀，其中有四百人舉着火把，另有四百人帶着準備發給窮人的救濟品。在他們之後行進的是那些比較傑出的天主教徒，每人一手持念珠誦念玫瑰經，另一手托着香爐。跟在天主教徒送葬隊伍後面的是全城的官員，王室的王爺，最後是身着白色祭衣的金彌格神父。高一志的遺體

[1] 參見〔美〕鄧恩：《從利瑪竇到湯若望》，上海古籍出版社 2003 年版，第 289 頁。
[2] 參見 Margiotti, p. 103；參見〔美〕鄧恩：《從利瑪竇到湯若望》，第 289 頁。

被自然流露的悲哀所籠罩。[1]

高一志的遺體被葬在段家莊高崖墳，位於絳州城西五華里，後來絳州的傳教士去世後亦葬於此。

[1] ARSI, *Jap. Sin.*, pp. 47, 266；參見〔美〕鄧恩：《從利瑪竇到湯若望》，第 289 頁。

第二章　高一志教育思想的背景

段春生（香港神修院神哲學院教授）

一、耶穌會教育傳統

耶穌會教育

16 世紀前期歐洲處於極端動蕩時期，是“歐洲近代思想和科學漸形呈露的時代”[1]。同時，也可以説是歐洲社會由中古進入現代的開端。由於“文藝復興運動的巨大浪潮，夾着排山倒海的巨勢，衝擊着歐洲各地”，使得歐洲社會“無論文學、藝術、政治、宗教等方面都發生了根本的變動”[2]。新教在北歐掀起的如火如荼的改教運動，對教會的普世性合一也形成了巨大的挑戰。[3] 這一系列的巨變，對依納爵·羅耀拉（Ignacio de Loyola，1491—1556）建立耶穌會，以及爲後來確定耶穌會的教育思想都起到了决定性的作用。

爲了回應新教的改革，推進天主教會内部的革新，1534 年 8 月 15 日，依納爵成立了耶穌會，於 1540 年 9 月 27 日，獲教宗保

---

[1] 林金水：《利瑪竇與中國》，中國社會科學出版社 1996 年版，第 3 頁。

[2] 熊光義：《耶穌會的教育法》，臺灣光啓出版社 1965 年版，第 21 頁。

[3] 〔德〕畢爾麥爾等編著，〔奥〕雷立柏譯：《近代教會史》，宗教文化出版社 2011 年版，第 70 頁。

祿三世（Paul III，1539—1549）正式批准。[1]從教宗保祿三世及儒略三世（Jules III，1550—1555）批准並确定的耶穌會典綱要中，我們可以得知耶穌會建立的目標，“是扶助人靈進修並明了教會道理，並以公開佈道傳揚天主的聖訓，領導退省和愛德的工作，特别是以教理教育兒童及失學的人。更以聽基督信徒的告解增進其心靈的安慰”[2]。依納爵除了重視對基督信徒的牧靈關懷，特别將“教育兒童及失學的人”作爲建會的主要目的之一。

耶穌會成立八年之後，1548年，在西西里島墨西拿（Messina）成立了第一所“完全的古典公學”，於同年4月24日正式舉行開學典禮，主要教授“當地青年神學、藝術、修辭學和文法，並指導輔助一般民衆的靈修生活”[3]。該學院的建立“對於耶穌會的特色形塑造成深遠的影響，賦予了耶穌會和文化之間嶄新且與衆不同的關係”[4]，同時也“標志着偉大的耶穌會教育事業的開端”[5]。

耶穌會學校自建校之初，就規定教育免費，不僅向貴族和市民子女敞開，而且也通過發放助學金而向平民子弟開放。耶穌會公開向社會招生的方針是具有積極意義的[6]，不僅影響了日後處於社會上流的貴族對教會的態度，甚至對不少新教徒都產生了巨大

---

[1]〔西班牙〕依納爵著，侯景文譯：《耶穌會會憲》，臺灣光啓出版社1976年版，第9頁；〔德〕彼得·克劳斯·哈特曼著，谷裕譯：《耶穌會簡史》，光啓文化事業2003年版，第23、55頁。

[2]〔德〕彼得·克劳斯·哈特曼著，谷裕譯：《耶穌會簡史》，第23頁。

[3] 同上書，第64頁；熊光義：《耶穌會的教育法》，第52頁。

[4]〔美〕歐馬禮著，宋皓文譯：《耶穌會教育的開端》，載周守仁主编：《耶穌會教育論文集》，臺灣思維出版社2012年版，第23頁。

[5] John C. Olin, *Erasmus, Utopia, and the Jesuits, Essays on the Outreach of Humanism*, New York: Fordham University Press, 1994, p. 94.

[6]〔德〕彼得·克劳斯·哈特曼著，谷裕譯：《耶穌會簡史》，第122頁。

的吸引力。[1]

1551年2月23日，依納爵・羅耀拉委託庇利得爾（Jean Pelletier）神父成立了“羅馬學院”（Collegium Romanum），這是耶穌會的主要教育機構，其中包括高中學校、哲學系及神學系。[2] 被譽爲中國天主教會之父的利瑪竇也畢業於該校。[3] 據統計，全世界有三分之一的樞機、四分之一的主教都曾在那裏就讀，而且校友中，出了十六位教宗，二十一位聖人，四十六位真福。[4]

此後，耶穌會在歐洲的各大城市都建立了學校，其中天主教神學院佔據了主導地位，對於神職人員教育產生了極其深遠的影響。[5] 羅耀拉以後的歷任會長都致力於推動教育。在耶穌會建立兩百年後，“耶穌會在歐洲和拉美的幾乎每個國家的教育和科學中都有構成和決定之權”[6]。到1773年耶穌會解散時，已“擁有會士兩

---

[1] 〔德〕彼得・克劳斯・哈特曼著，谷裕譯：《耶穌會簡史》，第121頁。

[2] 教宗額我略十三世（Gregory XIII，1572—1587）在特利騰大公會議之後，積極推動天主教内部的改革，他非常支持羅馬的宗教教育改革，他很支持耶穌會，並慷慨資助羅馬學院。1582年教宗額我略十三世將羅馬公學院改爲正式的大學，即今日的額我略大學（Pontificia Università Gregoriana）。根據特利騰大公會議的規定，這座學院應該成爲新式修道院的典範。（參見雷立柏譯：《近代教會史》，第72頁；羅光：《利瑪竇傳》，臺灣光啓出版社1960年版，第25—26頁；熊光義：《耶穌會的教育法》，第66—67頁。）

[3] 1572年9月17日，利瑪竇進入耶穌會羅馬學院攻讀哲學與神學。參見羅光：《利瑪竇傳》，第25頁；裴化行：《利瑪竇神父傳》上册，商務印書館1993年版，第24頁。

[4] 參見熊光義：《耶穌會的教育法》，第66—67頁；胡玲：《近代早期耶穌會教育的影響》，《淮陰師範學院學報》2009年第31卷，第773頁。

[5] 參見〔德〕彼得・克劳斯・哈特曼著，谷裕譯：《耶穌會簡史》，第56—57頁。

[6] Frank Pierrepont Graves, *A History of Education: During the Middle Ages and the Transition to Modern Times*, The Macmillan Company, 1914, pp. 217, 221.

萬三千人，學校八百四十五所”[1]。耶穌會的教育被譽爲“現代世界第一個真正的教育體系，且開闢了天主教世界正規教育的新紀元”[2]。耶穌會也因此成爲最重要的教育修會。[3]

縱觀耶穌會歷史，我們發現在1556年羅耀拉去世時，耶穌會已經涉及十二個省（包括從巴西到日本），其中有一百多個會院，一千多個會士，以及四十多所耶穌會學校。[4]到了1599年《教育計劃》最終版本核准時，僅在歐洲的耶穌會學院就已經超過二百所。在此期間，耶穌會成員的增長也相當快，至1576年，已有四千多位；到1599年，已擁有八千二百七十二位會士。[5]在建會短短的四十五年，“其成員的增加率足足有九倍之多。當然他們的工作不只在學院任職，也到教會、海外等地從事福傳工作”[6]。從耶穌會成員數目增長之快，可以看到該會在中學與大學教育方面做得相當成功，從這些學生中產生了許許多多優秀的耶穌會士。

教育計劃（Ratio Studiorum）

耶穌會教育之所以能如此成功，主要是因爲創始人依納爵

[1]〔美〕歐馬禮著，宋皓文譯：《耶穌會教育的開端》，第23頁。另參見，耶穌會總會長漢斯·柯文柏著，于士錚譯：“總會長致高級上司書”，《耶穌會教育的特徵》（內部使用），第87頁。

[2] 胡玲：《近代早期耶穌會教育事業繁榮的諸因素》，《歷史長廊》總第440期，2010年第6期。

[3]〔德〕彼得·克勞斯·哈特曼著，谷裕譯：《耶穌會簡史》，第120頁。

[4] 同上書，第71頁。

[5] 同上書，第29、55頁。

[6]〔美〕帕德貝格著，陳婷君譯：《〈教育法〉發展史》，載周守仁編：《耶穌會教育論文集》，臺灣思維出版社2012年版，第69頁。

爲耶穌會的教育奠定了基本的方向。耶穌會的教育結合了當時的兩種傳統。第一個傳統是古典學的教育模式，强調文學、修辭學、語法、詩學等。伊拉斯謨對耶穌會的創立者聖依納爵有很深的影響。美國學者伍德沃德（William Harrison Woodward，1856—1941）提到伊拉斯謨試圖跨越各個國家教育的邊界，成立歐洲的共同課程，而在這一方面，如同伍德沃德所說："耶穌會學校最好地實現伊拉斯謨的教育理想。"[1] 在他們的學校中，耶穌會士推動古典教育，教授希臘文、拉丁文及古典文學。此外，他們也繼承了另外一種教育傳統，即大學傳統。聖依納爵曾就學於巴黎大學，熟谙經院哲學，並獲得神學碩士學位。因此，耶穌會學校繼承了中世紀大學的傳統課目，如邏輯學、哲學、神學，並且擴大到自然科學。文學傳統關注學生的性格塑造（信仰、精神、情感、美感等），使他們可以將來對社會有所貢獻，而大學傳統關注學生的理論能力，使他們可以將來對學術界有所貢獻。兩個傳統的結合可以促成學生的全面發展，使得道德與理智並進。耶穌會士的教育法主要載於他們的《教育計劃》（*Ratio studiorum*）中，他們花了幾乎二十年的工夫來修訂這一章程，並最終於 1599 年在羅馬出版。[2]

耶穌會將各種因素結合起來，發展出富有建設性的現代化課程計劃。[3] 1541 年的《學院基準》（*Fundación de Collegio*）雖然只是一份草擬提綱，但被認爲是耶穌會《教育計劃》最早的

---

[1] William Woodward, *Desiderius Erasmus Concerning the Aim and Method of Education*, Cambridge: Cambridge University Press, 1904, p. 84.

[2] 此書的英譯本見：*The Ratio Studiorum: The Official Plan for Jesuit Education*, translation and commentary by Claude Pavur, S. J., Saint Louis: Institute of Jesuit Sources, 2005。

[3] 〔德〕彼得・克劳斯・哈特曼著，谷裕譯：《耶穌會簡史》，第 123—124 頁。

雛形。1545 年，帕道瓦（Padova）大學編纂的《帕道瓦學院憲章》（*Constitutiones Collegii Patavini*）特別提到憲章中的課程計劃由巴黎大學課程計劃改編而來。依納爵特別推崇，並對該憲章進行了一些修訂。[1] 至 1547 年，又出現了耶穌會幹事皇安・鮑良高（Juan Alfonso de Polanco，1517—1576）制定的《學院篤學會憲》（*Industriae et Constitutiones Collegiorum*）。從 1565 年到 1572 年，耶穌會相繼出版了四部《教育計劃》，依次是：方濟・博日亞（Francisco Borgia，1510—1572）時期所謂非正式的博日亞準則（Ratio Borgiana），1586 年正式版的《教育計劃》，1591 年校訂版《教育計劃》，以及 1599 年頒布的最終版本。[2]

耶穌會《教育計劃》的目標是結合道德及理智的培育，不過，在具體的安排方面，這兩種教育傳統體現在教育的兩個階段：小學及中學教育比較偏重文學教育，吸收了古典學的课程，而高等教育比較偏重理論教育，吸收了大學的课程。在耶穌會所辦的學校中，學生首先經過文學教育，然後升級到大學部。大部分耶穌會士都希望在大學部擔任教授，這使得兒童教育沒有很高的聲譽。但是，由於其個人經歷，聖依納爵本人非常重視兒童教育，在耶穌會《會憲》（*Constitutiones*）裏，他規定每位耶穌會士都要承諾參與童幼教育。因此，耶穌會修士必需花一段時間給兒童授課。也有一批代表性的耶穌會士，如西班牙耶穌會士玻尼法爵，一生

---

[1] 〔德〕彼得・克劳斯・哈特曼著，谷裕譯：《耶穌會簡史》，第 124 頁。

[2] 参見 M. Redaelli, *Il mappamondo con la Cina al centro: fonti antiche e mediazione culturale nell'opera di Matteo Ricci S. J.*, ETS, 2007, p. 28；〔美〕帕德具格著，陳婷君譯：《〈教育法〉發展史》，第 69—71 頁。

在耶穌會學校中從事兒童教育。[1]

二、高一志在義大利接受教育

都靈學院成立

高一志出生的時期，恰逢天主教會特利騰大公會議閉幕三年之後，教宗比約五世（Pius V，1566—1572）在大公會議的閉幕之後，即致力於推行大公會議的改革法令在教會內的執行，尤其關注建立神學院，加强對於神職人員在倫理及紀律方面的陶冶和培育。[2] 教宗比約五世爲了回應大公會議的决議頒發了《教理問答》（*Catechismus Romanus*，1566）供堂區神父使用，同時也用來培育平信徒的信仰生活。[3] 可見高一志出生之時，當時的教會正大力推行和落實特利騰大公會議的改革法令。

那時，都靈总教区的樞機主教热羅尼莫·羅維尔（Gerolamo Della Rovere，1564—1592）與該地頗有影響力的埃馬努埃莱·菲利貝托公爵（Emanuele Filiberto）都一致贊成教會和皮埃蒙特國家的復興。至十六世紀中葉，耶穌會士在倫巴第（Lombardi）與皮

---

[1] 關於玻尼法爵（Bonifacio）及其教育事業，參見 J. Delbrel, *Les Jésuites et la Pédagogie au XVIe siècle: Juan Bonifacio*, Paris: Alphonse Picard, 1894。

[2] 參見 Antonino, *Lopes, I papi, La vita dei pontefici attraverso 2000 anni di storia*, Roma, Futura edizioni, 2009, p. 84。

[3] 這本教理書對於培育天主教徒的信仰影響很大，一直持續到 1992 年《新教理》問世。參見〔德〕畢爾麥爾等編著，〔奧〕雷立柏譯：《近代教會史》，宗教文化出版社 2011 年版，第 84 頁。

埃蒙特（Piemonte）已經建有許多學校。[1]

1559年，在耶穌會總會長方濟·博日亞的推動下，耶穌會在都靈市中心建立了學校。該校以貴族學校（Collegio dei Nobili）而聞名，後來成爲都靈埃及博物館。這裏曾作爲耶穌會學校培養了許多都靈貴族青年學生。[2] 年輕的高一志即在都靈學院完成了良好的教育。[3]

都靈學院教學内容

耶穌會的教育體系包括了教育的各個階段，都靈與其他耶穌會學校一樣，備有“學前預備班，就讀者爲6至8歲的學生；初級階段，就讀者爲9至13歲的學生，歷時5至6年；最後是高級階段，這是進入大學前的最後階段。學生畢業時年齡一般在20歲左右”[4]。

拉丁语作爲中世紀以来整个西方世界的官方语言，爲學習古典文化必需掌握的語言，因而安排學習拉丁語和希臘語的學時

---

[1] 參見 M. Casassa, S. J.,“La Compagnia di Gesù nelle Provincie di Torino e Aosta”, in *La Compagnia di Gesù nella Provincia di Torino dagli anni di Emanuele Filiberto a quelli di Carlo Alberto*, Torino: Società Piemontese di Archeologia e Belle Arti, 1998, pp. 13-24。

[2] 在此時期，各地紛紛成立耶穌會公學院。1567年，米蘭附近的佈雷西亞（Brescia）也成立了一所耶穌會學校。

[3] 參見 J. W. O' Malley, p. 8；B. Signorelli,“L'ultima collaborazione fra lo Stato Sabaudo e la Compagnia di Gesù in epoca di antico regime: la creazione degli ospizi e delle congregazioni di carita”, in *La Compagnia di Gesù nella Provincia di Torino dagli anni di Emanuele Filiberto a quelli di Carlo Alberto*, Torino: Società Piemontese di Archeologia e Belle Arti, 1998, pp. 221-246。

[4] 這樣的學制安排，相當於小學、初中與高中。參見〔德〕彼得·克劳斯·哈特曼著，谷裕譯：《耶穌會簡史》，第124頁。

最多，其教材主要以西塞羅的文本爲基礎。具體的教學則是以學習和背誦拉丁語和希臘語的語法爲主。教學材料由老師口授給學生。講課內容普遍“採用五部耶穌會士彙編的經典教材，其中有雅各布·格雷策爾（Jakob Gretser，1562—1625）編寫的希臘語文法（*Institutiones Linguae Graecae*）和伯多祿·卡尼修斯（Petrus Canisius，1521—1597）編寫的《教理問答》（*Catechismus minor*，1558）。”[1]《教育計劃》關於拉丁語學習方法如下規定：

關於拉丁文，應鼓勵學生在家裏用拉丁語交流和溝通。除非在一些地區，會長認爲學生即便在假日或休閑時間，仍然能夠很輕鬆自然地保持說拉丁語的習慣。那麼在假日和休息時間，學生也應該堅持實踐以拉丁語作爲溝通和交流的語言。院長也必須確保，這些正在接受培育的會士，在相互通信時也必須使用拉丁文。此外，一年兩到三次，例如在學業開幕禮或重發聖願時，哲學生和神學生應該撰寫及發表拉丁文詩作。[2]

---

[1] 〔德〕彼得·克劳斯·哈特曼著，谷裕譯：《耶穌會簡史》，第124—125頁。《教理問答》是卡尼修斯最有影響的著作。在1555年，作爲費南迪（Ferdinand）皇帝的神學顧問，卡尼修斯參加奧格斯堡（Augsburg）帝國議會，皇帝請他編寫一部表達正統公教信仰的教理問答，於是他編寫了這部影響很大的《教理問答》。這部作品成爲神學生、神學家與牧靈者的工具書。1566年，卡尼修斯根據特利騰大公會議文獻對《教理問答》進行了修訂。由於作者精通聖經及教父學著作，使得該書在十九世紀以前，一直作爲最流行的著作之一。該書內容深入淺出、通俗易懂，沒有神學上的攻擊，在思想上具有非凡的深度和廣度。這部書被翻譯爲歐洲許多語言，僅在德語地區就有200多個版本。參考〔奥〕雷立柏：《西方經典英漢提要（卷四）·文藝復興和巴羅克時期經典100部》，世界圖書出版公司2012年版，第104頁。

[2] 參見 Pavur, S. J., *The Ratio Studiorum*, p. 33。

可以看出《教育計劃》特別强調讓學生不僅學習用拉丁文嫻熟地閱讀古代經典，而且也要在生活中加以運用，使這門語言成爲自己得心應手的工具。在學完了拉丁語與希臘語的語法後，還要進一步培養學生成爲有口才的人，幫助他們提高自己的表達能力。爲達成這一目標要採取三個步驟："一是學習語言，二是做一些學術性的研究，三是要獲得一個關於修辭規則的總概念。"[1] 語言知識的積累，是爲了能夠使得語言的表達更加豐富與得體。因而，在最後的兩年"學習中要學習文學、閱讀名著，並學習修辭學"[2]。關於低年級修辭學方法：

> 時間表：每天至少有兩個小時的修辭學課程，但是人文學和其他學年的學生，每天早上有兩個半小時學習，下午兩個半小時。在假日至少有好幾個小時學習。[3]

每天學習的具體內容：

> 演説家——西塞羅：即閱讀西塞羅的倫理哲學的書籍，這是課程裏唯一學到的演説家。歷史學家：凱撒（Caesar），薩盧斯特（Sallust），李維（Livy）及昆圖斯（Curtius）等其他歷史學家。詩人：如古羅馬詩人：維吉爾（Vergile），但不包括田園詩集（eclogues）與埃涅依德（Aeneid）之第四卷，及

[1] 參見 Pavur, S. J., *The Ratio Studiorum*, p. 167.

[2] Ibid., p. 33.

[3] Ibid., p. 141.

詩人賀瑞斯（Horace）的頌詩（odes）的宣讀。還有其他古代著名詩人的挽詩、詼諧短詩及其他著作。但首先必須排除那些不雅的詩作。[1]

爲更清楚了解耶穌人文中學教學的內容和方法，我們試圖從1551年成立的墨西拿公學院的課程安排，來看那個時期的耶穌會學校的課程具體安排。[2]

級別	授課時間	課程	作者及作品	練習
低級文法班	四個班級，有四個教授。上午和下午各三小時無正式休息。	學習閱讀和寫作；背誦多納圖斯（Donatus）的作品；初步學習德斯堡特瑞烏斯（Despauterius）的主要作品，進一步學習他和法拉翁（Pharaone）的作品。	多納圖斯文法學，德斯堡特瑞烏斯的文法註釋，法拉翁語法。	每天都有復習；作文一小時；作文在第二天批改完畢；周末復習一周的課程。
中級文法班	兩個班級，一位教授，上午與下午各三小時，課間稍微休息。	程度較差的復習前邊課程。學習德斯堡特瑞烏斯文章的文法，以及伊拉斯謨與西塞羅的書信，泰伦斯（Terence）或维吉尔（Vergile）對話體的牧詩。	多納圖斯文法練習，維韋斯（Vives）拉丁文練習，伊拉斯謨演講法，泰伦斯選讀西塞羅書信。	每天練習寫作文，背誦（每日早上最後半個小時），周六復習，周六下午朗誦。

[1] 參見 Pavur, S. J., *The Ratio Studiorum*, p. 166。

[2] Ibid..〔德〕彼得・克劳斯・哈特曼著，谷裕譯：《耶穌會簡史》，第124—125頁。

續表

級別	授課時間	課程	作者及作品	練習
高級文法班	上午和下午各三個小時。	文章構造法，詩詞的節奏法（Ars Metrica）寓意法、文字學。 學習瓦拉（Valla），西塞羅，撒路斯特（Sallust）等人的作品。 復活節後學習奧維德（Ovid）的作品。	德斯堡特瑞烏斯，瓦拉的部分作品。 西塞羅的《論友誼》、《論老年》。 撒路斯特的作品，泰伦斯的作品，奧維德的《論憂苦》（*Ex ponto*）。	每天有作文。 復活節以後作詩。 朗讀和復習上一年所學。 一次作散文。 一次作詩。
人文學科	上午和下午各兩個小時。 假期在九月中旬以後有十五天。	詩歌，學作詩方法。西塞羅的作品及其他作者的選作。 開始學習希臘文法，以及希臘文作家的作品。	伊拉斯謨的《豐收》，賀瑞斯（Horace）的作詩法，西塞羅的《圖斯库卢姆辯論》（*Tusculanae*）。伊拉斯謨：如何寫信； 西塞羅書信； 伊拉斯謨的作品； 伊索（Aesop）的希臘文作品； 阿裏斯托芬《普魯特斯》（*Plautus*）。	星期六早晨復習，星期六下午演講，希臘文的演講和復習動詞。 作文：希臘文一次，希臘詩一次，拉丁散文三次。
修辭學班	上午和下午各一小時，聖若翰洗者慶日（6月24日）後放假。	早晨：昆體良（Quintilian）的修辭學規則；下午：西塞羅演講與凱撒、撒路斯特，李维（Livy）及庫爾提烏斯（Curtius）等幾個歷史家的作品。	昆體良與西塞羅演講。 幾個歷史學家的作品。	星期六早晨朗誦，每隔一星期一次演講，每周寫拉丁文演講詞。

從以上表格可以窺視到高一志學習時期的都靈學院的課程安排以及學生日常學習的教材和時間的具體分配。

1560年8月10日，曾經擔任都靈學院負責人，後來成爲耶穌會總會長秘書的鮑良高，在致所有耶穌會學校校長的信中，關於在該時期耶穌會對各項工作的計劃時提及教育的兩個方面：“一是通過所有學校在文學方面教育青年，另一個則是在信仰和基督徒生活方面……陶冶青年。”[1]該信明確地指出耶穌會學校是致力於更卓越的培育，鮑良高高度概括道：“依納爵的理想是對青年在精神和文學方面進行持續性培育。”[2]

米蘭布雷拉學院（Collegio di Brera）

1599年《教育計劃》的最終版本，是在特利騰大公會議（1545—1563）閉幕十六年之後完稿的，耶穌會教育計劃是在大公會議的綱領性文件指引下，爲了捍衛基督宗教信仰的正統性和神聖不可侵犯性而制定，大力推動“在外邦人土地上传播福音，在世界各地攻击各种异端”[3]。在這種精神推動下，義大利米蘭布雷拉學院（Collegio di Brera）在獲得教宗額我略十三世（Gregory XIII，1502—1580）的敕令後，於1572年6月22日建立。根據耶穌會羅馬學院（Collegium Romanum，1551）的教育模式，耶穌會士爲米蘭市民制定了完整的培育計劃：人文學、“自由藝術”（artes liberales）、神學。對米蘭市民而言，爲自己的孩子安排一個完整的學習計畫是一件極爲重要的事情。許多米蘭貴族的子女和該地

[1] 參見 J. W. O' Malley, pp. 221-222。

[2] L. Gilardi, S. J., “Gesuiti nativi della Diocesi di Casale Monferrato negli archivi bibiografici della Compagnia di Gesù” , in *La Compagnia di Gesù a Casale e nel Monferrato dai Gonzaga ai Savoia*. Torino, Nuovi studi e ricerche, Spara, San Mauro Torinese, 2008, p. 37.

[3] 參見 F. Rurale, “I Gesuiti a Milano”, in *Religione e politica nel secondo cinquecento*, Bulzoni, Milano, 1992, p. 26。

區的寄宿學生紛紛前來該學院就讀，因而，耶穌會士在該地區擁有了絶對的教育主導權。[1]

根據達尼勞・匝爾定（Daniello Zardin）的研究，該校“從1580到1590年，僅十年時間，學生就已超過八百，此後，人數很快就增長到一千人左右”[2]。這裏的學生人數，當指所有學生的總數。由弗拉維奥・陸拉來與達尼勞・匝爾定的研究可以得知，這一時期布雷拉學院，無論就住院人數還是學生總人數，都是相當高的。高一志於1584年進入米蘭耶穌會，在該學院讀書之時，正是該學院的黄金時期。

耶穌會《教育計畫》規定的學科包括語言（希臘語、拉丁語、希伯來語），文學（數學、修辭學、辯論），人文學科（邏輯、物理、形而上學，同時也學習數學、音樂和天文學），神學（經院哲學、實證主義、靈修學及教會法）。文學研究分爲三類：數學、修辭學、人文學科。學習希臘語、希伯來語和阿拉美語屬於第二類。通常低年級三個月有一次考試，高年級一個學期考試一次。學生應先通過拉丁語考試，然後才能參加後來的考試。这些考试包括以希腊文和拉丁文寫成的散文和诗歌，以及一些古典作家翻譯的作品。[3]《教育計劃》規定學生一周兩到三次（如假日）練習這些語言，以確保這些語言在公共與私人領域的地位和重要性。[4] 耶

[1] 參見 F. Rurale, “I Gesuiti a Milano”, in *Religione e politica nel secondo cinquecento*, Bulzoni, Milano, 1992, p. 142。

[2] 參見 D. Zardin, “Il Collegio gesuitico di Brera in Milano: socialità religiosa e vita culturale”, in *Accademie e istituzioni ecclesiastiche di cultura in Italia tra concilio di Trento e illuminismo*, Atti del convegno di Grado, 1-3 ottobre, 1985, p. 6。

[3] Redaelli, *Il mappamondo con la Cina al centro*, p. 35.

[4] 參見 Pavur, *The Ratio Studiorum*, p. 32。

稣會教育對於學生的培育極爲嚴格，即便在周六或節假日也有一定的學習安排。[1]

耶稣會學校按照學生的能力分爲五個班級，每一個班級都有自己的教師。有三個班級爲文法班，其他爲文學班與修辭班。在完成文法班之後，才可以修習古典文學和修辭學，在人文學的基礎上再學習哲學和神學。[2]《教育計劃》規定學生應分爲“優秀的”（provectiores）與“中等的”（rudiores）兩類，這種劃分是本着追求卓越的精神，使那些有才華的學生得到更好的訓練，以成爲傑出的人才。[3]

1. 修辭學

根據耶稣會《教育計劃》，通過學生在一天中學習的時間、内容、方法，可窥知學院關於人文學整體規劃。[4]

---

[1] “在節假日學習安排：第一小時：學生應根據記憶背誦前一周所學到的東西。第二個小時，還要復習詼諧短詩、頌詩、挽詩，或西彼連關於比喻、人物，特别是有關演講藝術的節奏及韻律的第三本書的材料；或者，應講授和復習一些‘世説’（chreia）或者預備練習；或者也可以舉行一場比賽。在周六早上第一個小時，學生應背誦一周所學的知識。第二個小時，應重新復習這些知識。在最後一個半小時，其中一個學生應該朗誦，或講一堂課，或者應旁聽修辭學的課，或者舉行一場比賽。午餐過後，第一個小時，學生應重復所學過的詩人和教理課的知識。在這個時候，教授可以核查助教給予的分數，如有遺留下來的作業，應予以批改。接下來的半小時，平均分配，一半用來復習一個詩人或解釋一些簡短詩歌，或考查學生關於詩歌的知識，另一半則用於希臘文教學。最後的三十分鐘，用來教學生教理，或者給予一些靈修輔導。如果星期五已經教授過教理或者靈修輔導，那麼，這三十分鐘，應用來完成星期五原本該進行的活動。”參見 Pavur, S. J., *The Ratio Studiorum*, pp. 167-169。

[2] 熊光義：《耶稣會的教育法》，第 77—78 頁；胡玲：《羅耀拉與耶稣會教育》，《淮陰師範學院學報》2002 年第 24 期，第 680 頁。

[3] Redaelli, *Il mappamondo con la Cina al centro*, p. 35.

[4] 參見 Pavur, S. J., *The Ratio Studiorum*, pp. 166-167；熊光義：《耶稣會的教育法》，第 77—78 頁。

一天的學習	學習內容	教授	學習任務	方法 / 練習
早晨第一小時	學習西塞羅的韻律學，與《支持曼尼利亞法》（*Pro lege Manilia*），《爲詩人阿齊亞斯辯》（*Pro Archia*），《爲馬爾塞魯辯》（*Pro Marcello*），以及其他演講。	教授應該批改助教收上來的學生的作業，同時讓學生做練習。之後，老師應核查助教給的分數。	在下課時，一些學生要面對全班學生背誦所學內容。	
早晨第二小時	第一學期開始，隔天學習歷史學和韻律學著作，在韻律學結束後，每天學習歷史學著作。在第二學期，每天學習西彼連（Cyprian）的修辭學。		學生應該當場口述所學內容。如果還有剩餘時間，學生應該相互比賽，查看對所學知識的掌握程度。	要快速復習上一堂課內容，用半個小時或更多一點時間教一堂新課。有時教學，有時復習，有時辯論（討論）。
下午第一小時	必須背誦一位詩人和希臘作家的作品。	教授核查助教給予的分數，並批改早晨佈置的作業。	學生在下課時，要朗誦所學的一個主題。	
下午後一個半小時			一半時間用來復習和解釋一位詩人的作品；一半用來教希臘文或者練習用希臘文寫作。	

修辭學是耶穌會《教育計劃》中較爲重要的學習內容，通常會安排很多的時間來幫助學生加以掌握，並能在生活中得到優美

得體的表達，以西班牙耶穌會士西彼連·蘇亞雷茲（1524—1593）的新修辭學爲準：

> 關於西彼連 (Cyprian) 修辭規則有一個簡短綜合的教學。在這個學期，暫不學習西塞羅的哲學，而是教一些比較簡單的演講稿，這個年級也必須學習希臘文句法，與此同時，教授必須注意學生關於希臘作品的理解能力，以及希臘文寫作能力能夠達到一定的水平。[1]

2. 哲學

根據《耶穌會會憲》第三五一條一項規定，要學習"各國的語文學、理則學、物理哲學、倫理學、形上學、經院和實證神學及聖經"[2]。在會憲中也指出了對於一些教外書籍應該謹慎或者避免閱讀，"對於教外的文學作品，有傷風化者一概不可閱覽；至於其他著作、本會當視爲取利於敵人而加以利用。至於教内人的著作，雖然作品不壞，倘著作人有問題，也不當閱覽……"[3]

哲學作爲一門學科，並非研究神學的基礎性學科。反之，烏高·巴爾蒂尼（Ugo Baldini）認爲應給予哲學自由的發展空間，讓它成爲一個幾乎獨立於神學的特殊的研究領域。[4] 因而哲學的課程爲三年，每日作息時間，所修科目爲：

第一學年：老師向學生介紹未來兩個月學習計劃。首先，講

---

[1] 參見 Pavur, *The Ratio Studiorum*, pp. 166-167。

[2]〔西班牙〕依納爵著，侯景文譯：《耶穌會會憲》，第 119 頁。

[3] 同上書，第 120 頁。

[4] 參見 Pavur, *The Ratio Studiorum*, pp. 39-41。

授方濟各·托雷多（Francisco de Toledo，1532—1596）或方賽克（Pedro da Fonseca，1528—1599）兩位哲學家的思想。在學習邏輯學預備時期，教授應討論邏輯學是否是一門科學，其主題是什麽，以及關於第二概念（second intentions）的一些事項，當然他也應解釋共相原理及形上學。關於《範疇論》（*Categories*），教師應闡述亞里士多德常談論的一些主題，充分解釋邏輯學中關於類比與關係的概念。同時，老師應簡明扼要地介紹《解釋篇》（*On Interpretation*）第二卷及《前分析篇》（*Prior Analytics*）兩卷，第一卷前八到九章除外。教授不應該討論任何有關自由意志的問題。[1]

第二學年：應學習《物理學》（*Physics*）的課題，在第一年結束前應該深入探討關於知識的問題。《物理學》的緒論也在討論的範圍，主要包括知識領域分類、抽象、物理及數學的思辨（speculative）、實踐（practical）、差等（subalternation），以及如何繼續研究這個領域的不同方式。第二年也應討論《論靈魂》（*On the Soul*）第二卷，以及所有關於概念的討論。在邏輯學開始時，老師應全面概括地介紹《論題篇》（*Topics*）與《辯繆篇》（*Refutations*）中的核心論題與其中的錯誤。爲此老師應把這些問題縮編爲簡明易讀的文本。在這一學年，還應學習亞里斯多德的基礎理論：《天體論》（*On the Heavens*）、《形上學》（*Metaphysics*）、氣象學（*Meteorologica*）與《歐幾里得幾何》（*On the Elements*）等。[2] 每一天老師要用四十五分鐘時間講授歐幾里德的幾何，同時也要學習地理學（geography）或者球面（sphere）。[3]

---

[1] 參見 Pavur, *The Ratio Studiorum*, pp. 101-102。

[2] Ibid., pp. 102-103.

[3] Ibid., pp. 109-110.

最後一點，在第二年的哲學學習中，哲學生應該參與四十五分鐘數學課，假如其中有能力學習數學的，他們應該在課餘時，有個人的課程，以得到特殊的培育。[1]

第三學年：要學習《論生滅》（*On Generation*）、《論靈魂》及《形上學》。其中，在《論靈魂》的第一卷應該簡明介紹古代哲學家的思想。在第二卷，在解釋完知覺的基礎之後，無須再探討解剖學及醫學方面的知識。對於《形上學》中，有需要依賴信德才能達到對天主認知的問題，不應予以討論。第七和第十二卷的緒論與正文必須詳細講解，其他的章節要從每一卷中選出比較重要的，關於形上學領域，應對較重要的文本加以講解。《教育計劃》規定在教學中應把亞里士多德的學說置於重要的位置。[2]

關於亞里士多德文本包括評論性文學的希臘語文版，如阿威羅伊（Averroes，1126—1198）與亞芙洛第的亞歷山大（Alexander of Aphrodisias，fl.200AD）。在方濟各·托雷多的《工具論》（*Organon*）註釋本出現以前，教師在教學時，除了表達自己對於問題的看法，要將問題留給學生進行公開討論。[3]

在課程時間的安排方面，就可以看出耶穌會很重視哲學訓練。每天在長達五個小時的學習中，應有三個小時學習哲學。每周六下午，兩個學生針對同一篇論文，從正反兩方面進行辯論，每個月要舉行一個有許多教授和學生參加的辯論會。[4] 根據耶穌會《教育計劃》的安排，每一位耶穌會士在哲學結束後，應該有兩年時

[1] 參見 Pavur, *The Ratio Studiorum*, pp. 19-20。

[2] Ibid., p. 104.

[3] 參見 Redaelli, *Il mappamondo con la Cina al centro*，pp. 41-42。

[4] 熊光義：《耶穌會的教育法》，第 123—124 頁。

間做助教，教授人文學。[1]

3. 神學

《耶穌會會憲》規定應學習四年神學課程，由兩到三位教授經院神學的老師負責。[2] 根據依納爵的教導及《教育計劃》的規定，耶穌會士應努力學習阿奎那的《神學大全》，並應將之作爲唯一權威。《教育計劃》規定要學習四年神學：第一年，應該學習《神學大全》的四十三個問題；應教授關於正義和權力，以及關於宗教的重要知識。第二年，學習關於天使的內容與《神學大全》第二部分的二十一個問題；之後，學習關於天主聖言降生爲人的奧跡（Incarnation）以及聖事總論（Sacraments in general），仔細探討聖事論的一些重要知識。[3] 第三年，應學習關於《神學大全》第二部分的五十五或七十問題直至結束，同時要學習倫理神學聖事論，關於洗禮（Baptism）與聖體（感恩聖祭，Eucharist），如果可能，要學習聖秩（Ordination）、堅振（Confirmation）及傅油（Anointing）五件聖事。[4] 第四年，應學習《神學大全》第二部分關於信、望、愛三超德，以及倫理神學聖事論：懺悔（Penance）與婚姻（Matrimony）兩件聖事。[5]

對於學習聖經，《教育計劃》指出不應研究聖經經文的一些細節問題，應該把這個問題留給聖經釋經學家。學生不應陷入這些爭議之中，而應該專注學習經院神學。在學習阿奎那神學遇到爭

---

[1] 參見 Pavur, *The Ratio Studiorum*, p. 64。

[2] Ibid..

[3] Ibid..

[4] Ibid..

[5] Ibid..

議之時，應盡量少使用歷史的研究方式，而以經院神學方式來探討。[1] 在當時很重視神學辯論，每一個月都會進行一次，辯論問題的多少取決於在場教授人數。[2]

《教育計劃》規定教師應如何講授阿奎那神學。教授應迅速介紹問題，朗讀完題目之後，他應該簡明介紹阿奎那的中心論題及其理論。對於題目隱晦不明比較難懂的問題，應先予以解釋，同時，解釋中心論題是如何產生的，再介紹阿奎那的主要論題。[3]

由上邊的課程安排可以看到哲學修習三年，神學修習四年共七年時間，後二年進一步研究，復習往日所學哲學、神學觀念，並準備一篇神學論文，待論文通過答辯後，即可獲得神學博士學位。[4]

高一志在布雷拉學院學習及教學

1584 年 10 月 24 日，年僅十八歲的高一志進入耶穌會，居住在米蘭布雷拉會院。那一年會院院長是路道維考（Ludovico Mansoniu）[5]，總會長是阿奎維瓦（任期爲 1581—1615），米蘭總教區主教是當時頗負盛名的嘉路·鮑老迈奥（Carlo Borromeo，1538—1584），那時，利瑪竇剛到中國一年，正在學習中文。

1597 年，高一志在米蘭布雷拉學院完成學業。從 1584 年 10

[1] 參見 Pavur, *The Ratio Studiorum*, p. 64。

[2] Ibid., pp. 68-69.

[3] Ibid., p. 68.

[4] 胡玲：《羅耀拉與耶穌會教育》，《淮陰師範學院學報》2002 年第 24 期。

[5] ARSI, Jap. Sin., "Catalogo del 1592" ,in *Alfonsus Vagnone*, p. 24; J. Dehergne, *Répertoire des Jésuites de Chine de 1551 à 1800*, Bibliotheca instituti historici, Volume XXXVII, Roma, 1973, p. 278.

月24日進入耶穌會開始到1597年1月，他接受完整的耶穌會教育，期間經過了十二年的時間，這正好是當時耶穌會《教育計劃》的一個歷史見證。結束學業後，他經過了考核，於該年領受了司鐸聖職。由於高一志學習成績優秀，被任命爲布雷拉學院教授，從1597年至1603年，主要教授人文學、修辭學和哲學，直至1603年4月9日從葡萄牙里斯本出發去中國爲止。

這幾年的教學活動，對於高一志以後在中國學術方面的活動影響巨大，他後來在南京及山西絳州寫作《童幼教育》、《斐祿匯答》、《神鬼正紀》、《四末論》、《勵學古言》、《譬學》、《達道紀言》、《修身西學》、《齊家西學》等著作，以及在教育、哲學、神學、修辭學、氣象學、古典政治學譯著方面的卓越成就，都與他在米蘭接受的培育和教學研究是分不開的。[1]

三、高一志在中國的學業與學術

潛心學習語言和文學

高一志於1603年4月9日從里斯本出發去中國，經過了漫長的海上旅行，1604年7月抵達澳門，翌年2月底抵達南京。而利瑪竇早在1601年1月4日已經進入北京；當時羅如望爲南京會院院長，同時負責教授高一志、黎寧石（Pedro Ribeiro，1572—1640）與林斐理（Feliciano da Silva，1578—1614）三位神父中文。

[1]〔法〕費賴之著，馮承鈞譯：《明清间耶穌會士列传及書目》第一册，第95—96頁。

對此，利瑪竇在致總會長的年信中寫道："三位神父剛來到了中國，他們在這裏除了學習語言和文字還不能做別的事情，"因此，"這裏羅神父和他的弟兄們在爲傳播福音做準備……每天學習中文書，並做一些練習。"[1] 高一志也於 1605 年 3 月 16 日致信給羅馬耶穌總會長阿奎維瓦，匯報了他們一行抵達南京後開始學習中文的情況，他寫道："我們跟羅若望神父學習中文和文學，"爲的是"早日在這個幅員遼闊的帝國開始傳播福音。"[2] 剛到南京的幾年時間裏，高一志閉門刻苦學習中文，鑽研儒家經典。《破邪集》爲我們描述："豐肅（高一志）數季以前，深居，簡出入，寡交遊，未足啓人之疑。民與之相忘，即士大夫亦與之相忘。"[3]

1607 年 8 月 15 日，高一志到南京兩年後，利瑪竇致信總會長阿奎維瓦，高度評價高一志："高一志神父在南京已經兩年了，努力學習中文與文學，很有成績，他做事睿智有德，那裏的長上對他非常滿意。他已入會多年，學業與受試皆表現良好，相信他可以發本會四大聖願。"[4] 利瑪竇對於入華耶穌會在學習中文方面留下的文字極少，但對於高一志卻有一段精彩的描述，充分肯定了高

---

[1] "I tre padri erano tutti venuti di nuovo, e così non potevano far altro che studiare la lingua e le lettere di questa terra per farsi instromenti atti per questa Impresa, talché solo il Superiore et il fratello attendevano alla Christianità…leggendo li libri della Cina e facendo altri essercitij." M. Ricci, *Della entrata della Compagnia di Giesù e Christianità nella Cina*, Quodlibet, 2010, p. 479；參見 P. D' Elia, *Fonti Ricciane*, Volume II, pp. 277-278；〔意〕利瑪竇著，文錚譯：《耶穌會與天主教進入中國史》，第 352 頁。

[2] ARSI, *Jap. Sin*., p. 207.

[3] 周駬方编校：《明末清初天主教史文獻叢編》，《破邪集》（卷一），北京圖書館出版社 2001 年版，第 121 頁。

[4] M. Ricci, *Lettera Annuale del 15 agosto 1607*, ASIA, Jap. Sin; P. D' Elia, *Fonti Ricciane*, volume II, pp. 277-278; P. T. Venturi, *Opere storiche*, p. 302.

一志在學習語言方面的能力，以及他明智的美德。

耶穌會士历史學家巴托利高度肯定高一志學習語言的成績，寫道："初入中國之四年，一志精研中國語言文字，歐羅之人鮮有能及之者。因是撰作甚多，頗爲中國文士所嘆賞。"[1] 他高超的語言能力使得他能夠譯註許多作品，其作品深受中國文人所喜愛。[2] 高一志在開始學習中文時已經三十八歲，在這個年齡開始學習中文，對一般人而言無疑是一個巨大的挑戰，然而經過四年的艱苦學習，他不僅熟練地掌握了中國語言，而且他用中文寫的作品，贏得文人士大夫的普遍讚賞。

耶穌會在華"教育計劃"

高一志在中國的教育和學術活動所取得的重要成就，都與他在南京學習中文的經歷有直接的關係。但是不可否認的是，由於史料的匱乏，我們無法深入了解高一志在南京學習中文的具體情況，只能通過同時期的耶穌會士年信中的記載。從耶穌會《教育計劃》中國版本中關於如何培育來華耶穌會士學習語言的史料，來推知高一志在南京學習中文的情形。

美國學者柏里安（Liam Matthew Brockey）在其《東遊記——耶穌會在華傳教史》中，關於耶穌會士在中國學習語言與儒家經典的情況，寫道：

---

[1] D. Bartoli, *Opere della Cina*, Volume XVIII, p. 1144; A. Chiotti, L. Pfister, *I grandi missionari Alfonso Vagnone*, p. 45; P. D' Elia, *Fonti Ricciane*, Volume II, pp. 277-278；參見〔法〕費賴之：《在華會在華列傳及書目》第一册，中華書局 1995 年版，第 85 頁。

[2] D. Bartoli, p. 1144; L. Pfister, *Notices biographiques,* p. 83; A. Chiotti, L. Pfister, *I grandi missionari Alfonso Vagnone,* p. 45.

> 在南京教案之後，李瑪諾代表視察員馬托斯（Matos）巡查了傳教團。在途中，他有機會和大多數有學習漢語文字和語言經驗的耶穌會士交談，包括龍華民、陽瑪諾、高一志、艾儒略、曾德昭、黎寧石、金尼閣和費奇規。耶穌會士提議的學習課程大部分內容可能是這群人指定的，其中，包括教材、時間安排、記憶閱讀和寫作順序。[1]

在華“教育計劃”的主要目標是要培養一批博學多識、品學兼優的傳教士。他們的使命是要秉承利瑪竇的傳教路綫，通過與社會精英保持良好互動的關係，以繼承和發展利瑪竇在中國開創的傳教事業。爲達成這一目標，耶穌會學生首先要學習好中文。爲此，在華負責人李瑪諾根據初期耶穌會士學習中文的經驗，設計了在華“教育計劃”。其中包括爲期四年，分爲三個階段的學習內容。剛開始的六個月，訓練傳教士正確地講官話，接下來的一年半時間跟隨一位葡萄牙耶穌會老師閱讀儒家經典。第三個階段是跟隨一位華人老師學習兩年課程。[2]

耶穌會學生在初學中文時，由於“缺乏技巧，音調多變，詞義模糊以及詞彙量大”，遇到巨大的困難。[3] 李瑪諾鼓勵學生要學習漢語的正確發音，反复大聲朗讀課文，以確保發音正確。在華

[1] 〔美〕柏里安（Liam Matthew Brockey）著，陳玉芳譯：《東遊記 —— 耶穌會在華傳教史 1579—1724》（*Journey to the East, The Jesuit Mission to China,1579-1724*），澳門大學 2014 年版，第 187 頁。

[2] 同上。

[3] 同上書，第 188—189 頁。

“教育計劃”如此規定：

> 耶穌會學生要開始閱讀和書寫漢字，要背誦詞彙表裏的漢字，這個詞彙表的詞彙排列像對折頁一樣，也就是説，漢語短語和定義被放置在書頁的兩個平行欄裏。……金尼閣的詞彙表利用了利瑪竇的《西字奇蹟》(北京首版，1605)爲模板的羅馬化和語言化體系，深受耶穌會士和文人們歡迎，之後的重印證實了這一點。[1]

在華“教育計劃”第一階段的第二項内容是培養學生流利地講官話，一如歐洲的耶穌會學校學生必須講拉丁語，在華耶穌會學生彼此之間也必須講漢語，他們每天要和本地人交流，住院院長會給每一個學生分配一個中國人進行口語訓練，以期達到真正掌握漢語的程度。第三項内容是書寫漢字，在六個月的時間裏，每天要堅持半小時練習書寫漢字。學生們像利瑪竇和羅明堅那樣臨摹《千字文》，以培養精湛的漢語寫字能力。[2]

學習漢語達到一定程度之後，要開始“教育計劃”的第二階段，就是要跟隨一位葡萄牙老師學習一年半的儒家四書五經、中國歷史、哲學和法律的知識。在華“教育計劃”也確定了具體的課程内容，第一年和第二年要學習《四書》及《尚書》。由於《尚書》是關於中國古代歷史文化的，因而耶穌會士比較重視學習這

---

[1] 〔美〕柏里安（Liam Matthew Brockey）著，陳玉芳譯：《東遊記 —— 耶穌會在華傳教史 1579—1724》（*Journey to the East, The Jesuit Mission to China,1579-1724*），澳門大學 2014 年版，第 190 頁。

[2] 同上書，第 190—192 頁。

個經典，爲的是在古儒的經典中找到天主的自然啓示。當然，“教育計劃”也允許使用《易經》，且用《易經》作爲教材，但强調應慎用。除了儒家原典學習之外，還應學習歷代對註疏，譬如朱熹的《四書集注》及張居正的《書經直解》等[1]。

第三個階段是跟隨華人老師學習兩年時間，因爲本土的老師能給予學生一種純正的對本土文化的理解。華語老師的課程結構類似於葡語老師的課程設置。耶穌會學生根據課程計劃，要“學習《四書》和《尚書》，每天兩小時。華人師傅要回答學生對他的講解提出的問題，並解釋每個漢字的意思。學生要牢固掌握文人流派的基本學説，注意文人理解創世、世界盡頭、人類本質和靈魂本質的方法，以及其他有關中國哲學的知識”[2]。

由於耶穌會士在學完漢語及儒家經典之後，要馬上開始傳教及撰寫護教書籍，以推動基督宗教在華的傳教事業。因此，華人老師在講授寫作時，要佈置短文寫作，並對習作進行修改。在第二年的學習中，耶穌會學生要學習已出版的漢語護教著作，如利瑪竇的《天主實義》。按照“教育計劃”，在最後一個階段，要讓學生接受問答式的教學訓練，還要安排他們每兩周一次向住院裏的工人講道，並聆聽教徒的懺悔。通過這樣的方法訓練他們的漢語能力。[3]

高一志在學習中文的時候，在華“教育計劃”雖然還没有

---

[1] 〔美〕柏里安（Liam Matthew Brockey）著，陳玉芳譯：《東遊記 —— 耶穌會在華傳教史 1579—1724》，（*Journey to the East, The Jesuit Mission to China,1579-1724*），第 192 頁。

[2] 同上書，第 193—194 頁。

[3] 同上書，第 194—195 頁。

形成，但他學習的內容和方法，尤其是所使用的教材，對於後來“教育計劃”的形成具有重要的影響。杜鼎克教授在其博士論文《晚明基督教：五種研究》（*Christianity in Late Ming China: Five Studies*）的研究中，在日本找到了南京禮部尚書徐昌治編輯的《南宫署牘》原本[1]，其中有一件題爲《清查夷物又一案》的文獻，詳細記載了南京教案後，在南京會院被查封的物品及南京当局的处理決議。

南京會院用於宣教的書籍很豐富，有利瑪竇與徐光啓合譯的《幾何原本》，徐光啓與熊三拔合譯的《泰西水法》，徐光啓與利瑪竇合譯的《測量法義》，利瑪竇譯著《乾坤體義》，李之藻與利瑪竇合作翻譯《同文算指》，熊三拔《表度説》以及陽瑪諾的《天問略》等。此外還收藏了總計六十三種的中國古代典籍。[2] 可以看出當時高一志所在的會院有一個小型圖書館，積累了從利瑪竇到高一志近二十年時間内的圖書。

高一志從 1609 至 1616 年在南京時期寫了《推演正道論》與《諮周偶編》，廣泛引用了許多儒家的經典文獻。從這些引用的典籍中，可知他熟讀儒家典籍。在徐光啓引導下，他仿效利瑪竇的《天主實義》，博引《詩》、《書》、《易》、《禮》、孔、孟等儒家經典，用比附方法編寫了《推演正道論》，他將書中關於“上帝”的原文與天主教所信仰的“天主”進行附會，以證明中國古籍中

---

[1] 杜鼎克在日本發現了南京禮部尚書徐昌治於 1639 年編輯《聖朝破邪集》時故意遺漏了的一個文件。《聖朝破邪集》由南京官員徐昌治整理，後傳入日本，安政二年（1855）日本幕府爲排斥西學而改名《明朝破邪集》加以翻刻，遂廣爲流傳。參見 Dudink, A., *Christianity in Late Ming China: Five Studies*, Leiden: Rijksuniversiteit te 1995, pp. 212-213。

[2] Ibid., p. 213.

所談的“天”和“上帝”與《聖經》中啓示的“天主”具有同一性。[1] 此外，高一志還主編了《教要解略》。

在澳門的教學與譯著

南京教案後，高一志被遣送到廣東，1618 年 1 月至澳門，居住在“遠東傳教士的搖籃”——澳門聖保祿學院（Colègio de S. Paulo de Goa）。聖保祿學院始建於 1571 年，後於 1594 年升格爲大學，成爲培養入華耶穌會士的大本營。[2] 據記載，聖保祿學院：

> 依地勢而建，周圍有高牆環繞。兩間帶有閣樓的極大屋宇露出牆頭，如同兩座城堡，其間有個美麗的庭院，沿牆頭有一條走廊，其中有數個小房間，由於地勢關係，小房間的地面與兩間大屋宇的閣樓一般高低。山腳與山上通過兩個或三個階梯相通，又有幾十間十分舒適供教職員使用的房間。正門前面還有一座封閉式的極大庭院。學院可以容納 40 名會士，而且居住條件十分舒適，因爲除了四個教學區之外，上面還有 19 個房間，兩個大廳，兩幢教學樓和一所遐邇聞名的極大的藥房。下面還有 7 個房間和十分舒適的辦公室。[3]

[1] 〔法〕谢和耐著，耿昇譯：《中国与基督教 —— 中西文化的首次撞击》，商务印書館 2013 年版，第 247 页。

[2] 李向玉：《澳門聖保祿學院研究》，澳門日報出版社 2001 年版，第 1、177—178 頁。

[3] 〔葡〕桑托斯（Domingos Mauricio Gomes dos Santos）：《澳門遠東第一所西方大學》，澳門基金會 1994 年版，第 43—44 頁。

通過這段文字描述，我們可以了解澳門聖保祿學院的地理特點與建築格局。李瑪諾（Manuel Dias Senior）在《澳門神父迪亞斯的神學院1620年年報》中，爲我們描述澳門聖保祿學院師生的具體情況：

> 本年1620年，住在該神學院的會員們有80人，即神父45人，修士35人。（他們）由日本人和葡萄牙人構成，其中既有學生也有助理修士。神父中一人講授思辨神學，還有1人講授倫理神學，有2人是文法與古典學的教師，其他2人中的一人在學校中教授讀寫，另一人是歌詠隊的教師。[1]

李瑪諾在此處所提的“神父一人講授思辨神學”，我們通過巴托利的考證可以推知講授神學的老師應是高一志。巴托利如此寫道：“（高一志）從事編撰，後來印行之漢文著作，並在澳門教授神學兩年，任學校教習一年。”[2]

1613年，龍華民派遣金尼閣（Nicolas Trigault，1577—1629）去歐洲時，曾吩咐他要搜集所有的好書，爲以後在中國的每一個耶穌會會院都設立一個圖書館。[3]1620年7月20日，金尼閣與五

---

[1]〔日〕高瀨弘一郎：《基督教時代的文化與諸相》，八木書店2002年版，第91頁；戚印平：《澳門聖保祿學院研究：兼谈耶穌會在东方的教育机构》，澳門文化丛书2011年版，第141頁。

[2] D. Bartoli, *Opere della Cina,* Volume XVIII, p. 1144; A. Chiotti, L. Pfister, *I Grandi Missionari Alfonso Vagnone,* p. 45; P. D' Elia, *Fonti Ricciane*, Volume II, pp. 277-278.

[3]〔美〕鄧恩：《從利瑪竇到湯若望》，第96頁。

位耶穌會士協帶七千册書籍從歐洲抵達澳門。[1] 根據金尼閣的記載，這些書具體分爲："人文類、哲學類、神學類、教義類及其他名著外，余所蒐醫學、法學、音樂類書，亦复甚多，而今日所發明之數學書，則可謂應有盡有。"[2] 由此可知，這些書籍幾乎涵蓋歐洲大學的所有學科，當然也是耶穌會學校必修的課程。高一志充分利用了這些豐富的資源編譯了《修身西學》、《西學齊家》、《西學治平》、《童幼教育》、《聖母行實》等書。在經過仔細研究後，惠澤霖認爲，如果將高一志的"《修身西學》與北堂所藏拉丁文原本對照，發覺譯者非常忠實，……譯文並非逐字譯出，而將許多質疑問難之句，一律改爲肯定性的詞句"[3]。

根據龍華民爲在中國的各耶穌會院建立小型圖書館的意願，1624 年 4 月，高一志在離開澳門再次進入内陸時，極有可能攜帶了一部分書籍爲以後的工作做準備，當時與他同行的還有來自於義大利米蘭的數學家耶穌會士羅雅各（Giacomo Rho，1593—1638）。我們從 1624 年以後高一志在山西絳州出版的書籍來看，絳州不僅是全國基督宗教書籍出版的重要基地，而且可能還擁有一個不錯的圖書館。

---

[1] 方豪：《明季西書七千册流入中國考》，《方豪六十自定稿》上册，臺灣學生書局 1969 年版，第 39 頁。

[2] 同上書，第 44 頁。

[3] 方豪：《方豪晚年論文輯》，臺灣輔仁大學出版社 2010 年版，第 65 頁，另參見〔法〕梅謙立：《晚明中西倫理學的相遇——〈從尼各馬倫理學〉到高一志〈修身西學〉》，《中國文哲研究集刊》2011 年第 39 期，第 103—145 頁。

四、高一志在山西絳州的學術活動

明清耶穌會士在華傳教活動以學術作爲媒介，“傳教士進入内陸後進行分流，住京城的多爲傳教士中的精英，或者在天文學或數學領域具有特長，他們或在欽天監修曆，或充任宫廷畫師、建築師，或在中國政府外事活動中擔任翻譯，其活動已經超出了宗教的範圍” [1]。在地方的傳教士主要以傳教爲主，而在宫廷的傳教士則利用他們特殊的工作環境，爲地方的傳教士爭取了信仰的保護，爲的是在教難來臨時不至於像在南京教案期間那樣，整個的傳教工作被迫中斷。因而通過以學術傳教，在高層推動學術活動，從而與宫廷及地方官府建立良好關係，爲在風雨飄搖的晚明社會尋求信仰的保護，就成爲很重要的一項工作。

關於這一點，方豪在《明季西書七千册流入中國考》一文中寫道：“蓋自天主教傳入中國，北京已爲全國之中心，北京之教士致力於西方科學之輸入，以掩護其他會士在各地傳教，其成績亦甚可觀。” [2] 隨即談到了要推動西方科學輸入到中國，很重要的一個方面就是要大量引進西方書籍，建立圖書館以推動西學之傳播與西教之弘揚。而中國印刷術的發達也足以成爲宣傳“天主教觀念

[1] 康志傑：《16至18世紀湖北天主教的發展特點分析——基督教與區域文化的相遇和對話》，載卓新平編：《相遇與對話：明末清初中西文化交流國際學術研討會文集》，宗教文化出版社2003年版，第118頁。

[2] 方豪：《明季西書七千部流入中國考》，《方豪六十自定稿》上册，臺灣學生書局1969年版，第46頁。

之利器”。[1] 根據方豪的研究，龍華民曾希望在北京建一個圖書館，並以此作爲弘教的主要方法，於此方豪寫道：“吾人堅信此爲誘引中國學人進入教會之良好方法，彼輩在譯書工作上具有權威，譯書工作終將成爲吾人在中國傳布福音之門徑。” [2]

在地方的傳教士與在宫廷服務的傳教士，有一種深深的默契與合作。那些在地方的傳教士遠離政治中心，也更加需要發揚團隊互助精神。[3] 高一志在山西絳州的傳教正是發揮了這一優勢，利用耶穌會士在宫廷曆局的工作，藉著絳州士人對西學的濃厚興趣，積極開展學術活動，吸引知識分子皈依天主教。1630 年 5 月 11 日，鄧玉函（Johann Schreck，1576—1630）去世後，協助高一志在絳州傳教的羅雅各被徐光啓調到了宫廷和湯若望一起編修《崇禎曆書》。[4] 在北京服務於宫廷的傳教士設法得到來自宫廷的保護，另一方面，通過地方基督徒與當地政府建立友好關係。如此一來就爲高一志在絳州一帶的傳教創造了一個易於接受福音的寬鬆的政治環境。高一志正是在這一背景下與絳州及附近一帶的當地官

[1] 方豪：《明季西書七千部流入中國考》，《方豪六十自定稿》上册，臺灣學生書局 1969 年版，第 46 頁。

[2] 同上書，第 47 頁。

[3] 康志傑：《16 至 18 世紀湖北天主教的發展特點分析 —— 基督教與區域文化的相遇和對話》，第 168 頁。

[4] 羅雅各（Giacomo Rho，1593—1638），字味韶，義大利人，被譽爲數學天才的羅雅各，在 1624 年隨高一志進入内地山西絳州，在那裏跟高一志學習漢語。羅雅各的腿有疾患，但學習漢語和傳教的意志卻是兢兢業業的，没有懈怠，他在山西絳州一帶協助高一志神父傳教。1630 年鄧玉函去世後，徐光啓舉薦他和湯若望入曆局工作。羅雅各很快到達北京和比他晚到的湯若望一起在曆局共事，一起參加明末的曆法修改工作，他也是編修《崇禎曆書》的重要成員。他們兩人的分工大致是：羅雅各負責行星、日躔、月離有關部分，湯若望負責恒星、交食，他的貢獻僅次於湯若望。羅雅各的漢文譯著共有二十六種，除了數學和天文曆法，他還有《天主經解》、《聖母經解》及《求説》。他的這些譯著對傳播西學與西教做出了重大貢獻。

員建立了互動關係。筆者通過對高一志在絳州出版的十三本書籍的校稿者、寫序言者的考證發現，他們都是絳州或者絳州附近十多個縣的地方官員。

高一志譯著及其與絳州一帶士大夫的互動

根據鄧恩的研究，在17世紀30年代裏，中國教會沒有因爲在福建的挫折而受到影響，相反，高一志在山西絳州的發展鼓舞了整個中國教會的士氣。“最突出的是高一志在山西的工作。在一群學者的幫助下，他將這個省經營成爲帝國天主教活動的一個主要中心。他的最堅定的支持者是兩個兄弟——韓霖和韓雲。”以及另外一個非常重要的教友，“段衮，聖名伯多祿，成了高一志熱心的助手”[1]。高一志在這個學術群體的幫助下，將絳州發展成爲一個天主教傳教與學術中心。他在這裏度過了人生中最輝煌的階段，這也是他授洗人數最多的時候，同時是他出版書籍最多的時期。

據美籍華裔學者錢存訓的研究統計，1584到1774年這190年間，來華耶穌會士所譯西學書籍約437部，其中，關於天主教教義類251部，佔57%；數學、天文、物理機械、醫學等科學技術類131部，佔30%；哲學、教育、地理等人文科學類55部，佔13%。[2]高一志的《空際格致》就是第一次將西方氣象學介紹到中國的著作[3]，《童幼教育》則第一次將西方的兒童教育理論和思想介

[1]〔美〕鄧恩：《從利瑪竇到湯若望》，第287頁。

[2]〔美〕錢存訓：《近世譯書與中國現代化》，北京教育出版社1997年版，第35頁。

[3] 劉昭民：《最早傳入中國的西方氣象學知識》，《中國科技史科》1993年第2期；許光宜：《明清西方地震知識入華初探》，《中國科技史雜志》2012年第4期。

紹到中國，《聖母行實》第一次將聖母神學介紹到了中國。此外，他還將倫理學按照中國儒家五倫的結構進行了譯介。根據李奭學考證，高一志於1633年絳州出版的"《譬學》亦首部傳入中國的修辭學著作，因爲這兩卷譯作都可謂晚明耶穌會譬喻性格言的大成之集者"。此外，還有《達道紀言》與《勵學古言》等"世説珠璣的中譯"[1]。

高一志在絳州吸引了許多當地儒家知識分子，並且形成一個精英知識分子團隊。在這個學術性的團隊中，韓段兩家族成爲這個群體的核心力量，且自始自終都參與了高一志在絳州時期的著作的校閱和出版工作，不僅有學術方面的積極參與，同時也有經濟方面的大力支持。艾儒略在《口鐸日鈔》中從護教和傳教的立場出發談到："著世俗之書"是"勞而罔功"，而著書爲"闡明天主事理，則勞多而功多矣"，接着談到："若著書以明聖教，凡有心、有力者，皆可勉而能也。晉絳段君襲者，曾以此義筆之論學跋中"，段氏兄弟有三個，"長名衮、次名扆、次名襲，皆則聖先生之高弟也。凡所著書較刻之功，多出其手"[2]。在這裏可以看出艾儒略對高一志是相當熟悉的，雖然艾氏没有直接談論高一志，但是談到了段氏兄弟是高一志的得意門生，且高度讚揚了段氏兄弟幫助高一志在絳州刻書、校訂、潤色以及出版教會書籍。

段衮（？—1641），字九章，洗名伯多禄[3]，1620年由艾儒略受洗。他是高一志在絳州作品的主要校閱和潤色者。其作品有

[1] 李奭學：《明末耶穌會翻譯文學論》，香港中文大學2012年版，第262—263頁。

[2] 〔意〕艾儒略：《口鐸日抄》，鐘鳴旦等編：《耶穌會羅馬檔案館明清天主教文獻》第七册卷八，利氏學社2002年版，第583—584頁。

[3] 蕭若瑟：《天主教傳行中國考》，獻縣天主堂1935年版，第159頁。

《韓雨公守圉全書序》、《癸酉絳城定變志》[1]、《虎説》、《答友人論初更雞啼》、《愚覺詩》。[2] 此外，段衮還與韓霖合著《辯教論》。

段衮的《答友人论初更鸡啼》是一篇答复韓霖的文章，被收録在《守圉全書》中。韓霖自崇禎三年以來，常爲來自陝西流寇所困擾，患有失眠症，每有雞鳴常忐忑不安。爲此，段衮贈文給韓霖："天主堂有所謂高先生者，吾師也，其於格物之學極精，當世之所謂畸人也。過而問之，其比更有以語子矣。"[3] 段衮此文是爲安慰和鼓勵韓霖，他勸勉韓霖爲求得内心真平安，應該去找高一志解惑。因爲高一志不僅精通"格物之學"，且是可與利瑪竇相提並論的曠世"畸人"。當然要想獲得内心的平安，不僅要靠格物之學的知識解答，也更需要來自宗教信仰的慰籍。

與段氏兄弟一道幫助高一志極力弘教的韓家可謂是絳州主要的力量之一，這兩大家族爲初期天主教在絳州的兩大支柱。韓氏兄弟三人中，唯韓雲和韓霖在幫助高一志在文字方面着力最多。

韓雲（约 1596—1649），字景伯，孝廉（舉人），聖名斯德旺。1612 年考取舉人，後任徐州知州，改漢中推官，繼爲葭州知州。[4]

---

[1]（清）張成德等修纂：《（乾隆）直隸絳州志》，第 297 頁。

[2] 同上書，第 368 頁。（明）韓霖：《守圉全書》，《四库禁毁书丛刊補編》册 32—33，北京出版社 2005 年版，第 401—408、645—646、666—668 頁。

[3]（明）韓霖：《守圉全書》，《四库禁毁书丛刊補編》，第 402 頁。

[4]《絳州誌》記載韓雲"藏書數萬卷，法帖數千卷。與相國徐階，尚書董其昌稱文字交，與西士講音韻之學，星曆兵農無不究心，詩工七言律字，摹蘇王。其所著有《武德内外編》、《勞人草》、《農書》。其自贊像云，交遊海内海外，家住江北江南學，參天上天下，品不人後人先，性好奇特矯俗，不群於州城，議築銃臺，作銃數十門置臺上，六年之變，轟雷震撼，守圉增壯，實攸賴焉"。參見（清）劉棨修、孔尚任纂：《（康熙）平陽府誌》卷二十三，清康熙四十七年刻本。《（乾隆）直隸絳州誌》收録有《韩云高士茂冲李先生墓表》與《韩云王子好先生传》。參見（清）劉顯第修、陶用曙纂：《（康熙）絳州誌》卷二，清康熙九年刻本。

根據《絳州誌》記載，韓雲在“改漢中推官”期間（1631—1632）極有可能賦閑在家，因而有機會參與《空际格致》一書的校閱。該書是第一部將西方氣象學系統介紹到中國的著作[1]，也是高一志唯一一部介紹西方科學的書籍，這部書的出版在中國思想界激起了一些反響。至少有十部書談論到此書，且褒貶不一，充分反映了明清以降的知識分子在接納西方氣象學時具有的“衛道”態度。這其中最有代表性的是清代學者永瑢的評价：“明西洋人高一志撰西法，以火氣水土爲四大元行，而以中國五行兼用金木爲非，一志因作此書以暢其説，然其窺惻天文，不能廢五星也，天地自然之氣，而欲以强詞奪之，烏可得乎？適成其妄而已矣。”[2]此後，有九部書基本上沿襲和發展了這個觀點。[3]

1636年高一志出版了《達道紀言》，這是一部由高一志口述韓雲筆録並纂述的西方政制人伦的語録集。[4]韓雲這次能夠參與校閱此書，大概和他“繼爲葭州知州”有關係，葭州位於陝西省，是一個較偏僻的縣城。韓雲在赴任之前，賦閑在家，時間可能在1635年至1636年期間，可以與高一志一起編纂和修訂了這部書。

---

[1] 劉昭民：《最早傳入中國的西方氣象學知識》，《中國科技史料》1993年第4卷第2期。

[2]《四庫全書總目》卷一百二十五，子部三十五。

[3]（清）趙學敏：《本草綱目拾遺》卷二，清同治十年吉心堂刻本；（清）鄭復光：《費隱與知録》，清道光活字本；（清）姚瑩：《康輶紀行》，卷十四清同治刻本；（清）文廷式：《純常子枝語》卷二十七民國三十二年刻本；（清）魏源：《海國圖誌》卷二十七，西南洋清光緒二年，魏光壽平慶涇固道署刻本；（清）王仁俊：《格致古微》卷四，清光緒王氏家刻本；（清）唐才常：《覺顛冥齋内言》卷一，清光緒二十四年長沙刻本；（清）杞廬主人：《時務通考》卷十八《教務五》，清光緒二十三年點石齋石印本；（清）梁章鉅：《退庵隨筆》卷九，清道光十六年刻本。

[4]〔法〕梅謙立：《西方政治觀的東漸——〈達道紀言〉中所表達的政治觀》，《中山大學學報》2009年第6期。

通過他寫的序言可以得知："此書則則聖高先生時以語余，余手紀之者。"由高一志"子欲急行，則以子行之"的話來看，可知韓雲在此書的編纂和出版方面起到了積極作用。[1]

韓霖（約 1598—1649），字雨公，號寓庵居士，祖籍絳州，1624 年考取舉人，著作有《鐸書》、《慎守要録》、《聖教信證》、《守圉全書》、《神器譜》、《炮臺圖説》、《二老清風》、《救荒全書》等。[2] 他與段衮自始至終參與了高一志在絳州出版書籍的潤色、校閱以及作序工作。他曾經爲高一志校閱和潤色書籍有：《聖母行實》、《童幼教育》、《神鬼正紀》、《四末論》、《寰宇始末》、《修身西學》、《齊家西學》、《譬學》。

與韓霖兄弟有親緣關係的有蒲州的韓爌（1565—1644），字象雲，萬曆二十年（1592）進士，歷官至吏部尚書，建極典大學士。後爲东阁大學士，崇禎三年因遭疏劾，退隱回家。[3] 著有《虞帝祠記》與《郭公去思碑記》。[4] 韓爌作爲榮休的宰相在蒲州一帶擁有極高的威望，他邀請高一志的去蒲州開教，建教堂。蒲州教會的建立完全得益於他們的鼎力支持。高一志去世後，他親自在兩丈長的白布上寫了一篇椎心泣血的悼詞。[5]

韩埴，韓爌的兒子，字宜生，又字玉暉，《蒲州縣誌》描述他有寫作的才華，著作《玉暉乐府》傳世，曾幫助高一志校閱《修

---

[1] 吴相湘：《天主教東傳文獻三編》册二，臺灣學生書局 1984 年版，第 657 页。

[2] （清）張成德等修纂：《（乾隆）直隸絳州誌》，第 158 頁；《山西通誌》，第 1387 頁；《稀見中國地方誌》，第 639 頁；《平阳府誌》，第 913 頁。

[3] 黄一農：《兩頭蛇：明末清初的第一代天主教徒》，第 111 頁。

[4] 《稀見中國地方誌》，第 588 頁；《蒲州府誌》，第 31 頁；周俊富：《東林列傳》，廣陵出版社 2007 年版，第 16—24 頁。

[5] 參見 F. Margiotti, pp. 104-105。

身西學》。[1] 韓獷的侄子韩奎，1612 年中舉，任陽谷縣，後升爲刑部主事[2]，他亦曾參與高一志《修身西學》的校稿工作。[3] 韓獷的另一個侄子韩垍，字心和，亦受洗，1630 年中舉，他不獨親近西學和西教，協助高一志校閱《修身西學》，同時他與絳州本地儒家學者辛全[4] 要好，且拜在辛全門下，並爲辛全的《論語説》一書録梓。[5] 同時，參與校閱《修身西學》的還有蒲州本家的韓烶。[6] 由此可知，曾有一個龐大的學術群體支持高一志在絳州一帶的學術活動。正是在這一學術團隊的共同努力下，《修身西學》得以很快面世。

---

[1] 黄一農：《兩頭蛇：明末清初的第一代天主教徒》，第 112、446 頁。

[2] 《（道光）觀城縣志》卷六，民國二十二年刻本。並參見黄一農：《兩頭蛇：明末清初的第一代天主教徒》，第 112 頁。

[3] 黄一農：《兩頭蛇：明末清初的第一代天主教徒》，第 112、278、466 頁。

[4] （明）辛全（1573—1620），字復元，家貧，十七八才知讀書，即有志聖學，三十不娶，友人勸之，始有室。不參加鄉試。崇禎時以薦舉入朝。所著有《樂天集》、《養心録》，《四書説六卷》、《五經管窺》、《聖諭解》、《養正集》、《周易説》、《治平野謀》、《五經執掌》、《四字心傳》、《治學一貫録》、《清心集》。參見《民國新絳縣志》卷三，成文出版社 1976 年版，第 884—886 頁；（明）黄宗羲著，沈芝盈點校：《明儒學案》（下册）卷五十八，中華書局 2015 年版，第 1418 頁。

[5] 黄一農：《兩頭蛇：明末清初的第一代天主教徒》，第 289—290 頁。（清）傅山：《傅山全書》卷六，山西人民出版社 1991 年版，第 597 頁。

[6] 黄一農：《兩頭蛇：明末清初的第一代天主教徒》，第 268 頁。

第三章　对《童幼教育》來源文獻及其結構的考證

梅謙立（中山大學哲學系教授）

《童幼教育》直接或間接受到了兩個文藝復興教育思想家的書的影響，即義大利人維基歐（Maffeo Vegio）的《教育六卷》和荷蘭人伊拉斯謨的《兒童教育》。此外，《童幼教育》的很多段落是直接從托雷斯（Juan de Torres，1547—1599）用西班牙文撰寫的《王子倫理哲學》（*Philosophia moral de principes*，1596 年）譯成中文。另外，《童幼教育》並不是耶穌會士在中國出版的第一本關於教育的著作，因爲耶穌會東方視察員（visitor）范禮安（Alessandro Valignano，1539—1606）爲了培養日本耶穌會修士，在澳門重新出版了玻尼法爵（Juan Bonifacio）用拉丁文譔寫的《基督教育》（*Christiani Pueri Institutio*）這本書。半世紀之後，高一志直接用中文給士大夫撰寫了《童幼教育》。如此，我們要展示《童幼教育》跟這四本著作的關係。

關於《童幼教育》的結構，臺灣學者李弘祺認爲，第一卷涉及“教育基本原理”，第二卷涉及“實際教育的內容”。[1] 不過，

[1] 李弘祺：《高一志和他的〈童幼教育〉：明末耶穌會士有關倫理教育之中文著作研究之一》，《中外關係史國際學術研討會論文集：思想與文物交流》，淡江大學歷史學系 1989 年版，第 110 頁。

這種理解不太符合這本書的結構。在這裏，我要通過對《童幼教育》來源的分析證明，不應該把此書簡單地分爲第一、第二卷，此書具有更複雜的結構。對來源文獻的考證助於理解《童幼教育》這本書的結構。

一、玻尼法爵《基督教育》在澳門的重版

耶穌會士玻尼法爵以自己中學老師的教學經驗爲基礎撰寫了《基督徒兒童的教育及少年的避難所》（*Christiani pueri institutio adolescentiaeque perfugium*，簡稱《基督教育》），1575 年初版，1578 年重印（這些版本只有三卷），後來還出了一個增訂本（加了兩卷，一共五卷）。玻尼法爵也受到伊拉斯謨教育觀念的影響，認爲老師需要瞭解孩子的性格，要使用溫和的教育法，等等。[1] 在書中，玻尼法爵對每個題目提供四個方面的例子：聖經舊約（divina）、教會（christiana）、外邦（externa）、自然（natura）。在這四個領域中説明了同樣的教育原則。

耶穌會總會長任命范禮安作爲遠東教區的“視察員”（visitor），負責整個亞洲的傳教活動。爲了培養亞洲耶穌會士，范禮安決定在亞洲成立耶穌會學校。1580 年，他首先在日本成立了一個“培修院”（seminarium）。因爲學校缺乏教材，他設法將活版印刷設備寄到日本，不過，1587 年天主教在日本遭禁，基督徒無法公開活動。1588 年 7 月，當活版印刷設備到達澳門時，范禮安決定在澳

[1] Delbrel, *Les Jésuites et la Pédagogie au XVIe Siècle,* Paris: Picard, 1894, p. 32.

門成立印刷廠。同一年玻尼法爵的《基督教育》在澳門出版。[1]這也是活版印刷技術在東亞的首次使用。

范禮安在澳門出版的《基督教育》今天只有兩本存世。[2]日本學者及耶穌會士川村信三（Shinzō Kawamura）清晰地闡明了范禮安重版此書的意圖，即主要是爲日本耶穌會修士的拉丁語培訓及西方倫理、修辭學培訓提供教材。[3]另外，川村信三發現，范禮安沒有使用《基督教育》的首版或重印版（1575、1576、1578年），而是1588年的增訂本，其封面訊息跟澳門版是一致的，因此他推論，范禮安使用的是1588年的增訂本。[4]不過，范禮安爲何能於1588年在澳門同時出版歐洲的增訂本？爲了解答這個困惑，川村信三假定，范禮安使用了1588年的增訂本手稿。[5]然而這個假定是沒有必要的，因爲我們在西班牙圖書館的目録找到了1586年的

[1] Antoni J. Üçerler, "Gutenberg Comes to Japan: The Jesuits & the First IT Revolution of the Sixteenth Century", in *Ricci Institute Public Lectures*, http://usf.usfca.edu/ricci/events/Ucerler.pdf., 2014-09-18. 澳門版封面的訊息如下：*Christiani Pueri Institutio Adolescentiaeque Perfugium: Autore Ioanne Bonifacio Societatis Iesu*. Cum libri unius & rerum accessione plurimarum. Cum facultate Superiorum apud Sinas, in Portu Macaensi in Domo Societatis Iesu. Anno 1588。

[2] 哥本哈根國家圖書館（Det Konglige Bibliotek）也有一份；里斯本的阿優達圖書館（Biblioteca da Ajuda）保存了一份。澳門文化所（Instituto Cultural de Macau）出版了此书的复印本：Bonifacius, *Christiani Pueri Institutio (1588), Edição anastática do exemplar da Biblioteca da Ajuda em Lisboa com un estudo prévio por Manuel Cadafaz de Matos*, Macao: Instituto Cultural de Macao, 1988。筆者使用的是1988年的復印本。

[3] 除了川村信三之外，也可以參見很簡略的介紹：Johannnes Laures, *Kirishitan Bunko, A Manual of Books and Documents on the Early Mission in Japan,* Tōkyō: Sophia University, 1957, pp. 30-31。

[4] 增訂本的封面上有："附一卷及其他"（Cum libri unius & rerum accessione plurimarum）。

[5] 參見 Shinzō Kawamura: "Humanism, Pedagogy, and Language. Alessandro Valignano and the Global Significance of Juan Bonifacio's Work Printed in Macao (1588)", a paper delivered at the International Colloquium entitled O humanismo latino e as culturas latinas do Extremo Oriente, Inter-University Institute of Macau, January 6-8, 2005, published on lineat:http://www. human ismolatino.online.pt/v 1/pdf/C 003-001.pdf., 2010-02-10。

增訂本。[1]

除了版本來源問題，川村信三没有很仔細地比較歐洲的版本與澳門的版本，這使得他得出錯誤的結論，比如認爲，跟《基督教育》的歐洲版本比較，澳門版本加上了關於日本兒童的故事。西班牙學者 Javier Vergara Ciordia 犯了同樣的錯誤。[2] 其實，1586 年西班牙版本已經有了這些故事，並不是范禮安加上去的，並且玻尼法爵也説明自己是通過在日本傳教的西班牙耶穌會士格斯梅·德·多列（Cosme de Torres，1510—1570）知道這些故事的。[3] 顯然，需要更詳細的比較 1586 年的增訂本與范禮安 1588 年在澳門出版的版本，不過，因爲本文的重點在於《童幼教育》，所以不會處理這個問題。

我們首先可以確認高一志知道《基督教育》的澳門版本，因爲在去山西之前，他在澳門住了幾年。我們可以看到，《基督教育》各章的主題跟《童幼教育》的前半部分主題很類似。

由表 1 可以看出，《童幼教育》第一卷第三章至第二卷第二章在結構及内容跟《基督教育》大概是一致的。雖然順序上有一些差異，不過，兩個版本先談教育的主導者，即父母及老師，然後談如何用教育培養美德。《基督教育》提到三個美德，即宗教虔

[1] *Christiani pueri institutio adolescentiaeque perfugium*: Autore Ioanne Bonifacio Societatis Iesu. Cum libri unius & rerum accessione plurimarum. Cum privilegio Burgis. Apud Philippum Iuntam, 1586. 這個增訂本在布林戈斯（Burgos）由 Felipe Junta 出版。參見 La Rioja 圖書館的目録：http://bibliotecavirtual.larioja.org, 2013-11-24。

[2] Shinzō Kawamura, p. 3. Javier Vergara Ciordia, "La edición de Burgos de 1588 del Christiani pueri institutio adolescentia[e]que perfugium, obra clave del humanismo jesuítico hispano", in *Historia de la educación* 31, 2012, p. 102.

[3] 1586 年的增訂本有關於日本孩子的故事（112r-114 及 114r-115r）。

誠、潔身及尊敬，而在《童幼教育》中美德則區分得更爲詳細。由此可知，《童幼教育》在内容上並不分上下卷，因爲第一卷第七章至第二卷第二章有連續性，都在談兒童的美德。《基督教育》第三卷詳細地討論天主教的宗教儀式，如告誡、感恩祭及祈禱，而《童幼教育》不討論這些，而主要强調怎麼培養兒童的宗教感。《基督教育》第四五卷展現耶穌會教育的重要特點，即精神對身體的節制。這些觀念在《童幼教育》中也有闡發。

表 1 《童幼教育》與《基督教育》主題比較

《童幼教育》山西 1632 年版	《基督教育》澳門 1588 年版
卷上三：教之主（論父母）	卷一章三：父母作爲第二老師 Magistros alteros esse parentes 25-27 卷一章五：應譴責那些忽略或阻礙孩子的誠實教育的父母 Parentum accusatio, qui liberorum honestam educationem vel negligunt, vel quod est multo scelestius impediunt 30-34
卷上四：教之助（論老師）	卷一章二：如何教導和選擇老師 Quomodo educandus, docendusve puer sit, qualesque praeceptores & paedagogos esse opporteat 15-25
卷上五：教之法	
卷上六：教之翼（論懲罰）	
卷上七：教之始（論宗教）	卷三：每個年齡階段都需要宗教，特别是在兒童教育的初級階段 De necessitate religionis tum in omni aetate tum maxime in prima puerorum educatione
卷上八：學之次（論孝敬）	卷四：關於尊敬及禮貌 De verecundia et morum urbanitate
卷上九：潔身	卷五：關於潔身 De castitate
卷上十：知耻	卷四：關於尊敬及禮貌 De verecundia et morum urbanitate
卷上一：緘默	
卷上二：言信	

二、伊拉斯謨的《兒童禮儀》

《童幼教育》的另一個思想來源是伊拉斯謨的著作。伊拉斯謨在巴黎大學、魯汶大學、劍橋大學教過書。他的教育思想既傳統又現代。傳統方面，要求學生學習古希臘文及拉丁文。現代方面，反對體罰，關注每個兒童的興趣，尊重他們的能力。伊拉斯謨在《兒童教育》中（*De pueris instituendis*，1529 年）[1] 表述了他的人生觀。教育機構也有很大的變化。過去，很多兒童在修道院學校裏受教育，這使得兒童過早離開父母。伊拉斯謨反對這種模式，並在《兒童教育》中推動小規模的學校式教育或家庭式教育。他限制使用暴力與體罰，宣導學生自學，以便學生長大之後能更主動學習。在課程方面，伊拉斯謨只設置古典文學，而不設置歐洲各國的文學，因爲他試圖設立無國界的教育。我們可以看出他的教育思想非常開放，能幫助學生全面發展，使他們成爲自由人。

1530 年，伊拉斯謨在巴塞爾（Basel）出版了暢銷歐洲的《兒童禮儀》（*Civilitas morum puerilium* 或 *De civilitate morum puerilium libellus*）。[2] 伊拉斯謨在序中將此書獻給小王子亨利·勃根地（Henri de Bourgogne），並且以四點概括教育：（1）“柔軟的靈魂吸收虔誠的種子”（tenellus animus imbibat pietatis seminaria）；（2）“要喜歡及學習自由課程”（liberales disciplinas et amet et perdiscat）；

---

[1] 此书的完整标题爲 *De pueris statim ac liberaliter instituendis libellus*。

[2] 這本書于 1532 年被翻譯成英文，1537 年被翻譯成法文。如柏諾（Alcide Bonneau）所論，這本書在文藝復興時期获得了巨大的影響。參見 Erasme de Rotterdam, *La Civilité puérile*, Alcide Bonneau trans., Paris: Isidore Lisieux, 1877。

（3）“要爲了人生的義務做準備”（ad vitae officia instruatur）；（4）“一開始便要學習禮俗”（a primis statim aevi rudimentis civilitati morum adsuescat）。[1]《兒童禮儀》這本書專門發揮第四點，即禮俗。[2]伊拉斯謨的教育思想跟維基歐有很多相似之處：在制度上推動學校式教育；在方法上重視學生的獨特性及主動性，重視學生的全面發展，包括美感、身體等；在內容上設置了古典課程。[3]下文我們將會看到這本書跟《童幼教育》的關係。

《童幼教育》第二卷的最後五章涉及兒童的具體教養，構成本書的單獨部分。《基督教育》的各個版本都没有直接談到這些問題。不過，伊拉斯謨在《兒童禮儀》中專門談到這些問題，如健康、着裝、在教堂裏的儀態、飲食、朋友、嬉戲、宿舍。

表 2《童幼教育》與伊拉斯謨《兒童禮儀》主題比較

《童幼教育》山西 1632 年版	伊拉斯謨《兒童禮儀》1530 年版
卷下六：飲食	第四章：論宴會 De conviis
卷下七：衣裳	第二章：論衣着 Cultus corporis
卷下八：寢寐	第七章：論卧室 De cubiculo
卷下九：交友	第五章：論交流 De congressibus
卷下十：閑戲	第六章：論遊戲 De lusu

[1] 參見 William Harrison Woodward, *Desiderius Erasmus Concerning the Aim and Method of Education* , Cambridge: Cambridge University Press, 1904, p. 73。

[2] 伊拉斯謨《兒童禮儀》來源於西塞羅《論義務》（*De Officiis*），布魯達克《孩子教育》（*De liberis educandis*），Dyonisius Cato《致兒子倫理對句》（*Disticha de moribus ad filium*）等。

[3] 美國學者 Tracy 提到，他没有發現伊拉斯謨讀過《教育六卷》的根據。參見 James D. Tracy, *The Growth of a Mind* ,Genève: Librairie Droz, 1972, p. 63。不過，我们不能排除伊拉斯謨讀過維基歐的可能性。

因此，我們可以確定，《童幼教育》的最後五章受到了伊拉斯謨的《兒童禮儀》的影響。根據中世紀的苦修傳統，身體强壯會導致精神虛弱，身體孱弱則會導致精神强大。文藝復興時期的思想家對此持較温和的態度。伊拉斯謨雖然認爲，人不應太過理會身體的欲望，不過，他同樣强調，好的身體是好的精神的必要條件。[1] 因此，伊拉斯謨推崇中道：不要吃太多，也不要吃太少；不要睡太多，也不要睡太少。要注意不要傷害自己的身體。在《童幼教育》的最後五章裏，高一志也持同樣的立場。需要補充是，這並非直接的翻譯，而是某種間接翻譯，因爲伊拉斯謨提到很多具體的禮儀，而高一志則代之以各種證道故事。

三、維基歐的《教育六卷》

1443 年，義大利人維基歐（義大利文：Maffeo Vegio；拉丁文：Maphaeus Vegius）[2] 完成了《關於兒童的教育及其明德六卷》，簡稱《教育六卷》。不過，這本書在他去世三十多年之後才出版（1491

[1] Woodward, p. 89.

[2] 維基歐生於義大利北部，離米蘭不遠的洛迪（Lodi）。他年輕時受到著名講道者錫耶納的聖伯納（Bernardinus de Siena，1380—1444）的影响，後來在帕維亞（Pavia）學習文學和法律。在教宗尤金（Eugenius）四世期間（1431—1447），他在羅馬任職，1442 年任秘書，1443 年在聖伯多禄大教堂任職。維基歐是人文主義者、教育家和考古學家，他的朋友包括許多著名的學者，如布魯尼（Leonardo Bruni，1370—1444）、庇护（Pius）二世（1405—1464）和瓦拉（Lorenzo Valla，1407—1457）。

年），而後流行起來。[1]維基歐是第一位脱離了中世紀教育思想的思想家，他針對每個兒童的特殊情況設置了全面教育，包括思想、信仰、道德、感情、身體。維基歐也非常關注具體的生活條件，如兒童的飲食、睡眠和娛樂活動。美國學者霍肯（Horkan）對這本書評價很高，將他稱作“文藝復興時期教育著作中最系統、最全面的書，這個時代精緻的產物”[2]。維基歐在此書中結合了古典學及基督宗教兩大傳統，大量引用古希臘羅馬作家，也引用聖經及教父學家。下文我們將會看到，高一志的《童幼教育》深受到維基歐的影響。比較容易理解的是他們都來自義大利北部。高一志在讀書的時候很可能讀過距當時一百年前首次出版的《教育六卷》。

《童幼教育》同《基督教育》及《兒童禮儀》二者有很多相似之處，而跟維基歐的《教育六卷》有更多相似之處，經常提及同樣的人物及同樣的故事。下面的表 3 展示了二者在文字上的共同之處。關於教育的主導者，《童幼教育》與《教育六卷》有很多共同的觀念，特別是强調母親與孩子的關係方面。另外，關於兒童的美德，《教育六卷》把尊重作爲核心的美德，包括對天主、父

---

[1] 1600 年之前，最少有十五個拉丁文版本及譯本（在義大利、法國、瑞士等國出版）。20 世紀，這本書被重新編輯出版，Maria Walburg Fanning 修女編輯了头三卷：*Maphei Vegii Laudensis De Educatione Liberorum et Eorum Claris Moribus Libri Sex, A Critical Text of Books I-III* ,Washington: Catholic University of America, 1933。Anne Stanislaus Sullivan 修女随后編輯了后三卷：*Maphei Vegii Laudensis De Educatione Liberorum et Eorum Claris Moribus Libri Sex, A Critical Text of Books IV-VI* ,Washington: Catholic University of America, 1936。在這文章裏我們使用這個當代版本。1513 年此書被翻譯成法文：*Le Guidon des parens en instruction et direction de leurs enfans*, Paris : Gilles Gourmont。不过，它被錯誤地歸於 François Philelphe（即 Francisco Filelfo）。

[2] Vincent Joseph Horkan, *Educational Theories and Principles of Maffeo Vegio*, Washington: Catholic University of America, 1953, p. 218.

母、自身的尊重等。這些可以跟《童幼教育》的第二卷第七、八、九章對照。

表 3《童幼教育》與維基歐《教育六卷》主題比較

《童幼教育》山西 1632 年版	維基歐《教育六卷》 1491 年版	共同之處
卷上一：教育之源	I. 3：應正確地生育，並在子宮裏保護胎兒 Quomodo recte filii generari, generatique in utero custodiri debeant	2
卷上二：育之功	I. 4：應用母乳哺育及論母乳的奇妙功能 Quomodo lacte alendi infantes et de mira eius virtute	9
卷上三：教之主	II. 1：父母應督促兒童學習文學 exhortatio ut parentes liberos litteris et bonis disciplinis instruant	1
卷上四：教之助	II. 4：怎樣給兒童雇傭和選擇老師 Ut paedagogi pueris adhibeantur, ac quales eligendi sint	1
	II. 5：應雇傭何種老師來教育兒童 Quales magistri pueris erudiendis adhibendi sint	1
	II. 6：父母應跟兒童的老師保持密切來往，給予他們適當的禮物及報酬 Ut parentes ineant magnam familiaritem cum magistris filiorum, donaque et praemia laborum debita eis praestent	1
卷上五：教之法	I. 2：父母應過簡單虔誠的生活，使兒童隨他們的榜樣變得更好 Quomodo parentes modeste et sanctae vivere debeant, ut eorum exemplo filii meliores evadant	3
卷上八：學之次	IV. 4：尊敬父母 De verecundia erga parentes	1
卷上九：潔身	V. 1：關於事物的尊重及關於純潔的重要性 De verecundia habenda in rebus et de laude pudicitiae	1
卷上十：知恥	IV. 2：對自身的尊重及少年的主要美德 De verecundia propria et praecipua virtute adulescentium	1
卷下一：緘默 卷下二：言信	V. 2：對於話語的尊重及控制 De verecundia verborum et de compescenda lingua	3
卷下六：飲食	I. 8：嚴禁兒童飲酒 De inhibendo vino pueris	2

續表

《童幼教育》山西 1632 年版	維基歐《教育六卷》1491 年版	共同之處
卷下七：衣裳	V. 4：論身體及衣服的潔淨 De verecundia munditiae corporis atque amictus	1
卷下十：閑戲	VI. 6：論如何使用時間，勿將時間在無用之事上 De habenda ratione temporis et ut non frustra illud et sine ullo bono opere labi sinamus	

四、托雷斯的《王子倫理哲學》

關於《童幼教育》的來源，裴化行（Henri Bernard-Maître）幾十年前提到了西班牙耶穌會士托雷斯（Juan Torres）的《王子倫理哲學》，並認爲《童幼教育》“主要包含”《王子倫理哲學》。[1] 很遺憾，裴化行沒有提供任何根據。表面上這部西班牙文著作跟《童幼教育》在結構上及內容上有很大的差異。首先，這本書模仿伊拉斯謨的《基督君主的教育》，專門談王子的教育，並涉及到政治。這本書是托雷斯專爲西班牙王子菲力浦二世而寫。1596 年，王子已經十八歲。因此，跟維基歐及高一志不同，托雷斯沒有討

[1] Henri Bernard-Maître, “Les adaptations chinoises d'ouvrages européens : Bibliographie chronologique depuis la venue des Portugais à Canton jusqu’ à la mission française de Péking 1514-1688” ,in *Monumenta Serica* Vol. 10 (1945) : 309-388 : “Contient en grande partie la Philosophia Moral de Principes de P. Juan Torres” , p. 336.《王子倫理哲學》全標題爲：Philosophia moral de principes para su buen crianca y govierno, y para personas de todos estados, compuesta por el P. Juan de Torres de la Compañia de Jesus, dirigida a Don Gomez Davila, Marques de Velada, del Consejo de Estado, Ayo y Mayordamo mayor del Principe nuestro señor。最初有兩個版本。第一版本 Burgos : Felipe de Iuntay Juan Baptista Varesio, 1596。分兩部分，第一部分從第 1 至 502 页，第二部分從 503 至 953 页。第二版本：Burgos: Juan Baptista Varesio, 1602, p.995。

論婚姻、生產、母乳。另外，托雷斯把書奉獻給王子的老師達維拉（Don Osario Gómez Dávilay Toledo，1541—1616），因此，他也不討論怎麼選擇老師。在比較《童幼教育》與《王子倫理哲學》時，我們已經找到了將近六十個相似之處（同樣的故事及人物）。在《童幼教育》前面九章裏，相似之處極少，後面部分的六章則較爲集中。

表 4《童幼教育》與托雷斯《王子倫理哲學》主題比較

《童幼教育》山西 1632 年版	托雷斯《王子倫理哲學》1596 年版	共同之處
卷上十：知耻	I. 2：老師要檢查孩子是否羞恥 De otro medio que ayudara para conocer esta mesma inclinacion, y es notar si es vergonçoso o sembuelto	11
卷下二：言信	XXIV. 4-7：論真理的優越；它對君王那麼重要 En el qual se trata de la excellencia de la verdad, muy necessaria para los Principes	9
卷下三：文學	VI. 3：論王子所需要的學習及文學 En el qual se trata de lo tocante a los estudios y letras que le Principe deve deprender	8
卷下四：正書	XXV. 1-4：論君王及長者怎麼對待好書 En el cual se trata de la leccion que deven tener los Principes y señores de buenos libros	10
卷下六：飲食	XI. 9：論節制，特別是跟飲食有關，還有惡習所帶來的傷害 En el cual se trata en particular de la Templanza a cerca del comer y bever, con los daños que trae consigo el vicio	4
卷下八：寢寐	XII. 2：論關於睡覺的節制，還有相關的惡習對人的後果 En el qual se trata de la templanza a cerca del dormir, con los daños que su vicio contrario causa en el hombre	6

高一志對《王子倫理哲學》的使用是很明顯的，比如《童幼教育・知耻》與《王子倫理哲學》第一卷第二章有十一個共同之

處。《童幼教育·文學》完全跟着《王子倫理哲學》的順序。在《童幼教育·正書》中，高一志提到聖依納爵（意納爵）受傷之後讀了聖人的書，“後遂成明道之師”。高一志提及了耶穌會創立人的故事，並不奇怪。不過，托雷斯早在《王子倫理哲學》裏就討論過君王及長者應該怎樣對待好書，並且提出“好書”對依納爵的重要作用。[1] 高一志也從《王子倫理哲學》中選取重要的材料來討論孩子的具體生活（即飲食和寢寐）。我們也發現了，高一志的引用跟着托雷斯的文字，並且托雷斯本身依靠十六世紀的著作。[2]

高一志可能在米蘭期間已經看過《王子倫理哲學》，並使用其中的部分材料來撰寫他自己的修辭學教材。後來跟士大夫合作把他修辭學教材的某些部分從拉丁文或義大利文翻譯成中文，作爲他中文著作的基礎。在注釋里，我們提出了《童幼教育》對《王子倫理哲學》的使用。不過，更有可能高一志在澳門看到了《王子倫理哲學》，因爲 1616 年在澳門聖保祿學院藏書目録列有這本書。[3]

從以上分析可以看出，只有在西方教育思想的脈絡及框架中，《童幼教育》才能得到較好的理解。文藝復興時期歐洲兒童教育的書籍有類似的結構，不過也有一些差異。通過分析，我們獲得的結論是維基歐、伊拉斯謨、玻尼法爵、托雷斯的四部著作都對《童幼教育》產生了直接或間接的影響，特別是第四部產生了巨大

---

[1] Juan de Torres，*Philosophia moral de principes,* 1596，XXV. 2, p. 934.

[2] 本書說明資源來源：Caelius Rhodiginus（1469—1525）, *Antiquarum lectionum*（1516）；Alexander ab Alexandro（1461—1523）, *Genalium dierum libros sex*（Rome, 1522, 1539）；Pierio Bolzani（1477—1558）, *Hieroglyphica*（1556）；Giovanni Battista Egnazio, *De principibus Romanorum*（1556）。

[3] 段世磊：《遠東耶穌會教育活動研究（1549—1650）》，浙江大學 2015 年宗教學博士論文，第 117 頁。

的直接影響。《童幼教育》的理論部分比較薄弱，只簡略地提出一些原則，列舉了大量的故事。許多故事可以在維基歐及玻尼法爵的著作中看到，不過，在《基督教育》中，舊約與教會的故事較多，而《童幼教育》與《教育六卷》一樣，多用古希臘羅馬的故事。《基督教育》與《童幼教育》針對不同的讀者。《基督教育》是教會內部的教材，目的在於培養年輕修士，而《童幼教育》所針對的讀者是非基督徒。

從《童幼教育》來源的分析中，我們可以確定，這本書不應該劃分爲基本原則（第一卷）及具體規矩（第二卷），而是有更複雜的結構。第一部分討論教育的主導者（第一卷第一章至第四章）。第二部分討論教育法（第一卷第五章至第八章）。第三部分談兒童美德（第一卷第九章至第二卷第二章）。這三部分跟維基歐及玻尼法爵的著作是很相似的，不過在談兩個兒童美德（知恥及言信）時，《童幼教育》大量使用《王子倫理哲學》。第四部分談教育體系及課程（第二卷第三至五章），其中的兩章（《文學》及《正書》）借用了《王子倫理哲學》的很多故事，不過，《西學》這章由高一志獨立完成，討論學術系統及課程。第五部分涉及禮儀的具體規章（第二卷第六至十章），主要與伊拉斯謨的《兒童禮儀》有關，談飲食、衣裳、寢寐、交友、閑戲。其中的飲食及寢寐跟《王子倫理哲學》相關部分有密切關係。

第四章 《童幼教育》與文藝復興教育

梅謙立（中山大學哲學系教授）

最近十年中國教育界關注西方古典學，各高校相繼開設了拉丁文及古希臘文的課程。同時，許多西方經典也被翻譯成中文。其實，晚明時期，耶穌會士已經在中國設立了西方古典學課程。其中，義大利人高一志最有代表性，他把西方古典文學及哲學大量翻譯成中文，試圖將外來文學與中國文學結合起來，爲中國本土思想提供新的資源。高一志寫了許多理論性的著作，《修身西學》即是一例。這樣的教材針對成人教育。同時，他也專門給士大夫寫了《童幼教育》來介紹西方的中學教育，很可能準備在中國建立中學。

上文闡明，《童幼教育》在結構上由五個部分構成。接下來我們並不試圖重複本書的內容，而是分析這本書中思想教育的特點。首先，教育建立在自然的基礎上，因此要效法自然（第二部分）。不過，自然只提供某些潛能，要通過教育補充自然（第三部分）。在教育的過程中，宗教扮演很特殊的作用（第四部分）。最後，教育需要制度化（第五部分）。關於教育的自然性問題，《童幼教育》突出父母的遺傳作用，認爲父母遺傳的生理及道德遺產是最根本的。因此，高一志關注父母的婚姻情況、母親對孩子的愛心及父親對兒童教育的重大責任。

一、教育的自然基礎，即父母遺傳

伊拉斯謨認爲教育過程開始于嬰兒階段，不過他並沒有很系統地發揮關於這個階段的觀念。玻尼法爵的《基督教育》所討論的教育對象是入學兒童。與此不同，《童幼教育》接納《教育六卷》的框架，將兒童教育放在整個家庭生活、婚姻生活的中心。無論中西，古人都認爲，婚姻的主要目的在於生育。在《教育之原第一》，高一志列舉婚姻的三個要素："配以時"、"擇以賢"、"交以正"。

關於第一個要素即時間，高一志提倡："故吾西先哲定婚配之時，男以三旬，女以二旬。"確實，柏拉圖在《法律篇》中提倡男人應在三十至三十五歲，女人則應在十六至二十歲結婚。亞里士多德的《政治學》説得更具體：男人三十七歲，女人十八歲。[1] 維基歐支持亞里士多德的説法，認爲女人不要在十八歲以前結婚，男人不要在三十六歲以前結婚。[2] 雖然高一志没有具體地設定婚姻年齡，不過他同樣提倡晚婚，反對中國式的早婚，並且提出了"血氣"的根據。這樣的論點也許會因中西醫學的不同觀念而缺乏説服力。維基歐也解釋了早婚的不良後果，並認爲早婚使兒童的身體不完美、不强壯，而且可能會對母親造成傷害。[3]

---

[1] Plato, *Laws* IV 721 a-b, VI 785b; Aristotle, *Politics* VII, 16, 1335a.

[2] Maffeo Vegio, *De Educatione Liberorum et Eorum Claris Moribus Libri Sex*, Milan, 1491, p. 19: 30-33: quare recte maiores nostri feminas non ante octavum et decimum, viros vero sextum et tricesimum annum, conubio iungendos esse censuerunt.

[3] Vegio, p. 19: 25-28: quibus in civitatibus mos est adulescentiores puellas nuptui tradi, in eis etiam imperfectiora esse hominum corpora atque irrobustoria, laborem esse maiorem partus sustinere ac vitae discrimen saepius incurrere.

第二點强調丈夫選擇妻子不應該僅僅看重外表，也要看夫婦之間性情是否相配。高一志花了相當長的篇幅來抨擊人們對算命的熱衷。高一志解釋説算命是不合理的，而且從宗教的角度來看，熱衷於算命顯示了人們對天主缺乏信任。相關的西文著作中没有提及靠算命選擇妻子的風俗。高一志毫無疑問是針對中國的民間風俗，注意到很多中國人，也許甚至於中國天主教徒，以八字合婚的方法去安排婚姻，因此，他激烈地抨擊這種蔑視天主的風俗。

第三點是交配的正道。高一志推動一夫一妻制，並且嚴厲地反對“他遇”。不過，即使在婚姻生活中，丈夫也要節制性欲：

> 古聖云：“凡娶而惟供其私欲，此以本室爲歌院，以本妻爲歌伎耳。”可不慎哉！疇昔有士，妄誇絶無他遇，乃獨耽於本耦。賢者聞之而譏曰：“醉於室，與醉於市，惩等耳。”[1]

這裏的“市”指妓院。[2] 這裏表述性欲有害、應節欲的西方主流思想。維基歐也提出了一個理由：不能控制性欲的人，生下的孩子也不能節欲。因此，交配之道是一個重要要素。比如，如果醉酒後交配，生下來的孩子也不正常。高一志以這個故事爲例：

> 古者第阿日搦見一童狂痴，曰：“此童之親，必於迷酒之

[1] 《童幼教育卷之上》，《教育之原第一》。

[2] 類似的説法見於《達道紀言·夫婦》：“或自誇無奸，适一聖聞之曰：醉於本室，醉於他室，非等乎哉？”〔意〕高一志：《達道紀言》，載吴相湘、劉兆銘編：《天主教東傳文獻三編》第二册，臺灣學生書局 1984 年版。後厉引用《達道紀言》，皆參見此版本，不再重復説明。

際生養之耶，不然，何此兒狂痴若爾？”[1]

這個故事可以在僞布魯達克（Pseudo-Plutarch）的教育著作中找到。[2] 其實，這種觀念在古希臘很普遍。[3] 維基歐也引述了這個故事，[4] 不過，高一志改寫了這個故事，因爲在西方記録中，第歐根尼（即第阿日搦）直接跟這個兒童之父説話，高一志在《童幼教育》中做了一些改動，第歐根尼没有直接跟父親説話，而是跟第三者説話。在儒家文化環境中，高一志試圖通過這樣來減少本來語境的嘲諷意味。總之，“教育之原”强調父親在生育上的責任：他要在恰當的時間結婚，要謹慎挑選妻子，跟妻子的性情相配，要在性行爲上控制自己，以創造最好的生育條件。這樣，高一志把兒童教育放在很龐大的框架中，因爲兒童要繼承父母在生理、心靈、道德各個方面的秉性。

高一志非常重視母親與嬰兒之間的關係。在《育之功第二》中，他花了一章的篇幅來證明母親應親自給孩子哺乳，而非雇傭乳母。他提出的第一個理由是人應模仿大自然：“飛鳥哺雛而翼覆之，而人可以不如物乎？”他也提出，母親的精氣與嬰兒的生理

---

[1] 《童幼教育卷之上》，《教育之原第一》。

[2] 第阿日搦指 Diogenes of Sinope。参見布魯達克 Plutarch, in *Moralia*, Loeb Classical Library edition, 1927, p. 7：“Wherefore Diogenes, observing an emotional and crack-brained youth, said, ‘Young man, your father must have been drunk when he begot you!’。”在文藝復興時期，大家都认爲這本書是布魯達克寫的，不過，今天大部分學者認爲不可能是他寫的。

[3] Michel Foucault, *The Use of Pleasures* , New York : Vintage books, p. 122.

[4] Vegio, p. 18: 24-26: cuiusmodi memoratur illud Diogenis in quendam adulescentulum ex temulentia desipientem : Adulescentule, inquit, ebrius te seminavit pater.

是相配的，乳母的奶不能代替，並用一個比喻説明：“奇美之木，樹之原地，易植，且盛；樹之異地，雖培植，難成焉。”維基歐也採用了同樣的比喻，可能是高一志説法的來源。[1] 爲了鞏固和强調這種主張，高一志在《童幼教育》提到這樣的傳説：

> 昔有迫於窮者，棄子曠野，忽有狼至，代乳之，後棄子人形也而行猛獸之事。又有從孩提常茹驢乳者，久之遂爲愚鹵之流。又有少時無乳，不獲已接羊乳以養者，其子長成，常見踝躍驅馳之狀，與童羖無異。[2]

高一志認爲，有必要提醒母親雇傭乳母的危害，並且提出這些很難驗證的根據。其實，這些傳説並非高一志發明。在古代及中世紀，很多人相信，嬰兒如果吃驢奶，會變得跟驢一樣笨；如果吃羊奶，會變得跟羊一樣膽小；如果吃狼奶，會變得很殘暴。[3] 到了文藝復興時期，維基歐提出了兩個孩子的例子，一個被喂以羊奶，另一個被喂以豬奶；長大之後，前者不能離開高山，後者

---

[1] Vegio, p. 21, 1-5: porro quid haec in corporibus animalium miramur, cum, in his quae a terra nascuntur, certum sit aquas magis ac terras quibus aluntur quam semina ipsa a quibus genita sunt valere ad earum vel decrementum vel augmentum, plantaria quoque, laetae primo indolis, si in tristioris succi terram transponuntur, multotiens interire.

[2] 《童幼教育卷之上》，《育之功第二》。

[3] 如法國中古證道大師德維崔（Jacobus a Vitriaco，法文：Jacques de Vitry）在《向群众講道》中有如下論述：“據説，母狼把嬰儿夺走並且哺乳他們。当他開始站立和走路，她用她的脚碰孩子的頭部，不允許他站起來，而是要求他与野獸一樣以四腳行走。”（*Dicitur autem quod lupa aliquando infantes rapit et nutrit. Quando autem infans se nititur erigere ut super pedes incedat, lupa pede percutit eum in capite nec permittit ut se erigat sed cum pedibus ac manibus bestialiter.*）

不能離開泥地。[1] 或許高一志年幼時在義大利也聽説過這些故事，不過他自己並不一定相信，也不一定希望中國人相信這些。他很可能是通過這樣的修辭來激發人的想象力，使他們理解母奶的重要性，明白母奶不僅供給營養，也傳遞道德。除了生理上的理由之外，最主要的理由在於培養母親與嬰兒之間的感情：

> 蓋本母常視嬰兒爲本體之一枝，以愛己之心愛之，以養己之情養之，於是謹於提扶，苦於調治，而不少斁，所謂愛者常苦而不見苦也。若夫乳母，特惟利是視，而無骨肉之情，其懷抱必有異焉者矣。嘗聞本母之恤其子，或委命陷險，或服毒迎寇，或剖胎，或饑斃，終不替其恤愛之心，希聞乳母之恤愛如是者。[2]

在文藝復興時期，維基歐最早推動母親哺乳，他在《教育六卷》中説，母親“應該以自己母奶餵養她的孩子，而不應該托給外人——特別是那些卑鄙和不好的女人——來餵養”[3]。後來許多知識分子如伊拉斯謨支持同样的觀念，而反對當時的主流風俗習慣。[4] 其實，這些知識分子大都在貴族家庭出生。維基歐自己便配

---

[1] Vegio, I.4, p. 21: 22-25: duos pueros agrestibus parentibus natos accepimus propter matrum cum lactis tum aeris inopiam alterum caprino, alterum porcino lacte enutritos, atque hunc a lutosis paludibus, illum a dumetis frondosisque iugis montium numquam avelli potuisse. 不過，在《兒童教育》中，伊拉斯謨没有提到這樣的故事。

[2] 《童幼教育卷之上》，《育之功第二》。

[3] Vegio, p. 20: 15-16: ut eos proprio alant lacte, neque nutriendos tradant extraneis, praesertim abiectis aut impudicis feminis. 《教之法第五》將同樣的觀念歸於柏拉圖：“罷辣多大賢常戒乳母，勿使亂述虚傳及井市邪言。”

[4] 參見伊拉斯謨的作品：*Ratio studii; De pueris instituendis; Institutio christiani matrimonii; Puerpera*。

有乳母。高一志也很可能如此。也許他們在幼兒時期没有感受到母愛，因此强調重視母子關係。高一志也考慮到某些無奶的母親的難處："故不得已而招乳母，必宜招之於家，勿令出外。"在特殊情況之下，維基歐同樣允許用乳母替代，並更具體地提到，乳母不應該跟别的男人同居，且只能喝少量酒。[1]

由上可知，高一志在乳母問題上有很堅定的立場。其實，在當時的歐洲，只有貴族家庭才能負擔雇傭乳母的費用。高一志所出生的貴族家庭有雇傭乳母的經濟能力，並且人們以爲，親自哺乳會加速母親的衰老，破壞她們的胸型。[2]

相對於保持胸型，有更重要的兩個理由促使當時的貴族使用母乳。第一，文藝復興的思想家更重視母親與孩子之間的關係。第二，不希望母親馬上再懷孕，因爲已經有了足夠的孩子，或者擔心生産的危險。當時人們認爲母親在哺乳期間不可以跟丈夫發生性關係，因爲精子會污染母奶，傷害嬰兒。因此，哺乳是避免在一兩年内再次懷孕的一種方式。在十四世紀，即維基歐出版《教育六卷》一百年之前，天主教會提倡母乳餵養。那時在教堂裏出現了聖母瑪利亞爲小耶穌哺乳的圖畫，其中瑪利亞用富含奶水的胸部爲小耶穌哺乳。《教育六卷》出版之後，當時著名的藝術家如波提切利（Boticelli，1484）、達芬奇（約 1485）、克利夫（Joosvan Cleve，1525）等創作同樣的題材。高一志便是在這種思想和藝術環境中强調母乳餵養的重要性。不過，關於躶體的問題，

---

[1] Vegio, I.4, p. 23, 27-28: ne cuiquam se commisceant; p. 24, 1-2 : vinum sumant multa mixtum aqua, ac ipsum quidem modicum. 伊拉斯謨也强調乳母需具備良好的身體素質和道德品质。*De Pueris Instituendis* 497B-498D; Woodward, p. 193.

[2] Vegio, I. 4, p. 21: 6-18.

與文藝復興藝術家不同，耶穌會士包括高一志在内特別反感，持保守態度，在《知耻第十章》上卷，好幾次表示不能暴露身體的觀念。

我們也要注意，反觀玻尼法爵的《基督教育》，不論歐洲版本還是澳門版本，都没有《童幼教育》第一、二章的對應部分，因爲《基督教育》所談的教育大約開始于兒童五歲之後。或許因爲受到維基歐或伊拉斯謨的影響，高一志注意到常被忽略的嬰兒教育，並且强調母親的角色。從這個角度來看，可以説母親是孩子的第一個教育者，因爲孩子從母親那裏學到愛。她所付出的愛心不能被其他女性替代，因爲母子關係建立在一個特殊的生理、心理、道德的關係之上。嬰兒教育的重要性非常符合今天兒科醫生的主張，即便很多母親由於工作原因不能做到。我們也許可以反省高一志的這種主張在晚明社會中的意義。李弘祺認爲高一志批評"中國的乳母習俗"[1]，此問題有待進一步考察。

《教之主第三》認爲教育的主要責任在於父母，特别是父親。在文藝復興時期，五歲之前的孩子是被女性照顧的。之後，由於女性被認爲缺乏自我控制，母親被父親或老師代替。[2] 父親有責任把孩子教好。如果父親没有負擔起孩子的教育，那麼他會在法律上失去父親的身份，不能要求其養老："亞得納（即雅典），其古治法其嚴，而於幼之教育尤嚴甚，則出命令凡有子弗能教者，終

---

[1] 李弘祺：《高一志和他的〈童幼教育〉（明末耶穌會士有關倫理教育之中文著作研究之一）》，收入《中外關係史國際學術研討會論文集：思想與文物交流》，淡江大學歷史學系 1989 年版，第 117 页。

[2] Woodward，p. 88.

身不許其子供養之。”維基歐也提到了這種法律。[1] 當然，對雅典的立法者而言，父親對孩子的教育義務不僅關乎孩子自身的成長，也關乎城邦的興衰。另外，高一志强調，父親應留給孩子的並不是金錢而是教育的機會：

> 世人急於生子，而不思教育之道若何，平生勤苦積財，以富足其子，而竟不思財之主當爲何人。格辣德，上古聞士也，欲變本鄉亂俗，登高大呼曰：“人何爲自欺乎？吾黨恒思聚財廣地，而其所寄之子若孫，乃弗之顧，是所謂備美履而不忌傷足者耳，可不哀哉？”[2]

高一志没有具體提到父親應如何教育孩子。他認爲，作爲“教之主”，父親應負起這個重大責任。和母親不能雇傭乳母一樣，父親不能推脱教育責任，即使父親應尋求“教之助”，即老師。

二、以正式教育補充自然

在整個《童幼教育》中，高一志經常用自然界、特别是動物的例子來談教育。比如，如同動物給其子哺乳，母親應給孩

---

[1] 維基歐写道：“古代诗人称赞雅典人，因爲所有希腊人以法律规定孩子贍養父母，但是這一条款只適合那些受到教育的子女。”（cum omnium Graecorum legibus cogantur parentes a liberis ali, Athenensium non omnes, nisi ei qui liberos artibus erudissent; Vegio, p. 30-32、53.）

[2]《童幼教育卷之上》，《教之主第三》。

子哺乳。高一志提到動物界中好的教育者（小鵲、駝鳥、鹿、狸、狼、熊等）的例子可以在古希臘文集如老普林尼或布魯達克的著作中找到，也可以在伊拉斯謨的著作中看到，因爲他們都認爲自然是最好的老師。如高一志在《教之主第三》中寫道："熊生僅肉團耳，自視之非熊也，常用舌餂摩修治之，漸漸成熊矣。"[1]

高一志在《教育之原第一》中闡明年輕人的良好狀態："血氣清凝，足以生養，心志光明，足以教訓。"的確，如果只需要效法自然，那麼這種效法應該也是很順利的過程。不過，既然教育過程是自然而然，高一志爲什麼在《童幼教育》如此强調意志的重要性？李弘祺也注意到這種問題，他認爲："總之，在《童幼教育》中高一志强調兒童就學要立志，而同時卻又相信兒童年幼，心志光明乃由於'血氣清凝'。這中間似乎有一點小小的矛盾，當然，這個矛盾是所有'規範性'（normative）字眼都有的特色。"[2]

其實，如果我們反觀文藝復興的教育思想，特别是伊拉斯謨的教育思想，這裏並沒有矛盾，更談不上"規範性"問題。伊拉

[1] 在《孩子教育》中，伊拉斯謨也提到這個例子。參見伊拉斯謨，*De Pueris Instituendis* 493B-494A；Woodward, pp.186-187。也參見《達道紀言·父子》："彼里你阿曰：'熊生子至醜，多餂食之，竟全成其形。親生子，雖愚，第教誨之，未有不補其生之缺而濁質以清。'"这个故事来源於老普林尼："The female [bear] retires by herself to a separate den and there brings forth, on the thirtieth day, at most five young ones. When first born, they are shapeless masses of white flesh, a little larger than mice; their claws alone most prominent. The mother then licks them gradually into proper shape. There is nothing more uncommon than to see a mother-bear in the act of parturition。" Pliny the Elder, *The Natural History*, Book VIII, Chapter 54.

[2] 李弘祺：《高一志和他的〈童幼教育〉：明末耶穌會士有關倫理教育之中文著作研究之一》，第119页。

斯謨認爲，本性（natura）如同先天理念一樣，是一個先天的能力，不包含任何內容，只包含道德及理智能力。本性提供某種潛能，只有通過“教育”（instructio）及外在的規訓（disciplina），才能發揮“本來無一物”的本性。因此，伊拉斯謨說，“人非生而如此，而是被塑造成型”（homines non nascuntur sed finguntur），或者說，“教育超越一切”（educatio superat omnia）。與動物相比，人的獨特性在於學習能力。伍德沃德（Woodward）把伊拉斯謨的教育思想概括爲：“自然提供潛能；教育把它們變成現實。”[1] 因此，對文藝復興的教育思想而言，教育的重點並不在於康德式的倫理規範性，而在於傳統的德性倫理學，即在本性基礎上發揮具體的道德。

《童幼教育》顯然接受了伊拉斯謨的這些觀念。在《教之法第五》中，高一志討論老師的主要教育方法，即“言教”，提出了“希言之師”爲善，老師應言簡意賅。這點也反映了古人對兒童的理解，即認爲孩子很容易受影響。高一志使用白板（tabula rasa）、蠟塊及陶器做比喻。柏拉圖或亞里士多德都提及這些説法。[2] 伊拉斯謨也經常使用類似的比喻。[3] 兒童有先天的潛能（包括理智

---

[1] Woodward, p. 81.

[2] 《教之法第五》：“夫童稚之心如未書素簡，親師之舌如筆墨寫書，必入之深而后存之久也。”也參見利瑪竇《天主實義》：“故謂人心者，始生如素簡，無所書也。”這種觀念（所謂 tabula rasa）来源於亞里士多德《論灵魂》第三卷第四章，不过我們需要注意到，亞里士多德及利瑪竇在討論認識論問題，並没有專門討論兒童教育。另外，《教之法第五》：“古詩云：陶器初沾之氣，終於不去。”《教之法第五》也說：“夫童之心若蜡焉，印之易於成迹。”柏拉圖也使用蜡块的比喻来談兒童教育，*The Laws* VII: “The child, while still soft, shall be molded like wax, and be kept in swaddling clothes till it is two years old。”

[3] Woodward: “the ploughed but unsown field; the twig pliant and as yet unshaped; soft wax or clay, and others” , p. 80.

及道德潛能），但這些潛能只有通過教育才能成爲現實。另外，這些先天的潛能是很微弱的，很容易受破壞。因此，壞的教育或者壞的環境會使兒童敗壞："夫人初生，情純言直，愈交接于物愈加於僞矣。"（《言信第二》）高一志也説：

> 蓋生人性元被先祖之染累，無不昏于理而懦于力。乃己無不欲加明以開其蒙，而知其所當知；又無不欲加力以助其弱，而行其所當行。故人性從始生恒向學，而甘苦至終不已也。[1]

這一段落與"原罪"概念有關，不過重點並不在於"原罪"，而在於人的缺陷可以通過教育彌補。這樣我們可以理解教育的重要性及老師的重大責任。維基歐認爲，兒童應該在七歲時上學。[2]伊拉斯謨認爲，五歲之後，父親應雇傭老師。不過，父親也要親自負擔孩子的教育，謹慎地選擇老師，檢查老師的工作，並付給老師可觀的報酬。[3]《教之助第四》同樣强調老師作爲父母教育的補充角色的重要性：

> 嚴親雖望其子成立甚切，然或溺愛不明，或事迫於冗，即教不能不作輟也。設令無善士代致其力，則子之孝無由而成矣。是以智者或稱師爲吾二父焉，或以爲補全父母之恩

[1] 《童幼教育卷之下》，《文學第三》。

[2] Vegio, Liber II, Caput II, p. 54: 9-10 : "cum septimum ad annum pervenerint, tradendi erunt magestris, neque ad maiores differentur annos."

[3] *De Pueris Instituendis*, 497F-498E, p. 193.

焉。蓋父母生我，使我遊于世；而賢師教我，使我遊於道。父母生我，必屬我於世苦；而賢師導我，乃援我于諸苦。父母生我，未能使我不死；而賢師教我，乃使吾[1]道吾德不敗滅也。[2]

這裏，高一志把老師比作第二父母：生物上的父母提供必須的原料；老師則提供必須的條件，來補充及完善孩子的教育。如此，在教育的作用上，老師的貢獻更重要，因爲通過賢師之教，"我道吾德不敗滅"，即獲得永生。高一志也提出歷史上的根據，比如，亞里士多德對亞歷山大的功勞大於斐理伯王：

斐理伯往爲大國智王，初聞世子生，曰："天主賜我以子，喜其可以承祧；又有亞里斯多名賢在，可以師之，可喜之甚矣！"其子名歷山，學既成，有臣問曰："斐理伯，王父也，亞里斯多，王師也，二恩孰大？"王曰："父使我嗣國爲王，師使我爲國明王，彼傳性，此傳學，則善師之助親多矣。"[3]

也許對中國人來説，亞歷山大將亞里士多德列于父親之前乃不孝之舉，不過，對高一志來説，這正是亞歷山大的父親的觀

[1] 吾，FJ 本作"我"。

[2] 《童幼教育卷之上》，《教之助第四》。

[3] 同上。本書除去引文部分，其馀皆稱"亞里士多德"。

念。[1] 在古代西方，老師要收學費，並可與父親協商學費數額。高一志也涉及到這個問題，並且指出教育的目標是使孩子變成“自由人”，獨立于父母：

> 往者亞里第頗爲名學之領，或有子使遊其門，問束修幾何，師曰數十金。父嫌其太多，曰：“此金之重，乃足以得一僕。”師曰：“然。然若爾異時，必將得二僕焉。”是以智者寧使家室乏貲，必不使子孫乏教。[2]

這個故事來源於古希臘，流行於西方教育界，因爲“孩子”和“自由”在拉丁文中是同一個詞，即 liber。古希臘羅馬的教育目標是培養自由人和公民，而非奴僕。在《兒童教育》中，伊拉斯謨也譴責一些人重視奴僕的培養，而忽略了自己孩子的教育。

在文藝復興時期，教育思想家一直强調應根據每個孩子的特

---

[1] 跟高一志一樣，維基歐也是從斐理伯的角度陳述：“laudant autem omnes quam Alexandri ipsius pater Philippus, dum natum illum sibi intellexisset, ad Aristotelem hisce verbis epistolam scripsit: Filium mihi genitum scito, quod equidem dis habeo gratias, non tam proinde quia natus est, quam pro eo, quod eum nasci contigit temporibus vitae tuae. spero enim fore ut edoctus eruditusque a te dignus existat et nobis et rerum istarum susceptione。”（Vegio, Liber II, Caput IV, p. 57: 13-20.）相反，古代記載都是從亞歷山大的角度去陳述，如 Plutarch, *Parallel Lives*, Alexander :“Aristotle he admired at the first, and loved him, as he himself used to say, more than he did his father, for that the one had given him life, but the other had taught him a noble life.”

[2] 《童幼教育卷之上》，《教之助第四》。維基歐也提出了這個故事（Liber II, caput VI, p. 61: 26-29）。也參見《達道紀言》：“亞里斯弟玻設帳授業，一人欲托以其子，而問束修當如之何？答曰：‘百金。’父曰：‘以是重金可得一善僕。’師曰：‘然後將得二僕也。’”

殊性格因材施教。維基歐有專門一章討論因材施教。同樣，伊拉斯謨强調，先天的自然性在每個人身上有所不同，因此，每個孩子的能力也不同。爲此，老師需要理解每個兒童的能力及興趣，因材施教。首先需要觀察孩子的行爲與表現，以便調整他的教學方法，適應孩子的興趣與傾向。[1] 這樣人格化的教育在《童幼教育》中也有體現。同樣，要根據兒童的情況施行懲罰，要“察於氣之殊稟”（《教之翼第六》）。在這一教育過程中，老師扮演很重要的角色，不過，孩子並不是被動的，而是逐漸堅定自己的意志，對自己的教育負責。

三、宗教與教育

《學之始第七》闡釋了好的教育的基礎，即在天主面前要謙卑：

> 凡學貴以序而進焉，則先立乎其本，而後及其末。本者仁也，修齊之根，而諸善之母也，則始學體仁者，徑道也。乃仁之學，又本于天主，即以敬畏天主爲首功，蓋吾之所當愛及所當敬者，莫大莫尊故也。《聖經》云：“知之始畏主。”江河原出于洋而終歸入于洋，人性原係于天主，則人始學，返其本根，終歸天主者，義也。[2]

---

[1] *De Pueris Instituendis*, 499C-500A, p. 196.

[2] 《童幼教育卷之上》，《學之始第七》。

這裏高一志使用儒家的核心概念，即“仁”，不過，按照西方傳統思想，倫理生活建立在宗教基礎上，因此他把“仁學”建立在天主的基礎上。同樣，高一志肯定孟子的人倫，即父子有親，君臣有義，夫婦有別，長幼有序，朋友有信，不過把儒家的人倫建立在對天主的尊敬上：“蓋未知畏天主，則必于君臣之義、夫子之親、夫婦之別、長幼之序、朋友之信，無所存也。”爲了支持他的“自然宗教”觀念，高一志提到自然界中的例子（鳳凰和大象訓練自己孩子尊敬太陽），又從歷史中舉例，如古希臘的學堂：

> 亞得納上古爲總學之市，四海志學者咸集其中，立上下二堂。上堂題曰必從天主，下堂題曰必知己。示衆學者非從天起見，而推及于知己，定不能成其學也。[1]

在學習過程中，人們要祈求天主的幫助，不要變成傲慢，如13世紀的哲學家大雅博（Albertus Magnus）：

> 曩者西土亞兒伯多氏幼時，一心向格窮之學，而短于才，不能如意，旦夕祈天主洪祐，實踐仁道，而不敢惰。未幾，氣質清明，非衆友比，無書不通，無理不究，而竟爲世名師。[2]

高一志所强調並不是信仰中的信條，而是某種宗教感，即對天主或神的敬畏。他認爲，這是兒童教育的最重要的基礎。在《教育

---

[1] 《童幼教育卷之上》，《學之始第七》。

[2] 同上。

六卷》中，维基欧專門用一章談“關於天主的尊敬”[1]。不過，維基歐提出的例子不同，並且也强調十誡的第一誡“欽崇惟一天主在萬有之上，不可有别的神”及第二誡“毋呼天主聖名以發虛誓”。[2] 高一志的出發點不同，他説明了倫理生活建立於對天主的敬畏。

在教父時期及文藝復興時期，很多思想家經常討論“異教徒的美德”，肯定古希臘羅馬哲學家的倫理思想及道德生活。不過，在高一志的敘述中，這種焦點變得比較模糊，因爲來華傳教士没有告訴中國人，基督宗教不完全覆蓋整個西方傳統。也許爲了傳教策略的緣故，傳教士希望中國人相信，基督宗教即是整個西方傳統。比如在《學之次第八》，高一志寫道：

> 罷辣多，上古之大賢，其治國所叮嚀者，惟是奉敬天主第一、事奉父母第二。蓋曰：“天主之恩大，而父母之恩亦大，故施仁於天主者，無不施仁於親；不施仁於親者，可謂施仁於天主乎？”[3]

高一志暗示柏拉圖是基督徒。其實，對他而言這並非虛言，因爲古代教會史專家优西比烏（Eusebius of Caesarea，約 275—339）很早以前便提到，柏拉圖去了埃及，跟埃及神職人員學習梅瑟的律法。許多教父學家都認爲，在柏拉圖及其他古人的著作中存在某種“古代神學”（prisca theologica）。天主從一開始便把這種

[1] Vegio, Liber IV, Caput III: De verecundia erga Deum.

[2] 舊約《出谷紀》第廿章和《申命紀》第五章記載天主所頒佈的誡律。公元 15 世紀時，天主教習慣以韻文方式表達十誡的規戒。第三誡關於安息日，勸誡成人停止經濟活動，與兒童教育没有直接關係。

[3] 《童幼教育卷之上》，《學之始第八》。

神學托付給人類，通過許多先知及聖賢，這種古代神學得以保存。文藝復興時期，特別是義大利學者費奇諾 Marsilio Ficino（1433—1499）在他的《論天主之大能上智》（*De potestate et sapientia Dei*, 1471）中翻譯古埃及的希臘文獻之後，“古代神學”這種觀念重新流行。

在這種思想背景下，利瑪竇來華時在《天主實義》中提到：“吾天主，乃古經書所稱上帝也。”[1] 和利瑪竇認爲中國古人已認識到天主一樣，高一志同樣也認爲，孔子或孟子認出了天主。因此，當高一志强調兒童應敬畏天主時，其實是在主張回到四書五經所談的“上帝”。高一志提到了孔子的“仁”、孟子的“人倫”、朱熹的“天理”。他一方面要肯定這些概念的價值，另一方面要表明，除非敬畏天主，人無法盡孝，無法行仁。換言之，倫理生活與信仰生活無法分開。

在《知恥第十》中，當高一志討論兒童的羞恥之心（拉丁文 pudor）時，他提出了一個奇蹟或聖跡：

> 盎滿古在西南爲名修之士，偶同友遊，中途遇川，無舟橋以濟。將涉焉，恐友見其裸，求友避之，又羞己目，遲滯徘徊焉，有天神忽至，携手登彼岸。異哉！知羞者非特感人心，又爲天主及天神所寵厚矣。

盎滿指尼崔雅的安門（St. Ammoun of Nitria）；他的“同

[1]〔意〕利瑪竇著，〔法〕梅謙立注，譚杰校勘：《天主實義今注》，商務印書館 2013 年版，第 104 頁。

友”是特奧多魯斯（Theodorus）；“天神”指天使。這個故事來源於生於今土耳其的帕拉丟（Palladius）主教（c. 363—c.425）。[1] 在《童幼教育》中這個似乎是唯一的超自然奇跡。這樣的故事表達了基督宗教對於裸體的擔憂。[2]

總之，在中國官方文化的背景之下，我們不能否定《童幼教育》的宗教色彩。不過，《童幼教育》的宗教色彩還比較淡，其中只陳述了一個奇蹟，並且如李弘祺所論，高一志並沒有提到耶穌的故事。[3] 黄文樹認爲：“《童幼教育》有過於封閉、保守之嫌，甚至於排他性，不利於學習者的自覺與啓發。”[4] 其實，黄文樹恐怕沒有很好地理解此書的本意。《童幼教育》的焦點並不在於陳述宗教教條，而在於培養孩子的宗教感。

四、耶穌會的教育制度

如上所論，《童幼教育》第二卷的第三章《文學》、第四章

[1] Palladius, *The Lausiac History*, Chapter 8: St. Ammoun of Nitria, translated by Robert T Meyer, Ancient Christian Writers, vol. 34, New York: Paulist Press, 1991, p 43: “The blessed Athanasius the bishop in his life of Antony told a marvelous story about this man, how that he came to the bank of the river Lycus with his disciple Theodorus, and shrinking from removing his clothes lest he should see him naked, he was found on the other side, having been carried across by angels without using the ferry.”

[2] 當然，古希臘文化沒有這種擔憂，觀古希臘雕像可知。不過，文藝復興時期，很多畫家及雕刻家都展示人的裸體。看來高一志不會欣賞這樣的藝術。

[3] 李弘祺：《高一志和他的〈童幼教育〉：明末耶穌會士有關倫理教育之中文著作研究之一》，第 116 頁。

[4] 黄文樹：《第一本傳入中國教育專著：〈童幼教育〉論述》，《樹德科技大學學報》2009 年第 11 卷第 1 期，第 106 頁。

《正書》及第五章《西學》構成本書的單獨部分，涉及教育制度。耶穌會自成立之初便非常重視教育，陸續在全世界成立了學校。

在高一志譔寫《童幼教育》時，耶穌會士在歐洲已創辦了六十所學校。由於耶穌會獲得地方君主及貴族的基金支持，他們能提供免費教育。高一志表述教育的不同層次：蒙學（相當於小學）、文教（相當於中學）、天文及剖性理（相當於大學本科，包含自然科學及哲學）、聖道（等於神學研究所），並列舉了教育的三個道德目標：尊敬天主、忠於君王、孝順父母。這種教育模式在 16 世紀的歐洲是全新的。過去只有兩種學校：修道院式培養修士的學校，或針對兒童教育的小規模公學。隨着耶穌會學校的出現，歐洲的教育機構發生了很大的變化，因爲耶穌會士成立了大規模的學校，學生在同一所學校可以漸次完成小學、中學、大學部教育。

在《西學第五》，高一志詳細地介紹了“格物窮理”（即廣義

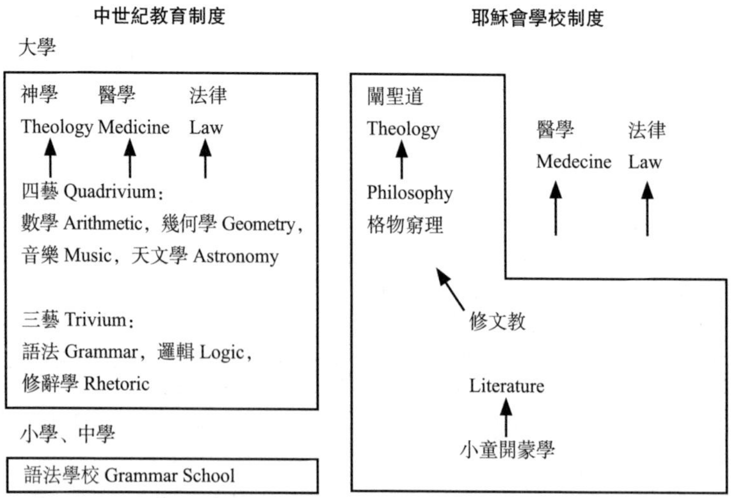

的哲學）的課程内容，對此筆者已有另文專論。[1] 這裏只補充一點。在同一章，高一志討論修文教的方法，首次介紹西方修辭學的規則，特別是西塞羅修辭學的五個步驟：

> 然太西之文，約歸于五而成：先究事物人時之勢，而思具所當言之道理，以發明其美意焉；次貴乎先後布置有序，如帥之智者，節制行伍，勇者置于軍之前後，而懦者屯之于中；次以古語美言潤飾之；次以所成議論，嫻習成誦，黙識心胸；終至于公堂，或諸智者之前辨誦之。此五者之中，必貴實理而致于用焉，豈徒具其文而苟吐散于空中乎？[2]

黄文樹把這些内容錯誤地理解爲人文學校“五個階段的學習課程”[3]。其實，以上所述爲西塞羅的修辭五步驟：題材（inventio）、佈局（dispositio）、文題（elocutio）、記憶（memoria）、誦説（actio）。在西塞羅修辭學的基礎上，耶穌會士蘇瑞芝（Cypriano Suarez）發表了《論修辭術》（De arte rhetorica，1569），其成爲後來耶穌會學校文學教育的典範。[4]

從以上分析可以看出，這本書的教育思想可以補充中國傳統的教育思想，如母子關係、老師的作用、宗教感的作用、教育的制度化等。在這些方面，我們也需要注意，正因這種教育思想跟中國的科舉制度無關，因此能在中國創造教育自由的空間。

---

[1] 〔法〕梅謙立：《理論哲學和修辭學兩個不同對話模式》，載景海峰主編：《拾薪集》，北京大學出版社 2007 年版，第 83—85 頁。

[2] 《童幼教育卷之下》，《西學第五》。

[3] 黄文樹：《第一本傳入中國教育專著：〈童幼教育〉論述》，第 100 頁。

[4] 參見李奭學：《中國晚明與歐洲文學》，臺灣聯經出版社 2005 年版，第 27—30 頁。也參考此書生活·讀書·新知三聯書店 2010 年修訂版，第 29—33 頁。

第五章　《童幼教育》與朱熹《小學》

薛靈美（中山大學哲學系博士生）

《童幼教育》作爲西方教育思想首次進入中國，學界對該書的研究在逐步深入，從歷史背景、教育理念的介紹，深入到研究其思想來源，以至作爲明末西方教育傳入的代表與儒家思想進行比較的研究。但是，在《童幼教育》序中，韓霖直接將其與朱熹《小學》進行比較，認爲《童幼教育》是在《小學》基礎上"本其目而增損之"[1]，同時認爲《小學》教育在"敬身"層面尚顯不足。韓霖的評價也可以看出入教士人對儒家教育的反思，其作爲鄉約教材著作《鐸書》中幾乎全篇引用高一志的《童幼教育》，但是對《西學》一篇卻隻字未提。韓霖爲什麼將其與《小學》比較，其評價是否如實，爲什麼單單放棄《西學》一篇的表述？本文以韓霖的評論爲啓發，試圖在現有研究成果的基礎上，通過比較《童幼教育》與《小學》中幼儿教育觀的差異，分析《童幼教育》作爲西方教育内容進入中國，並且使用儒家話語體系所做的努力。

[1] 參見《童幼教育序》。

一、中西教育内容介紹

（一）《童幼教育》的教育内容

高一志到達絳州之後，致力於將西方的倫理學“厄第加”（ethica）與儒家奉爲圭臬的“修齊治平”相結合，是爲較早開始以西學理解儒學的嘗試。《童幼教育》分上下兩卷，共二十章，本文將其分爲三個部分，前六章的内容可以看作一個部分，論述兒童自然稟賦的培養，即注重父母及老師對孩童教導的責任，同時提出賞罰榮辱的教育方法。第一章“教育之原”從婚姻爲生育準備開始，提出男女結婚的年齡、品行等原則。之所以從婚姻開始要求，作者認爲父母的性情會影響子女，也説明對遺傳的重視。第二章“育之功”認爲母親需要“懷抱正功”，反對乳母哺乳孩童。第三章“教之主”説明父親對孩童教育的責任。第四章“教之助”提及賢師和學校對孩童發展的影響。第五章“教之法”指父母對孩子的言教與身教，同時認爲身教更爲重要。第六章“教之翼”，即用賞罰的教育方法，並且培養孩童的榮辱感。

第二部分論述孩童在爲學過程中的品格培養，“幼者之學，根于仁，進以孝，堅以忍，成以智”[1]，“仁”是指敬畏天主，“孝”指孝敬父母及君王，接下來四章分别是潔身、知恥、緘默、言信，這四點都是針對幼童的軟弱、易塑、不穩定的特性，提出必要的

[1] 《童幼教育卷之下》，《文學第三》。

爲學之道。“幼者未行世道，未習世事，則亦未能智焉；又未積其力，未定其志，則亦未能毅焉”[1]，因此要重潔戒欲；“而幼無羞，爲邪所攻矣”[2]，因此要持羞惡之心；“童幼之性，或煩于言、偏于僞”[3]，所以要求幼童緘默的品格，且言而有信。在“文學”、“正書”、“西學”三章論述爲學的重要性，書籍的選擇以及西方知識體系的介紹。[4]

第三部分論述培養兒童良好的習慣，闡釋在飲食、衣服、寢寐、交友、閑戲等方面需要適當有度。《童幼教育》一書雖然是一本關於幼童教育的著作，但是並不適合兒童閲讀，所面對的讀者是孩童的家長以及老師。[5]

（二）《小學》的教育內容

“小學者，小子所入之學也。”[6] 小子是指八歲到十四歲的子弟。《小學》分爲內外兩篇，內篇爲作者的要旨所在，分爲“立

---

[1]《童幼教育卷之上》，《潔身第九》。

[2]《童幼教育卷之上》，《知恥第十》。

[3]《童幼教育卷之上》，《言信第二》。

[4] 參見〔法〕梅謙立：《晚明中國的文藝復興教育——關於耶穌會士高一志〈童幼教育〉的初步研究》，《廣東社會科學》2014年第6期，第124頁。文章回顧《童幼教育》的研究成果，依據《童幼教育》的西方思想來源，將其分爲五個部分，即教育主導者、教育方法、兒童美德、教育體系與課程以及禮儀的具體章程。本文以“幼者之學，根于仁、進以孝、堅以忍、成以智”爲據，總結認爲“學之始”即“仁”，“學之次”即“孝”，“文學、西學、正書”爲“智”，“潔身、知恥、緘默、言信”歸爲“忍”的品格。需要説明的是儘管在文章中並没有明確將爲學的需要的品格歸結爲“忍”，但是因爲其餘三項都有明顯的對應，所以將幼者之學所需要的品格這七章歸爲一個部分。

[5] 本文之所以將《童幼教育》分爲三個部分，也源於歐洲文藝復興時期教育家伊拉斯謨（Erasmus）將教育分爲三個層次，本性、訓練和習慣。

[6]（宋）朱熹撰，（明）陳選註：《欽定小學集註》，《立教卷一》，影印文淵閣四庫全書子部儒家類，第699册，臺灣商務印書館1986年版，第524頁。

教”、“明倫”、“敬身”、“稽古”四個部分，外篇是餘論和附論的性質，分爲“嘉言”、“善行”兩個部分。其中内篇當中的“稽古”記載三代聖賢的行跡，用來證明前三部分所論。外篇皆爲漢到宋時聖人先賢的言論及德行輯録，作爲内篇的補充。故本文側重分析内篇之中重於説理的“立教”、“明倫”與“敬身”三部分。

“立教”即立極教人之法，從先秦經典《中庸》、《内則》、《曲禮》、《學記》、《周禮》、《禮記》、《弟子職》、《論語》當中輯録有關幼兒教育的格言而成，共分十三章。前兩章講家庭教育，包括胎教和保傅之教，第三到八章講學校君政教育，第九到十三章老師與學生各自的責任。[1]

既然《小學》是關於教育的著作，那麼“教”之爲何意則尤爲重要。《説文解字》中認爲“教，上所施下所效也”，即效法、效仿之意。朱熹解釋“教”的含義，“立教”開篇起承《中庸》性命之理，“天命謂之性，率性謂之道，修道謂之教。聖人因人物之所當行者，而品節之以爲法於天下，則謂之教”[2]，可見“教”是源于天命而立于聖人。教育開始於胎教，朱熹認爲人有天命之性與氣質之性，天命之性雖然相同，但是氣質之性不同，因此，應該從母親妊娠之初就對孩子的氣質之性進行教育。通過規定懷孕時期母親的言行舉止、儀表姿態來保證孩童氣質禀賦的清美。

關於學校和君政教育，首先是由家到國，各級居所都設立學校。《小學》引用《學記》中記載有關學校的設置，“學記曰，古之

---

[1] 分段及大意參考盛文堂書店編撰：《原本小學集註》，盛文堂書店 1945 年版。

[2] （宋）朱熹撰，（明）陳選註：《槧定小學集註》，《立教卷一》，影印文淵閣四庫全書子部儒家類，第 699 册，臺灣商務印書館 1986 年版，第 526 頁。

教者，家有塾，黨有庠，術有序，國有學”[1]。另外學校的教育者多爲政府官員，“故聖人，設官而教以人倫”，如司徒、樂正、典樂等官職負責監督和教導人們遵守倫理秩序。其次是立師弟子之教，明確師生之間的關係和職責。“尊師，如父兄也”[2]，朱熹認爲老師授業“須窮究道理，到盡處也”。在教育内容方面，注重禮樂的教導，因爲禮樂可以改變人的性情。“按《内則》，十歲學幼儀，十三學樂誦詩，二十而後學禮，則此三者，非小學傳授之次，乃大學終身所得之難易先後淺深也。”[3] 另外，提倡爲學應當是“爲己之學”。

卷二“明倫”，共一百零八章，“教以人倫”，即父子有親、君臣有義、夫婦有别、長幼有序、朋友有信；“明倫”既是儒家教育的總綱，也是要求孩童學習的内容。五倫將所有的人際關係包納其中，在人倫關係中規定孩童要學習的内容，指導起居住行的各個方面。

卷三爲“敬身”，共四十六章，包括心術、威儀、衣服、飲食四部分。“心術、威儀，修德之事也；衣服、飲食，克己之事也。惟敬身，故于父子、君臣、夫婦、長幼、朋友之間無施而不可，此古人修身必本於敬矣。”[4] 朱熹認爲敬身是修身的根本，也是處理人倫關係首要持守的原則，通過修德克己，恭在外表，敬存内心以求完滿。因此朱熹從内外兩個方面，内在的心術、威儀，外在衣服、飲食做規範。“術”本義爲城邑中的道路，後引申爲“途徑、方法”之意。顔師古解釋“術，道徑也。心術，心之所由

[1] （宋）朱熹撰，（明）陳選註：《禦定小學集註》，《立教卷一》，影印文淵閣四庫全書子部儒家類，第 699 册，臺灣商務印書館 1986 年版，第 528 頁。

[2] 同上書，第 527 頁。

[3] 同上。

[4] 同上書，第 546 頁。

也”。在《小學》主要以“敬”來彰顯“心”所當行之路，端正涵養之意，目的在於正容貌、齊顔色和順辭令；“威儀”即外在行爲合乎禮儀。“衣服”主要是講不同年齡階段以及在不同禮儀場合的着裝要求，“飲食”是講在吃飯時應該注意的禮節。

《童幼教育》首先明確幼兒教育各方的責任，之後是培養兒童的品格，最後是培養兒童良好的習慣。《小學》中的“立教”也是明確家長和學校的責任，在五倫關係中培養兒童在社會中的行爲規範，“敬身”從内外兩個方面約束和規範兒童的行爲，因此來看雙方教育結構大同小異，在内容上也均涉及胎教、家長和學校的責任，但是《小學》中涉及君政教育，是《童幼教育》中没有的。因此以下就雙方教育内容的相同點做比較。

二、中西教育的相同

（一）源自人性的教育

朱熹在《小學題辭》中解釋《小學》的創作緣由：

> 元亨利貞，天道之常，仁義禮智，人性之綱。凡此厥初無有不善，藹然四端，隨感而見。愛親敬兄忠君弟長，是曰秉彝，有順無疆。惟聖性者浩浩其天下不加毫末，萬善足焉。衆人蚩蚩，物欲交蔽，乃頽其綱，安此暴棄。惟聖斯惻建學立師，以培其根，以達其支。[1]

[1]《御定小學集註》，《立教卷一》，第524頁。

朱熹以天道爲出發點，天道四者元、亨、利、貞，對應人性四端仁、義、禮、智，“性之見於行”，四端對應四行，愛親、敬兄、忠君、弟長。朱熹由天道自然推及人性、人情、人行，認爲愛親忠君之等行爲，都本應該順其天道而成。然而衆人因其“物欲交蔽”，本性被擾亂，以致于廢棄仁義禮智之綱。“惟聖性者浩浩其天，不加毫末，萬善足焉”[1]，因此聖人天性完滿，心承天命，身爲表率，建學立師，以培養衆人的德性。

《童幼教育》中講到人性與學習的關係，“蓋生人性元被先祖之染累，無不昏於理而懦於力，乃已無不欲加明以開其蒙，而知其所當知；又無不欲加力以助其弱，而行其所當行。故人性從始生恒向學，而甘苦至終不已也”[2]。高一志並不突出聖人的地位，用“蓋生人性”來表達所有人都需要啓蒙，人性本身就有向學的趨勢，其學習的出發點是源於被染累的人性。

由此來看，《小學》和《童幼教育》在談到爲何學習時，都追溯至人性本源，都認爲人性最初是完全的，後來被擾亂，因此需要教育來彌補。不同的是，儒家的天道與人性之間，需要聖人的示範與教導，因此聖人要立教，衆人要效法聖人；西學背景中天主本身可以和人溝通，因此教導人們首先認識並相信天主。

（二）重視兒童的氣質稟賦

《童幼教育》和《小學》在講到教育之源，都意識到培養兒童氣質稟賦的重要性。朱熹認爲“道雖同，但氣稟或異，故不能

[1] 《御定小學集註》，《立教卷一》，第 524 頁。

[2] 《童幼教育卷之下》，《文學第三》，第 352 頁。

無過不及之差”[1]，人因爲氣質稟賦之間的不同，會產生差别。《小學》首篇即胎教，“《列女傳》曰，古者婦人妊子，寢不側、坐不邊、立不蹕；不食邪味、割不正不食，席不正不坐；目不視邪色，耳不聽淫聲，夜則令瞽誦詩道正事，如此則生子形容端正，才過人矣”[2]，孕期婦女的行爲會影響腹胎中嬰兒的相貌與能力。“清乃智而濁乃惡，美乃賢而惡乃不肖”，這裹所提到的“清”、“濁”、“美”、“惡”均是對“氣”的表述。“朱熹认爲天地之性是本来存在的，如光明之珠，犹如水中之珠，但堕在气中，则有明有暗，千差万别，这就是气质之性。”[3]这也在说明《小學》是通向《大學》的基礎。人在未出生之前就要接受教育。母亲怀孕期间視聽言動直接關係兒童形神是否端正，智力才能是否健全，“蓋妙合而凝之時，正形生神發至初，感於正則善，感於邪則惡，自然之理也”[4]，朱熹的气质之性与理气论密切相关，气作爲理的载體，清浊美恶可以通过母亲的行爲感应表现出来。

《童幼教育》也强調孩童的氣質之性，高一志認爲孩童的氣質遺傳自父母，“蓋子者，父母之精血也。父母之清濁正邪，大都傳於所遺之種”[5]，进一步講所指的是血脈之氣，艾儒略在《性學觕述》中寫，“人身之氣有三，一爲噓氣吸之氣，出入不停，用以凉心；……一爲血脈之氣，即血之精华，用以資生活者；……一爲知覺之氣，即從心至腦，由筋絡而分，使身覺而運動者也。”[6]因此，《童幼教育》

---

[1]《御定小學集註》，《立教第一》，第526頁。

[2] 同上。

[3] 蒙培元：《從心性論看朱熹哲學的歷史地位》，《福建論壇》1990年第6期。

[4]《御定小學集註》，《立教第一》，第526頁。

[5]《童幼教育卷之上》，《教育之原第一》。

[6]〔意〕艾儒略：《性學粗述》卷八，《羅马天主教文献》第六册，臺北利氏學社2002年版，第339頁。

的教育之原從關注未婚時期男女的血氣、性情以及德行開始。《童幼教育》中多次以“氣”來表述兒童的稟賦，父母之血氣、哺乳時期的胎氣，都會導致兒童“氣之殊稟”。高一志文中，“氣”是可以遺傳的，並且隨着年齡增加會改變，行爲規範會影響到一個人的氣質，以致其更加聰慧。即氣質的改變可以影響性情，以及爲學之道。這與《小學》中表達出來的“氣質之性”存在很大的相似性。

在“教育之原”之後，《童幼教育》提到母親的懷抱之功和乳母的選擇，高一志認爲，母親最好親自餵養自己的孩子，一是擔心乳母唯利是圖，不盡心餵養，二是擔心乳母乳氣清濁，會影響“原胎之精氣”。即便迫不得已招乳母，也需要多方觀察，且只能在自己家中餵養。而《小學》講到保傅之教時，要在諸母（父親的妾）中選擇寬裕、慈惠、温良、恭敬者爲慈母或者保母，“敬慎而寡言者爲子師”[1]。慈母、保母和子師都是陪伴孩童成長的，但都不是孩子的親生母親。《内則》中對不同階層家庭倫理關係的規定不同，天子、諸侯、大夫之子才有資格請乳母哺育，士之子必須由母親親自餵養。“士夫之子有食母，士之妻自養其子”[2]，原因可能在於貴族爲了盡快懷上下一胎，使家庭得以繼承。《小學》中並没有像高一志那樣極力要求母親的懷抱之功，大致是因爲中國古代“慈母敗子”[3]的説法，但是，爲了避免孩子在年

[1] 《御定小學集註》，《立教第一》，第 526 頁。

[2] （東漢）鄭玄註，（唐）孔穎達疏，龔抗雲整理，王文錦審定：《禮記正義》，北京大學出版社 1999 年版，第 1011 頁。

[3] （宋）司馬光：《宋司馬温國文正公家範》（國家圖書館出版社 2013 年版），第三章《父母、父、母》：“爲人母者，不患不辭，患於知愛而不知教也。古人有言曰，‘慈母敗子’，愛而不教，使淪於不肖，陷於大惡，入於刑辟，歸於亂亡，非他人敗之也，母敗之也。自古及今，不可悉數。”需要注意的是，這裏的慈母與《小學》中慈母含義不同。

幼之時氣質禀賦受到不好的影響，中西在乳母的性情和德行上要求都很高。

（三）强調習慣過程中的訓練

朱熹將教育分爲兩個階段，十五歲之前爲小學，十五歲之後爲大學，小學的教育主要是應對日常生活，教灑掃應對進退之節，教以禮樂射禦書數及孝悌忠信之事，《小學》是通向《大學》的基礎。大學主要學習格物致知之理，在《大學或問》中，朱子進一步闡明了小學與大學之關係：

> 學之大小固有不同，然其爲道則一而已。是以方其幼也，不習之小學，則無以收其放心，養其德性，而爲大學之基本。及其長也，不進于大學，則無以察夫義理，措諸事業，而收小學之成功。是則學之大小所以不同，特以少小所習之異宜，而有高下，深淺、先後、緩急之殊。[1]

“古者小學，教人以灑掃、應對、進退之節，愛親、敬長、隆師、親友之道，皆所以爲修身、齊家、治國、平天下之本。”[2]《小學》是《大學》八目的根本，一方面學習灑掃、應對、進退之節，爲《大學》格物致知做基礎，“一旦朱熹將‘小學’行的功夫納入到‘大學’功夫的‘規模’、‘行程’中去以後，他所重視的格物致知論體系就更加鮮明地表達出儒家功夫論的特色，也就體現出朱熹爲何總是强調實踐工夫是‘第一義’工夫的真正原因”[3]。也就

---

[1]（宋）黎靖德編，楊繩其、周嫺君校點：《朱子語類》第十四卷《大學或問》，岳麓書社 1997 年版。

[2]《御定小學集註》，《小學原序》，第 523 頁。

[3] 朱漢民：《誰誤讀了“格物致知”？》，《光明日報》2012 年 3 月 26 日。

是説，小學是一種工夫論，在孩童還不瞭解事理之時，培養其良好的習慣，以便更好地實踐修身齊家治國平天下之大學之道。

《童幼教育》的第三部分，在飲食、衣裳、寢寐、交友和閑戲等日常生活中嚴格約束兒童的行爲。限制兒童的飲食、禁止穿華麗的衣服、適當的睡眠，但是不宜過多，交友説明孩童學習環境的重要性，以及不能過度貪玩。總結高一志在日常生活中對孩童行爲的約束，可以看出，一方面是爲了克服兒童的欲望，另一方面是强調嚴父名師的必要，高一志是從兒童本性的軟弱以及人性的不完全爲出發點，認爲兒童本身無法約束自己，因此需要父母師長的教導。從《童幼教育》在日常行爲中的嚴苛要求來看，高一志所謂的“西方教育”是訓練孩子的本性，以便更好投入學習當中。同樣，《小學》作爲一種工夫論，也是一種在實踐過程中的訓練。

三、中西教育的不同

（一）教育主導者的責任不同

中西在談論教育中，都提到家庭教育與學校教育，以及作爲主導者的父母、教師的責任。在談到家庭教育時，高一志認爲父親在教育中對子女的影響大於母親，“蓋育子者雖係二親，但其重者，由于陽之剛耳”[1]，因此父親應該承擔教育孩子的責任，“教其子習之於學問，漸進之于道德”，並且應當爲孩子延聘賢師輔助教

[1] 《童幼教育卷之上》，《教之主第三》。

導。因爲《小學》是格言輯録的形式，確實没有單獨强調父親和老師教導孩子的責任的内容。但是在中國傳統蒙學經典《三字經》中"養不教，父之過；教不嚴，師之惰"的説法，與高一志所表達的教之主、教之助中的内容有異曲同工之處。

但是《小學》中的君政教育是《童幼教育》中不曾出現的，即"學在官府"，並且派遣官員，如司徒、典樂等進行社會風俗的教化以及人們道德觀念的培養，即便在高一志所處的晚明，具有政府性質的"鄉約"教導方式依然存在。

《童幼教育》針對父師的教導提出的教育方法爲言傳和身教，並且認爲身教重于言傳。高一志的解釋爲"兩目所擊，較兩耳所聞，振動人心尤切……目所視通乎心者速，耳所聞通乎心者遲"[1]。這種解釋方式很有趣，按照客觀觀察來比較心與眼睛，心與耳朵的距離來説明。從中也知道高一志所謂的心是指身體中的心臟，與儒家所强調的具有超越性的心是不同的。此外，高一志認爲應該採用賞罰的教育方法，對孩子的錯誤要進行懲罰，以儆效尤，但是同時也要及時讚譽，即提倡培養孩童的榮辱感。培養兒童榮辱感教育方法對中國傳統教育是一個補充。而在朱熹《小學集注》中，並没有對兒童應該如何教導做更多的闡釋，只是要求兒童照樣子去做。

另外，中國古代對女童教育的規範很多，例如《閨訓》、《千字文》、《女兒經》、《女誡》、《女小兒語》等。朱熹《小學》着重區别男女教育的不同，"七年男女不同席，不共食"[2]，男女教育在

[1]《童幼教育卷之上》，《教之法第五》。

[2]《御定小學集註》，《立教第一》，第 527 頁。

七歲之後接受不同的培養方式，男子接受更多的學校教育和承擔多種社會角色，女子更着重培養在家庭中承擔責任。而《童幼教育》並没有區分男女教育的不同，只是讓蒙童學習日常生活各方面的規定。其規定的依據多是按照蒙童軟弱的特性，以尋找恰當的方式對其進行教育。直接講到女性的内容也不多，將女性定位爲兩個角色，即妻子和母親。原因也可能在於在耶穌會教育中並不涉及女童的教育。

（二）側重的内容不同

《小學》中“明倫”部分，“君臣之義、父子之親、夫婦之别、長幼之序，朋友之信”占很大比重，五倫關係也是中國傳統幼稚教育的主要内容，朱熹認爲所有的“庠序學校”的主要目的就是明人倫。

儒家五倫的形成是以血緣關係爲主要連接，即夫妻、父子、兄弟，社會關係中又加入君臣與朋友的關係，雖然前後順序幾經變換[1]，但是主要的人倫對象並没有改變。然而，高一志將天主加入儒家以人本主義爲紐帶的倫理關係中，並將天主與人的關係置於五倫之首，將儒家一貫重視的孝敬父母放在了“學之次”中，而“學之始”是“覺識其本”，即認識天主。

高一志對儒家五倫體系所持的態度是肯定的，認爲“造化主置吾生民於斯世，必計吾修道德而積美功焉”[2]。但同時將“知天主”置於五倫之上，也是對儒家倫理體系的挑戰，“蓋未知畏天主，必於君臣之義，父子之親，夫婦之别，長幼之序，朋友之序，無所存

[1] 參見陳寶良：《明末儒家倫理的困境以及新動向》，《史學月刊》2000 年第 5 期。
[2]《童幼教育卷之下》，《寢寐第八》。

也”[1]。反之，倘若不敬畏天主，儒家的倫理體系無法實際持續。

《童幼教育》中最凸顯中西教育不同的是高一志對西方教育體系的介紹[2]，這一文本的傳播別具意義，但是在當時並沒有得到重視。韓霖《鐸書》第三章《教童幼》幾乎全部引用《童幼教育》的章節目録及簡介，然而只字未提“西學”一篇的内容。“西學”一篇是高一志早在南京傳教期間（1620年左右）就已完成的文章，早于《童幼教育》十六年的時間。[3]《西學》主要介紹了西方的法學、醫學、哲學以及神學的主要内容，其中前三項稱之爲人學，神學被稱爲天學。高一志介紹天學分爲四個部分：

> 此學乃依古今經典，與諸聖賢註論，剖析正道之本源，而攻闢異端諸邪也。其學亦分四大支：一論物上必有一主，至大、至明、至善、至公，即詳其性及其妙情；一論天主造成天地及萬物之功，而萬物之中，神與人爲靈貴焉；一論萬民所向情之真福，及其所以得失真福之善惡，及諸善惡之正報；一論天主降生救世之來歷，及其化衆而登大道之奇功，以至歸天而定後日教化之諸規也。[4]

高一志所言天學對於中國教育而言，也是前所未聞，介紹天主的完全、萬物創造的根源、人的善惡報應，以及基督道成肉身

[1]《童幼教育卷之上》，《學之始第七》。

[2] 肖朗：《〈童幼教育〉與明清之際西方兒童教育思想的導入》，《浙江大學學報》（人文社會科學科學版）2005年第5期，第85—93頁。

[3] 參見〔法〕梅謙立：《理論哲學和修辭學的兩個不同對話模式》，載景海峰主編：《拾薪集》，北京大學出版社2007年版，第81—105頁。

[4]《童幼教育卷之下》，《西學第五》。

拯救世人的信息。雖然介紹天學只有少量的篇幅，但是高一志將儒家的“修齊治平”歸於其下，“夫天學已備，即人學無不全，而修齊治平之功，更明且易，行道之力更强矣”[1]。儒家修治學説首先是屬於神學之下的人學，人學之下的哲學（理科），哲學（理科）之下的“義禮西學”（倫理學），“夫厄第加者，譯言察義礼之學，其務不外乎三者：先以義禮修身，次以身齊家，終以家治國是也”[2]，將其融爲西學知識體系中衆多門類下的一支，而且並未將其放在最重要的位置。因此，高一志所介紹的西學體系，似乎爲儒家的教育内容重新定位，並在此基礎上，補充了更爲豐富的知識體系。

《童幼教育》以神學補充人學，促進儒家“修治”之功，即要以西學指導中學。這對於中國傳統教育體系也是强烈的衝擊，儒家原本是通過“修身爲本”的治學理念來達到最終的功業。而高一志則强調認識萬有之尊的重要，以此出發，認識自己，推己及人，各盡其責，以達成修治之理想。

（三）達成的途徑不同

在《小學》中，朱熹認爲“敬身”最爲重要，而《童幼教育》貫穿始終的是“敬天主”，韓霖爲《童幼教育》作序，以及在《鐸書》中的表述，更進一步凸顯“敬身”與“敬天”的差别。

在《小學》“敬身第三”中，“孔子曰，君子無不敬也，敬身爲大。身也者，親之枝也，敢不敬與？不能敬其身，是傷其親；傷其親，是傷其本；傷其本，枝從而亡”[3]。朱熹講，“敬”，只一

---

[1] 《童幼教育卷之下》，《西學第五》。

[2] 同上。

[3] 《御定小學集註》，《敬身第三》，第 546 頁。

個畏字而已。“身”是藴含人倫關係的概念，敬身源于敬重父母，“身”代表“親之枝”，傷身即是傷本。在敬重自己的基礎上，推己及人，敬愛别人。“身”也包含“性理”的意思在其中，《小學集解》中“小學只一‘性’字貫之。立教者，所以教此也；明倫者，所以明此也；敬身者，所以敬此也”。[1]因此儒家所謂“敬身”包含諸多層面，朱熹將其從内在心態、外在神情、衣服飲食等日常行爲方面進行約束。

“敬身”一詞源于魯哀公向孔子問禮，作爲一國之君，是否應該在大婚之日盛裝親自迎娶妻子？孔子認爲婚姻是合兩姓之好，續接祖先後裔，爲百姓示範，因此應該敬重妻子，但是其本源是因爲君子首先要敬重自己。由此得知，儒家“敬身”中的“身”，顯然不是單純的身體，而是在禮節當中要表達的敬重，也就是説，“敬身”也代表禮。

公曰：“敢問何謂敬身？”

孔子對曰：“君子過言則民作辭，過動則民作則；君子言不過辭，動不過則，百姓不命而敬恭，如是，則能敬其身；能敬其身，則能成其親矣。”[2]

以上引文所講的“敬身”，是指君子在言論、行爲、以及治理百姓方面所表現出來的德性，由此“敬身”本身包含德性的涵義在其中。

---

[1]（清）張伯行：《小學集解》，齊魯書社 1997 年版，第 11 頁。

[2]（三國魏）王肅編著：《孔子家語・大昏解第四》，中州古籍出版社 1991 年版，第 11 頁。

反觀《童幼教育》中的“身”，主要是指外在的身體，“身者，相配合者也”[1]，“形神二物……身飫則神臞……身饑則神清”[2]，可見高一志是將“身”作爲一種物質形體來看待。因此，儘管《童幼教育》與《小學》同時在談論衣服、飲食等同樣的話題，但是高一志基本的出發點是從天主教信仰的角度出發，講求中道，反對奢華，提倡適度。而《小學》中衣服、飲食方面的規定是爲了在更廣闊的社會秩序的背景下做出的要求。

韓霖認爲“敬身未窺本原”，因此幼教首應“敬天”，而不是“敬身”。韓霖所講的本原就是認識天主，韓霖的《鐸書》第三篇幾乎是全篇引用高一志《童幼教育》的綱目，在引用過程中將“敬天主”的概念改爲“敬天”。鑒於韓霖具備儒士與天主教徒的雙重身份，可以確定，韓霖是將“天”和“天主”這兩個概念等同，這主要也源於明末“敬天愛人”思想的認同。從《童幼教育》中高一志講述信仰天主與幼稚教育的關係可以看出，天主的特性是至仁至善，而且無所不長，文章中提到衆多的智者以及明智的君王，其美德智慧皆來自於天主，或者是遵天主命，並沒有一位是通過敬重自己來達到修德的目的。

《童幼教育》第一次將西方幼兒教育內容介紹到中國，經過與儒家經典幼兒教育著作《小學》比較，雙方在人性與教育的關係、重視兒童稟賦以及訓練孩童在實踐過程中的習慣方面有一致性，同時《小學》側重在倫理關係中的實踐來提高道德教養，同時通過“敬身”，即對自己內心的約束、外在儀禮的規範來提高道德

[1] 《童幼教育卷之上》，《教育之原第一》。

[2] 《童幼教育卷之下》，《飲食第六》。

修養，並以此作爲建功立業的基礎，而《童幼教育》側重通過學習知識來認識天主，在此基礎上認識並完善自己。受《童幼教育》影響最大的是韓霖《鐸書》，用於絳州地方的鄉約教導，但是由於種種原因該書並未在中國大規模傳播，因此很難斷定西方幼兒教育的哪些層面對儒家傳統教育產生影響。因此本文僅限於字面上的比較，未免顯得單薄，但是《童幼教育》的文本意義是不可忽視的，因爲它代表了在自成體系的中國幼兒教育之外，存在另一種成才的教育方式。《童幼教育》傳播影響有限，儘管在晚明没有突破儒家傳統教育的基本格局，但是如今西方教育體系已經深入中國近代教育制度。

第六章　關於《童幼教育》不同版本的考證及《童幼教育今注》的説明

譚　杰（中南大學哲學系博士後）

一、《童幼教育》的四個版本

《童幼教育》目前所能見到的最早版本是法國國家圖書館編號爲 Manuscrit chinois 3389 的收藏。[1] 這一刻本空白的第一頁上蓋有耶穌會的印章（IHS）。韓霖所寫的序有三張（folio）即六頁，每頁 6 豎排，每豎排 14 字。序末有“寓菴居士韓霖”的落款和兩個印章：“祖孫父子兄弟科第”和“家在南門太行之間”。目録有兩張即四頁。在目録之後有出版許可説明：“耶穌會中同學費奇規、龍華民、鄧玉函共訂；值會陽瑪諾准。”目録之後的正文分爲上下兩卷，卷上和卷下均爲 36 張，即 72 頁。正文每頁 9 豎排，每豎排 20 字，每頁 180 字，共三萬字左右。這一刻本本來的文字上有數十處塗改痕跡，在卷下“西學第五”的一處塗改中，原來的文字“大明”被塗改爲“大國”，這説明刻本成書於明代，而塗改則

[1] 法國國家圖書館編號爲 3390、3391 及 3392 的文件也是《童幼教育》的刻本。它们與 3389 號文件是同樣的版本，同樣的印章，同樣的横排，同樣的字體，3392 號文件與前三個文件的唯一不同之處在於其使用稍小的印刷紙張。

可能發生在明代之後。

法國國家圖書館這一刻本的特徵完全符合陳綸緒所描述的羅馬耶穌會檔案館編號爲 Jap. Sin. II, 54 的收藏。陳綸緒描述的版本爲每排 21 字，這可能是他的一個小錯誤，其他訊息都一模一樣。[1] 但是，羅馬耶穌會檔案館的版本只有卷上，缺少卷下。《童幼教育》在梵蒂岡圖書館亦有一個藏本，編號爲 RACCOLTA GENERALE-ORIENTE-Ⅲ 212. 3°，收入張西平等主編的《梵蒂岡圖書館藏明清中西文化交流史文獻叢刊》第一輯。[2] 經過比對，這一藏本與法國國家圖書館藏本完全相同。因此，我們得出結論，藏於上述歐洲三個圖書館的三個刻本爲同一刻本。

《童幼教育》的第二個版本是編號爲輔仁大學 036R（今存於“中央研究院”）的抄本，其影印本收入鐘鳴旦等主編的《徐家匯藏書樓明清天主教文獻》。[3] 這一抄本的序言開頭有耶穌會中華省的印章。與刻本一樣，抄本也有韓霖的序，但没有刻本上的兩個韓霖的印章。在排版上，這一抄本與法國國家圖書館的刻本相比有明顯的差異：每頁 9 豎排，每豎排 16 字，每頁共 144 字，正文卷上和卷下均爲 87 頁。在卷下“西學第五”中，刻本原來的“大明”被塗改爲“大國”，而抄本上則寫作“中國”，這説明抄本成書於明代之後。這一抄本的現代校訂版收入黄興濤等編的

[1] 參見 Albert Chan, *Chinese Books and Documents in the Jesuit Archives in Rome: A Descriptive Catalogue, Japonica-Sinica I-IV*, Armonk: M.E. Sharpe, 2002, pp. 358-359。

[2] 參見張西平等主編：《梵蒂岡圖書館藏明清中西文化交流史文獻叢刊》第一輯，第十四册，大象出版社 2014 年版，第 1—162 頁。

[3] 參見鐘鳴旦等主編：《徐家匯藏書樓明清天主教文獻》第一卷，臺灣輔仁大學神學院 1996 年版，第 239—422 頁。

《明清之際西學文本》第一卷。[1] 黃興濤的校訂本僅根據抄本標點，並未參考其他版本進行校勘，因此有些標點有待商榷之處；這一校訂本也没有以注釋的形式考證字詞、人名、地名及故事來源等。

通過對比抄本和刻本的目録發現，抄本的目録基本與上述刻本的目録一致，其頁碼不符合抄本正文的頁碼，卻幾乎完全對應刻本正文的頁碼。抄本的目録沿襲了刻本目録的一處錯誤（卷下“閑戲第十”應爲第三十二張，刻本和抄本均漏了“三”字），同時也改正了刻本的一處錯誤（卷上“潔身第九”刻本誤作第三十八張，抄本更正爲第二十八張）。另外，在兩個版本的異文方面，相對於刻本，抄本的有些改動是有意爲之，有些改動則是抄寫者粗心所致的錯誤或遺漏。僅在大約十處抄本與刻本的異文上，抄本的改動較爲可取。總體來説，刻本在文字上要優於刻本。據此推測，抄本很可能根據刻本抄寫。

第三個不太常見的版本是現藏于國家圖書館古籍庫的編號爲 48892 的民國年間鉛印本。這一版本没有韓霖的序，目録的頁碼與刻本完全相同，且沿襲了其中的上述兩處錯誤。這一版本的一個顯著特徵是，正文中有數十處對應於幾個特定字詞或段落的改動或留白處理：有三處涉及“耶穌會”的字詞均以留白處理，另一處論及耶穌會且包括“耶穌會”三字的共四十字的文字則以一副教堂像代之；在十幾處（並非全部）涉及意志性的“天”的字詞和段落上，這一版本將“天”改爲“主”或“天主”，或將一小個

[1] 參見黃興濤、王國榮編：《明清之際西學文本》第一册，中華書局 2013 年版，第 189—228 頁。

不便改動段落以留白處理；在全部三處意義爲人之外的“神”一字則以空白代替；在四處（並非全部）引用古詩的地方以留白的方式處理“詩”一字。除此之外，與底本相比，這一版本還有幾處共計一百字左右的留白段落，以及幾處錯誤或兩者皆可的異文。此外，在與上述兩個刻本和抄本的異文對應的文字部分，這一版本的文字基本跟隨刻本而非抄本；刻本和鉛印本也爲一些相同的段落文字加上了着重號。據此推測，這一版本可能根據某個稍有破損的刻本刊印，刊印者刻意隱去了與耶穌會相關的信息，同時根據自己的神學觀念做了一些字句的改動。耶穌會士似乎並沒有印刷这个版本，可能是居住在北京的遣使會士在民國年間印刷了這一鉛印本。

以上介紹了存世的三個《童幼教育》版本。民國時馬相伯曾應陳垣請求，於 1919 年據“甚劣”的“徐家匯書樓鈔本”整理出一個校本寄給陳垣並作跋，這一抄本“有因形似音似而訛，更有因妄改而訛者”[1]。馬相伯整理的版本現已不存。根據以上的描述，馬相伯所見的徐家匯抄本很可能即是上述輔仁大學抄本。

二、關於本書校勘工作的説明

由於法國國家圖書館的刻本較輔仁大學的抄本年代更早，且後者可能據前者抄寫而成，本書所採用的校注本以法國國家圖書館的刻本爲底本，以輔仁大學的抄本（簡稱 FJ 本）爲校本，通過

[1] 參見馬相伯：《童幼教育跋》，《上智編譯館叢刊》1948 年第 3 卷第 6 期，第 247 頁。

注釋標識二者的差異。國家圖書館的鉛印本對於理解《童幼教育》的文本基本不具備校勘價值，因此未將其作爲一個校本。對於刻本和抄本的異文來説，在部分的情況中，FJ 本有誤；在部分情況中，FJ 本和底本的文字均通順；在少數情況中（大概十處），FJ 本做了一些我們認爲正確的改動。對此均在注釋中一一注出。另外，我們对底本前后不一致的字詞，按現代汉語標准進行了統一，並根據注釋需要保留了底本中部分現行不常用的异体字等。对此，我们徑行修改，不另作注。

《童幼教育》没有注明創作年份。耶穌會歷史學家費賴之（Louis Pfister）錯誤地認爲此書出版於 1620 年，後來許多學者沿襲了這一錯誤。[1] 金文兵最近認爲“而若將該書耶穌會中共訂人之一鄧玉涵的卒年（1630）考慮進去，則該書的完稿時間當不會晚於 1630 年。”[2] 另外，鄧玉函應該於 1630 年在北京審訂了《童幼教育》，然後由中華省副省會長批准。之後，韓霖在絳州寫了序，其中提及了高一志“居東雍八年”。由於高一志在 1624 年抵達绛州，因此韓霖此序的寫作時間是 1632 年，此書很可能在同一年出版。[3]

高一志將《童幼教育》的内容收入稍晚成書的《齊家西學》

---

[1] 參見Louis Pfister, *Notices biographiques et bibliographiques sur les jésuites de l'ancienne mission de Chine (1552-1773)*, Shanghai: Imprimerie de la mission catholique, 1932, Vol. 1, p. 93。肖朗沿襲了這一錯誤，並且誤認爲此書刊印於澳門。

[2] 參見金文兵：《明末地方教化“引耶入儒”的現實考慮——耶穌會士高一志晚年譯著（1630—1640）背景初探》，《世界宗教研究》2012 年第 3 期，第 94 頁；亦參見金文兵：《高一志與明末西學東傳研究》，廈門大學出版社 2015 年版，第 71 頁。

[3] 參見〔法〕梅謙立：《理論哲學和修辭學兩個不同對話模式》，載景海峰主編：《拾薪集》，北京大學出版社 2007 年版，第 82 頁。

第二卷和第三卷。段衮及韓霖兩人參與了《童幼教育》的校對工作；後來，楊天精參加了《齊家西學》五卷的校對工作，在《童幼教育》的基礎上做了一些改動。二者在内容上基本一致，在文字表述上（特别是前幾章的文字）則有大幅度改進，表達更加精煉。值得一提的是，楊天精版本中"常"字全部删去，或者改爲他字代替。本書在較難確定的字句和標點上，參考了《齊家西學》的對應部分，也參考了黄興濤等所編的《齊家西學》第二卷和第三卷"齊童幼"對相關文字的校勘。[1]

在巴黎國家圖書館的刻本中，大部分人名和地名有下劃綫，校勘本沿襲了這一點。底本中少數人名和地名並無底綫，本書在相應部分根據上下文文意添加了底綫；同樣，底本中少數人名和地名有底綫，本書在相應部分根據上下文文意删除了底綫。這些涉及上下文的修改不再在正文中一一注出。本書會考證人名，並在注釋中提供西文人名及當代漢語的譯名。另外，爲了研究方便，以文意爲標準，把序言和正文的文字進行了適當的分段處理。

如同其他著作一樣，高一志在撰寫《童幼教育》的過程中參考衆多不同的材料，因此研究文字的來源是一個複雜龐大的過程。在注釋中，我們盡可能提供故事的一些來源。首先，提供古代文獻的英文或中譯文原處。以此説明這些古代故事經過了漫長的流傳過程，發生了一些變化。其次，主要在四本文藝復興時期有關的教育著作中尋找這些故事的痕跡：義大利人維基歐的《教育六卷》；荷蘭人伊拉斯謨的《兒童禮儀》；西班牙耶穌會士托

[1] 參見黄興濤、王國榮編：《明清之際西學文本》第二册，中華書局 2013 年版，第 522—554 頁。

雷斯用西班牙文撰寫的《王子倫理哲學》；范禮安在澳門所出版的玻尼法爵用拉丁文譔寫的《基督教育》。可以肯定的是，《童幼教育》直接或間接受到這四本書的影響。第三，關於來源文獻，本書盡可能使用英譯文，或保留原來的拉丁文、西班牙文、義大利文等，我們認爲没有必要把這些原始文獻翻譯成中文。另一方面，這些故事被表達成中文時也發生了一些變化，因爲在表達西方教育特殊性的同時，《童幼教育》也試圖適應儒家文化。本書以注釋的形式對此進行了一些簡略的分析。綜上所述，本書的注釋包含以下内容：（1）人名、地名的考證；（2）古典來源；（3）文藝復興來源；（4）此書与高一志其他著作的關係；（5）與中國思想的比較。

迄今爲止關於《童幼教育》有如下的研究。1989年，臺灣學者李弘祺發表了《高一志和他的〈童幼教育〉》，考察了《童幼教育》中衆多人名，闡明了這本書的教育思想與基督宗教哲學觀念的聯繫，並分析了書中一些儒家概念如“性”、“血氣”、“神”的用法。[1] 2005年，中國大陸教育史專家肖朗發表了《〈童幼教育〉與明清之際西方兒童教育思想的導入》，從教和學兩個角度分析《童幼教育》的主要内容，並且与中國教育傳統進行比較。[2] 2009年，臺灣學者黄文樹發表了《第一本傳入中國教育專著：〈童幼教育〉論述》，從以下八個方面介紹和分析《童幼教育》的内容：教

---

[1] 參見李弘祺：《高一志和他的〈童幼教育〉（明末耶穌會士有關倫理教育之中文著作研究之一）》，收入《中外關係史國際學術研討會論文集：思想與文物交流》，淡江大學歷史學系1989年版，第109—122頁。

[2] 參見肖朗：《〈童幼教育〉與明清之際西方兒童教育思想的導入》，《浙江大學學報》（人文社會科學版）2005年第5期，第85—93頁。

育基礎、教育原則、教師角色、教育目的、學習態度、課程内容、教學原則、品德修養。[1] 段春生的博士論文《1605—1640 年高一志在中国的传教与教育活动》[2] 的相關部分分析了《童幼教育》的教育思想，本書也收録段春生博士關於高一志的研究。梅謙立發表了一篇論文，探討《童幼教育》的西方來源。[3] 法拉托（Giulia Falato）撰寫了兩篇論文，探討《童幼教育》的友誼觀及其對西方教育學的引介。[4]

---

[1] 參見黄文樹：《第一本傳入中國教育專著：〈童幼教育〉論述》，《樹德科技大學學報》2009 年第 1 期，第 87—109 頁。

[2] 參見 Chunsheng Duan, *L'attività missionaria e pedagogica di Alfonso Vagnone S. J. in Cina (1605-1640)*, Dottorato di ricerca, Università Cattolica del Sacro Cuore, 2012-2013, N. 3911239。

[3] 參見〔法〕梅謙立：《晚明中國的文藝復興教育：關於耶穌會士高一志〈童幼教育〉的初步研究》，《廣東社會科學》2014 年第 6 期，第 119—130 頁。

[4] 參見 Giulia Falato, "Alfonso Vagnone S. J.'s 'Tongyou Jiaoyu' and Its Contribution to the Introduction of Western Learning into Late Ming China", in *Ming Qing Studies*, 2015, pp. 137-158; Giulia Falato, "The Concept of Friendship in Alfonso Vagnone S. J.'s Work 'Tongyou Jiaoyu'", in *International Communication of Chinese Culture*, 2016, 3 (1), pp. 95-106。

童幼教育

〔意〕高一志 著 〔法〕梅謙立 編注 譚 杰 校勘

童幼教育序

西儒高則聖先生居東雍八年[1]，所著天學之書以十數[2]。其厄第加之學[3]，譯言修齊治平者，爲斐祿所費亞之第五支[4]，童幼教育，又齊家中之一支也。稿成，先生俾余同九章段子[5]訂付剞劂，工竣，僭爲序曰："此非獨童幼書也，修齊治平盡在是矣。"

粵惟西儒之學，與吾儒同。古之教者，家有塾，黨有庠，術有序，國有學，[6]妊子有胎教，生子擇于保母，與可者而師之，自能食能言，至出就外傅，其教誨之序，節目之詳，若《戴記》[7]、

---

[1] 東雍即絳州。高一志于 1624 年底到達絳州，因此，韓霖作此序的時間應在 1632 年。

[2] 根據金文兵《高一志譯著考略》，1632 年前高一志已刊刻的書可能包括八部作品：《教要解略》(1615)、《十慰》(1616 前)、《推驗正道論》(1616)、《四末論》(1624)、《天主聖教聖人行實》(1629)、《則圣十篇》(1626)、《聖母行實》(1631)、《勵學古言》(1632)。不過，很難得到翰霖所説的"十數"。"十數"應該理解爲大概十本書的意思。

[3] 高一志的《西學》(1615 年作，后並入《童幼教育》下卷) 与艾儒略《西學凡》(1623) 都用這個名詞來音譯 Ethica (Ethics)。

[4] "斐祿所費亞"在《西學》中寫作"費羅所費亞"，在《西學凡》中寫作"斐祿所費亞"(葉農點校整理：《艾儒略漢文著述全集》，澳門文化藝術學會 2012 年版，第 91 頁)，即 Philosophia (Philosophy)。看來二人皆用音譯，高一志作此書時，借用了艾儒略的譯名，但在《西學》一章中則保留了他原來用的譯名。

[5] 段衮，字九章，晚明絳州鄉紳，生平不明。曾參与《修身西學》的編輯工作。

[6] 出自《禮記·學記第十八》。《小學集註·卷一內篇·立教第一》亦摘録。

[7] 應指《大戴禮記·保傅》，爲古人常徵引的蒙求類篇章。

《弟子職》[1] 諸書，斑斑可考。當時治隆風美，率是道也。

聖人不作，而小學之書亦不傳。秦用申韓，漢宗黄老，晉尚清談，唐取詞賦，古人教育之方，邈不復睹矣。趙宋濂洛諸儒毅然復古[2]，朱晦翁蒐輯經傳，爲小學補亡[3]，三代以來，空谷足音也。今人父師之教，止于爲文取科第，八股鮮華，一生温飽，小學之書，皓首未見，況肯從西極之人，爲空同之問哉？

先生之言，于晦翁之書亦多符合，但其摛好辭于重舌[4]，探藏理于終古，匪獨後生之模範，蓋亦前覺之功臣矣。而敬畏天主[5]，

[1] 應指《管子・弟子職》，亦爲古人常徵引的蒙求類篇章。

[2] 濂指濂溪的周敦頤；洛指洛陽的程顥、程頤。古人常以濂洛並稱代指理學。

[3] 應指朱熹撰《小學集注》六卷。《四庫提要》儒家類二介紹如下："宋朱子撰。明陳選注。選字士賢，臨海人。天順庚辰進士。官至廣東布政使。追贈光禄寺卿，謚恭滑。事迹具《明史・本傳》。朱子是書，成于淳熙丁未三月。凡内篇四，曰立教，曰明倫，曰敬身，曰稽古。外篇二，曰嘉言，曰善行。考《晦庵集》中有癸卯與劉子澄書，蓋編類此書，實托子澄。其初有文章一門，故書中稱文章尤不可泛，如《離騷》一篇，已自多了。《叙古蒙求》亦太多，兼奥澀難讀，非啓蒙之具。却是《古樂府》及杜子美詩意思好，可取者多。又有乙巳與子澄書，稱《小學》見比修改，凡定著六篇云云。是淳熙十二年始改定義例，又越二年乃成也。案《語類》，陳淳録曰：或問《小學・明倫篇》何以無朋友一條，曰，當時是衆人編類，偶闕此爾。又黄義剛録曰：曲禮外言不入于閫，内言不出于閫一條，甚切，何以不編入《小學》？曰：這樣處漏落也多。王懋竑《朱子年譜考异》，謂據此則編類不止子澄一人。而于兩録又可見古人著書，得其大者小小處亦不屑尋究，其説最確。後人或援引古書，證其疏略，或誤以一字一句皆朱子所手録，遂尊若六經，皆一偏之論也。選注爲鄉塾訓課之計，隨文衍義，務取易解，其説頗爲淺近。然此書意取啓蒙，本無深奥，又雜取文集子史，不盡聖言。注釋者推衍支離，務爲高論，反以晦其本旨。固不若選之所注，尤有裨于初學矣。是書自陳氏《書録解題》即列之經部小學類。考《漢書・藝文志》以弟子職附《孝經》。而小學家之所列，始于史籀，終于杜林，皆訓詁文字之書。今案以幼儀附之《孝經》，終爲不類。而入之《小學》，則于古無徵。是書所録皆宋儒所謂養正之功，教之本也。改列儒家，庶幾協其實焉。"

[4] 重舌，指通達外語並能翻譯者。

[5] 韩霖于 1620 年受洗，參見黄一農：《兩頭蛇：明末清初的第一代天主教徒》，上海古籍出版社 2006 年版，第 240 頁。原文在"天主"兩個字面前留了一個空格來表示尊敬。

尤西來第一宗旨，晦翁《敬身》之篇[1]，尚隔一層。許文正公曰：“小學之書，吾信之如神明，敬之如父母。”[2] 余于先生此書，欲自朝廷儲訓，以至閭巷蒙求，莫不以爲蓍蔡爲師保，三十年後可致太平。雖謂此書爲厄第加之全書，可也。

寓菴居士韓霖題[3]

[1] 此當指《小學集註》第三卷。

[2] 此段見於《小學集註》內篇篇首。許衡（1209—1287），字仲平，謚文正。

[3] 在底本中，序末有兩個印章：“祖孫父子兄弟科家”及“家在南門太行之間”。羅馬耶穌會檔案館所收藏的版本也有這兩印章，參見 Albert Chan, *Chinese Books and Documents in the Jesuit Archives in Rome, A Descriptive Catalogue: Japonica-Sinica I-IV*, Armonk, NY: M. E. Sharpe, 2002, p. 359。寓庵爲韓霖在絳州的寓所名號。見《（光緒）直隸絳州誌》卷 18 頁 23 韓霖詩《寓庵》：“一庵躬掃除，寓我於何與。後來者誰歟，知余昨宿處。”

童幼教育卷之上　目録[1]

童幼教育卷之下　目録

[1] 此处目録所示頁碼次序，皆按法國國家圖書馆的刻本原文所示。

[2] 二十八，底本作“三十八”，FJ 本作“二十八”，據 FJ 本改。

遵教規，凡譯經典諸書，必三次看詳，方允付梓，茲並鐫訂閱姓氏於後。

耶穌會中同學　費奇規、龍華民、鄧玉函　共訂[2]
值會　陽瑪諾　准[3]

---

[1] 底本和FJ本皆漏“三”，校訂者補。

[2] 費奇規（Gaspar Ferreira，1571—1649），葡萄牙籍耶穌會士，1630年他住在江西南昌；龍華民（Nicolò Longobardo，1565-1655），義大利籍耶穌會士，1623至1640年爲北京耶穌會院长。鄧玉函（Johann Schreck，1576—1630），德國籍耶穌會士，1629年在欽天監工作，一年後逝世。據費賴之書，此三人在華起訖年份依次爲：1604—1649，1597—1654，1621—1630。則此書審訂年月不晚於1630年。

[3] 陽瑪諾（Manuel Dias，1574—1659），葡萄牙籍耶穌會士。據〔法〕費賴之《在華耶穌會士列傳及書目》中所記，陽瑪諾於1622至1635年任耶穌會中華省副省會长。則此書出版時間不晚於1635年。

童幼教育卷之上

遠西耶穌會士高一志著

晉絳段袞、韓霖閱[1]

教育之原第一

1. 造室者先築其基，佃田者先墾其地，養幼之道，必以二親爲基地[2]。2. 蓋子者，父母之精血也。父母之清濁正邪，大都傳於所遺之種[3]，故智者欲免後之不肖，必慎於婚媾之初，而慎之道有三，一曰配以時，二曰擇以賢，三曰交以正。三者廢一，而教育之道病矣。

3. 凡婚娶而計養育，必俟其時之既至，不得以早婚基大害。彼

---

[1] 在《齊家西學卷之二》有："虞城楊天精、河東段袞、韓霖較"，參見黄興濤、王國榮編：《明清之際西學文本》第三册，中華書局 2013 年版，第 522 頁。楊天精參加了關於《齊家西學》五卷的校對工作。楊天精，河南虞城人，進士，崇禎七年任山西平陽府洪洞縣知縣。他在《童幼教育》的基礎上做了一些改動。校訂者在注釋里會标示比較大的改動。

[2] 維基歐將生育比喻爲種樹。（Maffeo Vegio, *De Educatione Liberorum et Eorum Claris Moribus Libri Sex*, Milan, 1491, Liber I. 3, p. 17: 23-24.）

[3] 這裏使用朱熹的"清質"、"濁質"概念。高一志在《達道紀言》中的"父子第五條"及"昆弟十二條"也使用此概念。參見 Sher-Shiueh Li and Thierry Meynard, *Jesuit Chrea in Late Ming China: Two Studies with an Annotated Transtation of Alfonso Vagnone's Illustrations of the Grand Dao*, Bern: Peter Lang ,2014, p.256, 269。後文縮寫爲 DDJY，不再重複説明。

飛走猶然重期，期不至[1]，弗鳴弗配，而人可失當然之時乎？4. 蓋養育主於力與氣，力因年而長，氣依時而清，使未積其力之固，未儲其氣之清，養育之功得成乎？嘗觀早娶者，或數年不產，或所產之子弱不能存[2]。比之穀種，非其熟滿而播之，必弗生；即生，亦易壞也[3]。5. 夫生育大道，乃急急爲子受室，欲以繼嗣，反以乏嗣，不亦愚哉？即使[4]童幼之夫婦，僥倖而養，亦安能授以義方？蓋夫婦童幼，未能治身，安能教子？ 6. 故吾西先哲定婚配之時，男以三旬，女以二旬[5]。今雖不盡依古法，然亦未甚相遠。男女當是時，血氣清凝，足以生養，心志光明，足以教訓，故乏後者少，率是道也[6]。

7. 婚姻之道，不惟其美，惟其稱。所謂稱者有二焉：於身、於志。8. 身者，相配合者也。蓋老婦得少夫，固爲可醜，即老夫得少妻，雖有時能成生育之功，然不能成者多矣。9. 次所當慎者，則彼此之精神也。果核爲蟲所蝕，植諸地中，其出也，苗秀花實

[1] 底本作“重期期不至”，FJ 本漏一“期”字。

[2] 維基歐認爲，早婚使孩子們的身體不完美，不强壯，並且對母親有危險。參見 Vegio, Liber I. 3, p. 19: 25-28: “Quibus in civitatibus mos est adulescentiores puellas nuptui tradi, in eis etiam imperfectiora esse hominum corpora atque irrobustoria, laborem esse maiorem partus sustinere ac vitae discrimen saepius incurrere。”

[3] 高一志用種子的觀念解釋生殖，這符合古代的觀念，但不符合我們現在所知的生物學。這種傳統觀念强調男方的主動作用，女方則完全被動。

[4] FJ 本無“使”字。

[5] 柏拉圖在《法律篇》（IV 721 a-b, VI 785b）中提倡男人應在 30 至 35 歲，女人則應在 16 至 20 歲結婚。在《政治學》中（VII, 16, 1335a），亞里士多德的觀點更爲具體：男人 37 歲，女人 18 歲。維基歐則認爲，女人不要在 18 歲以前結婚，男人不要在 36 歲以前結婚。參見 Vegio, Liber I. 3, p. 19: 30-33: “Quare recte maiores nostri feminas non ante octavum et decimum, viros vero sextum et tricesimum annum, conubio iungendos esse censuerunt。” 亦參見《大戴禮記・本命》：“中古男三十而娶，女二十而嫁。”

[6] 按照西方過去的傳統，女人滿 14 歲才能結婚，男生則是 16 歲。高一志則反對中國式的早婚。

多如之。維穀維花，無不皆然，獨至於傳先祖之美種，則不加毖乎？常見人家相承惡疾，不能復立者種種也，可不慎哉？

10. 既年合而血氣清矣，又當察其女性情之和。或欲貿鏡，先試其對正像否，匪獨觀鏡之美貴；欲婚姻者，可獨計其美貴，而不察其性之順和也耶？ 11. 昔西賢后聞名臣有娶至美至貴而無德者，嘆曰："夫臣也，婚媾惟隨目而已。" 12. 曩有賢士，聞故人窮而娶富貴者，笑曰："此人也，往得主人矣，何可謂之娶婦？" 13. 天地間偶遭妖孽，皆從二氣不和而起，故夫婦之性情不和，則養育之功不可成。往有智者，數年約婚而不就，或譏之，答曰："欲買田以植美穀，則密察而兢兢焉無已；娶妻植我美後，顧可草草乎哉？况買田有誤，獨可改也；若擇妻有誤，莫可移矣。遲遲也，奚傷！" [1]

14. 或曰："此正道也，但女子性情，何從得其順乎、否乎？吾中華未嘗不慎，未定厥祥，先察厥辰，次且屢詢星命，而猶未足如意也，則將奈之何？" 15. 予曰："世間諸 [2] 虛，莫甚乎星家之言。乃或依其言而結婚矣，後或反目、或終疾、或寒窮、或早斷絃，此則何解與？蓋星象皆蒼天所定，運之自然，諸吉凶乃天主所降之旨也，試觀同辰、同刻及同處數人生養者，而其間或貧或富、或愚或智、或卑或尊，吉凶不等矣。天運之時雖可推算，而天主之命必未可以人定也。" [3] 16. 古之聖賢談吉凶，無不爲人所自取，謂吉凶乃善惡之應耳。宇内衆力未能强我造惡，則宇内衆力亦未能强我投

---

[1] 天主教不允許離婚，因此，娶妻之後不能改娶。

[2] 諸，FJ 本作"之"。

[3] 相關的西文著作中没有提及依靠算命擇妻的記載。高一志在這裏顯然是針對中國的民間現象，他注意到很多中国人，也许甚至是中國天主教徒，以八字合婚的方法去安排婚姻，因此，他抨击这种與天主教價值觀不一致的風俗。

凶。是故人之志强於星辰，强於宇内之衆力也。則星家既不能知人志之善惡，豈能預算生人之吉凶乎？17. 往有士欲行一事，問星家可否，答曰否，遂弗行，竟以失機害事，悔不能已。次遇事，又問星家可否，答曰可，遽依而行之，乃遭難而失事，終不可退。噫嘻！星家之言，豈可信乎？18. 吾西鄰國有曲學談星命者，語君曰："吾君命終之期近矣。"君問："何以知？"星家對曰："觀天象耳。"君問："汝命如何？"星家曰："臣之數，期算未至。"君遂命即刻戮諸市，以警星家之妄者。19. 以此觀之，則擇妻大事，不可托之星命也，明矣。[1]20. 若吾西國欲娶得賢者，先詢其鄰與内外之戚，然後定焉，究竟希不如意者。蓋閨閤之性情不可隱，常乘隙而著其光，則所居之處，自有徵應，何必托星家之虛言也哉？[2]

21. 欲全婚姻之正道，既待其時之宜，選其耦之賢，彼此尚有所慎，則良人所重者，乃其養子之正意焉。22. 若圖逞欲狎昵，則與游狹邪、溺淫伎無擇矣。古聖云："凡娶而惟供其私欲，此以本室爲歌院，以本妻爲歌伎耳。"可不慎哉！疇昔有士，妄誇絶無他遇，乃獨耽於本耦。賢者聞之而譏曰："醉於室，與醉於市，徭等耳。"[3] 23. 仁義之士居本室，尚未敢恣肆，彼有他遇，及畜侍

---

[1] 《齊家西學·齊童幼》中將"吾西鄰國……不可托之星命，明矣"刪除。

[2] 高一志强調西方國家通過調查女子的性情來確定婚姻而不用算命。在《王子倫理哲學》(*Philosophia moral de principes*, 1596) 第一卷第六章里（第 31—34 頁），西班牙耶穌會士托雷斯（Juan de Torres）專門討論不要用人相學（physionomia）、手相術（chiromancia）和占星術（astrologia）來判斷兒童的性格（後文引用托雷斯的話皆從此書出，不再重復説明）。

[3] 這裏的"市"指妓院。類似的説法參見《達道紀言·夫婦十四條》："或自誇無奸，適一聖聞之曰：'醉於本室，醉於他室，非等乎哉？'"（DDJY，第 285 頁。）天主教嚴格地禁止外遇。不過，即使在夫婦之間，性欲也很危險，需要受控制。也參見〔法〕福柯：《性經驗史》，上海人民出版社 2011 年版。

嬖、供私欲者，夫婦之反目，子孫之羞吝，庶嫡之爭觸，血氣之衰傷，名聞之損壞，業資之敗散，及一切不測之災，悉從此而生矣[1]。24. 故先哲責淫者曰："殆哉！種於溝壑，豈若種於美區？種於他田，豈若種於本畝？况田少易治必盛，田多難修必荒矣，殆哉！"[2] 25. 特牧斯德爲中古之名士[3]，適遇美伎招之，辭曰："吾有正室久矣，以暫樂售永辱且悔，吾弗能也。"26. 雖然，志養育者不獨儆戒於邪色也，猶戒慎於衷情之不正焉。蓋二親情之正邪，概通於子[4]。27. 古者第阿日搦見一童狂痴，曰："此童之親，必於迷酒之際生養之耶，不然，何此兒狂痴若爾？"[5] 28. 故吾西俗大家，

---

[1] 高一志提倡一夫一妻制，認爲其對孩子的身體及道德素質有積極的作用。

[2] 女方的角色較爲被動。在這方面，中西沒有很大的差別。不過，一夫一妻制對女士的尊嚴和社會地位的保證還是比一夫多妻制要好得多。

[3] 指古希臘演説家德摩斯梯尼（Demosthenes），下文稱爲"德抹斯"。奥盧斯·格利烏斯（Aulus Gellius），Noctes Atticae I. 8："Demosthenes came to Lais secretly and asked her to give herself to him. Lais asked for ten thousand drachmas（that is, ten thousand denarii in our money）. Demosthenes was shocked and scared by the woman' s great arrogance and the enormity of the cost. He turned away and left, saying 'I won' t purchase regret at that price.' But the Greek words that he is said to have spoken are wittier: 'For ten thousand drachmas, I won' t buy disappointment。'"據《驳涅埃拉》（*Against Neaera*），德摩斯梯尼並不反對妓女："We have prostitutes for the sake of pleasure, concubines for meeting our bodily needs day- by-day, but wives for having legitimate children。"參見 Demosthenes, *Speeches 50-59*, Austin: University of Texas, 2003, p. 191。與《童幼教育》不同，從古希臘文獻可以看出德摩斯梯尼沒有絶對地拒絶賣淫，而是主动去找妓女。

[4] 天主教認爲，婚姻的目的是生孩子，也是性關係的唯一目標。

[5] 第阿日搦指第歐根尼 Diogenes of Sinope。這個故事可以在僞布魯達克（Pseudo-Plutarch）的教育著作中找到。參見 Plutarch, "Education of Children", in *Moralia*, Loeb Classical Library edition, 1927, p. 7: "Wherefore Diogenes, observing an emotional and crack-brained youth, said, 'Young man, your father must have been drunk when he begot you!'。"這個故事也出現在 Vegio, Liber I. 3, p. 18: 25-26。在西方史料記載中，第歐根尼（即第阿日搦）直接跟這個兒童之父説話，高一志在《童幼教育》中做了一些改動，第歐根尼是跟第三者説話。在儒家文化環境中，高一志試圖這樣來減少原本語境的嘲諷意味。醉酒交配對孩子會產生嚴重後果，這種觀念在古希臘就已經很普遍；參見 Michel Foucault, *The Use of Pleasures* , New York : Vintage Books, p. 122。

多設聖人賢女之美像於宮中，必欲夫婦常目擊而心思之，以正其性情，斷不容妄説邪俗竊入，以亂我生育之大功焉！[1]

育之功第二

1. 夫婦既以正生子矣，則必以正道懷抱育成之，何也？物之始造，未有不闕，造之者未有不漸治而全之者也。百工切磋琢磨以精其功[2]，飛鳥哺雛而翼覆之，而人可以不如物乎？

2. 倘不親懷，或寄於外，或招乳母而托之，甚不宜也。[3] 3. 蓋本母常視嬰兒爲本體之一枝，以愛己之心愛之，以養己之情[4]養之[5]，於是謹於提扶，苦於調治，而不少斁，所謂愛者常苦而不見苦也。4. 若夫乳母，特惟利是視，而無骨肉之情，其懷抱必有異焉者矣。嘗聞本母之恤其子，或委命陷險，或服毒迎寇，或剖胎，或饑斃，終不替其恤愛之心，希聞乳母之恤愛如是者。[6]

---

[1] “宫”指教堂。在文藝復興時期，基督新教反對對聖人聖女的敬拜。這裏高一志强調聖人聖女畫像的倫理教育價值。

[2] 《詩經・衛風・淇奧》：“有匪君子，如切如磋，如琢如磨。”

[3] 在文藝復興時期，維基歐最早提倡母親哺乳，他在《教育六卷》中説：母亲“應該以自己母乳餵養她的孩子，而不應該托給外人 —— 特别給那些卑鄙和不好的女人 —— 來餵養。”（Ot eos proprio alant lacte, neque nutriendos tradant extraneis, praesertim abiectis aut impudicis feminis. I. 4, p. 20 : 15-16.）後來許多知識分子贊同維基歐的這一觀念，反對當時的主流風俗習慣。其實，這些知識分子大都出生在貴族家庭。維基歐自己便配有乳母。高一志也很可能如此。也許他們在幼兒時期没有感受到母愛，因此宣導重視母子關係。

[4] 情，FJ 本作“心”。

[5] 此觀點與儒家的“推己及人”通。

[6] 高一志表示，嬰兒的身體及性格都受到了母乳的影響。朱熹没有提出這樣的觀念；參見第五章薛靈美的文章。

5. 即使彼此齊愛，而養育之清濁亦必有異。奇美之木，樹之原地，易植且盛；樹之異地，雖培植難成焉。[1] 蓋以是生，亦以是養，世物之勢，大抵然也[2]。6. 故孩提得原胎之精氣，未有不長成，外母之乳，必不若也[3]。7. 昔有迫於窮者，棄子曠野，忽有狼至，代乳之，後棄子人形也而行猛獸之事。又有從孩提常茹驢乳者，久之遂爲愚鹵之流。又有少時無乳，不獲已接羊乳以養者，其子長成，常見躁躍驅馳之狀，與童羖無異[4]。以此觀之，初生之子，

---

[1] 按照文藝復興的觀念，人應模仿大自然，因此，母親的精氣與嬰兒的生理是相配的，乳母的奶不能代替。這裏使用一棵樹爲比喻。維基歐也採用了同樣的比喻（Vegio, p. 21: 1-5），這可能是高一志説法的來源。

[2] 也，FJ 本作“焉”。《齊家西學·齊童幼》中没有這句話。

[3] 高一志特別强調孩子要吃母乳，因爲這符合嬰兒的需要。文藝復興時期，維基歐在《六卷教育》（1491 年）中第一次提倡這個古代的做法。後來在路易斯·維韋斯（Luis Vives）《論基督宗教的女孩子的教育》（*De institutione foeminae christianae, libri tres*, 1523），伊拉斯謨《怎麽教育孩子》（1529 年）、拉科波·薩多萊托（Iacopo Sadoleto）《怎麽把孩子教好》（*De liberis recte instituendis liber*, 1533），都支持這個立場，即母亲应亲自给孩子哺乳，而非雇傭乳母。

[4] 高一志認爲，有必要提醒母親雇傭乳母的危害，並且提出這些很難驗證的根據。其實，這些傳説並非高一志發明。在西方古代及中世紀，人們相信嬰兒如果吃驢奶，會變得跟驢一樣愚鈍；如果吃羊奶，會變得跟羊一樣膽小；如果吃狼奶，會變得很殘暴。在中世紀這樣的觀念很普遍，比如法國中古證道大師德維崔（Jacobus a Vitriaco，法文：Jacques de Vitry）在《向群衆講道》（*Sermones vulgares*）中有如下論述：“據説，母狼把嬰兒奪走並且哺乳他們。當他開始站立和走路，她用她的腳碰孩子的頭部，不允許他站起來，而是要求他與野獸一樣以四腳行走。”（Dicitur autem quod lupa aliquando infantes rapit et nutrit. Quando autem infans se nititur erigere ut super pedes incedat, lupa pede percutit eum in capite nec permittit ut se erigat sed cum pedibus ac manibus bestialiter.）到了文藝復興時期，維基歐提出了兩個孩子的例子，一個被喂以羊奶，另一個被喂以豬奶；長大之後，前者不能離開高山，後者不能離開泥地。（Duos pueros agrestibus parentibus natos accepimus propter matrum cum lactis tum aeris inopiam alterum caprino, alterum porcino lacte enutritos, atque hunc a lutosis paludibus, illum a dumetis frondosisque iugis montium numquam avelli potuisse; I.4, p. 20: 22-25.）高一志借此强調母乳對孩子的重要性，他很可能是通過這樣的修辭來激發人的想象力，使他們理解母乳的重要性，明白母乳不僅供給營養，也傳遞母親的性情。

未有不隨乳氣之清濁者。使孺子習長於愚魯之婦，其不壞而爲愚魯者鮮矣。况母子相守愈密，必相愛愈殷，設使懷抱托諸他人，則恩情將減於本母[1]。8. 昔有一母，告子不孝於士師，士師曰："汝向者親盡懷抱之恩否？"母曰："否。"士師曰："汝未盡慈，而責子以盡孝，可得耶？"雖爲子者未全獲二親之恩，宜以誠孝報之。然親以是施，子亦以是報，人之常情固然，故勸子孝者，必述三年之懷抱焉[2]。

9. 造化主制作女類[3]，以兩乳賦之，而養育之際，又俾湧美乳，豈不欲爲母者親懷其子，弗待人之代養也耶？[4] 或曰："母或感疾病，或得氣稟之薄，未足親懷，奈何？"曰："女之未足親行養育，必未足出嫁也。"[5] 10. 然此說大嚴，不獲已招迎乳母，慎擇之可矣。蓋首欲擇其善懷抱者，而不敢苟且；次欲其不迷於色，不迷於酒，不病於言。蓋多色多酒之母，生乳極濁，食之者不但稟體之薄，猶沾其惡病焉。若其言必欲正實，不使訛言淫聲，溺子於邪。[6] 故不

---

[1] 母乳不仅在生物學上對母子之間的遺傳很重要，而且對維繫母子感情也很必要。

[2] 見《論語・陽貨》："子生三年，然後免於父母之懷。"高一志肯定孔子的孝順觀念，不過，他不强調孩子對父母的義務，是反過來强調父母對孩子的義務。

[3] 類，底本作"顆"，FJ 本作"類"，據 FJ 本改。

[4] 維基歐也提出，大自然給女士提供兩個胸，是因爲，如果她們生雙胞胎，兩個嬰兒都不缺乏母乳（Quae et geminas praeterea eis mammas adiunxit ut, si geminos etiam fortasse aliquando parerent, non deessent pares illis latices quibus utrinque abunde ali possent; I.4, p. 22: 29-31.）。普魯塔克在《男孩的教育》中（*The Education of Boys*）也有相關的描述："In like manner she has wisely furnished women with two breasts, so that in case they bear twins, these may have two fountains of nourishment。"（Charles W. Supper, *Plutach on Education*, Syracuse, NY: Bardeen, 1910, p. 53.）

[5]《齊家西學・齊童幼》中將"曰：女之未足親行養育，必未足出嫁也。"刪除。

[6] 高一志允許在没有辦法的情况下去招乳母。不過，要非常注意保姆的身體及倫理生活。維基歐也允許招乳母，且提出更具體的要求：乳母不應該跟男人同居，並且她

得已而招乳母，必宜招之於家，勿令出外。蓋家人内言，大抵靜正，而二親之目耳常在，或審其音聲，或察其動靜，不俾美性之純，危於邪俗也。

11. 噫嘻！人有得寶玩，則以錦綉衣之，以美笥藏之，非時弗啓，非人亦不令易見也。迨所生之子，無價之寶也，乃其親輕寄之于愚婦乎哉？ 12. 日落尼抹，西之聖人，嘗志古有乳母，恣逞於酒色，辟侈於淫言邪行，乃其所養之子，未滿十歲，已無所不爲矣。[1] 又聞一孺子，僅四歲耳，常出詈言、淫言、訛言，異而問故，或答曰：“是孩也，非其罪也，乃乳母之罪。彼倡此和，奚足怪乎？” 13. 由是觀之，懷抱之正功，概係於慈母之殷勤也，明矣。

教之主第三

1. 懷抱之功既成，爲之父者，教不可不早也。[2] 束格辣德，

（接上页）只能喝一點點酒。（Ne cuiquam se commisceant; I. 4, p. 23: 27-28; Vinum sumant multa mixtum aqua, ac ipsum quidem modicum; I. 4, p. 24, 1-2.）伊拉斯謨也强調乳母需具備良好的身體和道德品質；參見 *De Pueris Instituendis* 497B-498D, Woodward, p. 193。朱熹在《小學》中也提到對乳母的選擇。《内則》曰，凡生子擇於諸母與可者，必求其寬裕、慈惠、温良、恭敬、慎而寡言者，使爲子師。

[1] 教父及翻譯家哲羅姆（Saint Jerome）向拉俄塔（Laeta）在書信中建議：（Saint Jerome, *Letter to Laeta* [n. 107]）“Paula’ s nurse must not be intemperate, or loose, or given to gossip. Her bearer must be respectable, and her foster-father of grave demeanour。”

[2] 這一章主要闡述教育的主要責任在於父親，不過，没有很具體地描述父親應該如何教育孩子。在文藝復興時期，五歲之前的孩子是被女性照顧的。之後，由于女性被認爲缺乏自我控制，母亲被父亲或老师代替（參見 Woodward, p. 88）。在中國，父親不可以教兒子五經，因爲五經中有些段落不適合由父亲講授。

古學宗領，嘗謂幼之教育，根于父母。蓋育子者雖係二親，但其重者，由于陽之剛耳。2. 諺有之曰："魚之小，學大魚而躍于淵；牛之小，學大牛而犁於田；鳥之小，學大鳥而戾于天，正此謂也。" 3. 西有一鳥，喜舒翼登高，正對日輪，瞪目不避。仍欲教其子，則攫而懸之。其對日光不閉目者，愛而存養之；若閉目不克當日光者，委棄不屑養矣。[1]4. 西土又有小鵲類畫眉者，聲至美，欲教其子，自鳴而引之，不正音，對和不息也。以此觀之，何類不然？鹿教其子以奔，貍教其子以媚，狼教其子以貪。熊生僅肉團耳，自視之非熊也，常用舌餂摩修治之，漸漸成熊矣。[2] 嗚乎！禽獸皆欲其子肖，人乃不欲其子肖耶？

5. 況彼禽獸初生，即具毛羽爪甲，不俟衣履，不待教習，而已知避害趋利。人之生也，赤身出胎，至弱未能移步，至愚未足明理[3]，令弗得嚴親之教，如矇瞽者之行，不得援引，必將投足嶮

---

[1] 這裏提到的鳥指的是海雕（haliaetus）；參見老普林尼（Gaius Plinius Secundus）《自然史》（*Naturalis Historia*）第十卷第三章："The haliætus, and this one only, beats its young ones while in an unfledged state, with its wings, and forces them from time to time to look steadily upon the rays of the sun; and if it sees either of them wink, or even its eye water, it throws it headlong out of the nest, as being spurious and degenerate, while, on the other hand, it rears the one whose gaze remains fixed and steady。"

[2] 參見《達道紀言·父子第五條》："彼里你阿曰：'熊生子至醜，多餂食之，竟全成其形。親生子，雖愚，第教誨之，未有不補其生之缺而濁質以清。'"（DDJY, p.256.）故事來源："The female [bear] retires by herself to a separate den and there brings forth, on the thirtieth day, at most five young ones. When first born, they are shapeless masses of white flesh, a little larger than mice; their claws alone most prominent. The mother then licks them gradually into proper shape. There is nothing more uncommon than to see a mother-bear in the act of parturition。"（Pliny the Elder, *The Natural History*, Book VIII, Chapter 54.）

[3]《天主實義》第三篇有同樣的表述："身具毛羽爪甲，不俟衣屨，不待稼穡"；"人之生也，母嘗痛苦。出胎赤身，開口先哭，似已自知生世之難。初生而弱，步不能移，三春之後，方免懷抱。"（〔意〕利瑪竇著，〔法〕梅謙立注，譚杰校勘：《天主實義今注》，商務印書館 2014 年版，第 104—105 頁。）

巇矣。6. 海中之危，舟高且堅，非長年引之，猶未能當，而小艇之弱者，可以當之耶？[1] 噫嘻！世道險海也，世之智者多滯於淺，多沉於淵，而愚童非得智親之提扶，可免身神之亡溺耶？ 7. 往者的阿日搦，古學名賢，適遇小童恣慢於途，則以杖叩其父曰：“夫爾子慢也，惟爾之罪。”[2] 8. 亞得納[3] 其古治法甚[4] 嚴，而於幼之教育尤嚴，甚則出命，令凡有子弗能教者，終身不許其子供養之[5]。鶴善養其子，迄老時毛落體弱，未能自養，則常藉其子之養[6]。9. 厄馬[7]，泰西大禽，中曰駝鳥，懈於子之養育，置卵多不能覆，或覆而不能哺其子也，子大而亦以是復[8] 之。因是而知，凡預圖其子之養，莫善乎先施教育之恩。倘未能充父道，何望後之盡子道乎？ 10. 世人急於生子，而不思教育之道若何，平生勤苦積財，以

---

[1] 可以當之耶，FJ 本作“可以正當之耶”，FJ 本誤。

[2] 的阿日搦指第歐根尼 Diogenes，本書前面寫作“第阿日搦”。故事來源：“Diogenes, when he saw a child eating sweet-meats, gave the boy’s tutor a cuff, rightly judging the fault to be, not that of him who had not learned, but of him who had not taught。”高一志做了較大的變動，以闡明教育的主要責任在父親。在《教育之原第一》，的阿日搦指責一位父親，而在這裏，提到用仗責打孩童的父親。不論在西方還是中國，這種行爲表現在其他著作中都比較罕見，也比較極端。高一志意在表達，不認真教育孩童的父親應該受到懲罰。

[3] 亞得納，即雅典（Athens）。

[4] 甚，FJ 本作“其”，誤。

[5] 維基歐也提到了這種法律：“古代詩人稱讚雅典人，因爲所有希臘人以法律規定孩子贍養父母，但是這一條款只適合那些受到教育的子女。”（Cum omnium Graecorum legibus cogantur parentes a liberis ali, Athenensium non omnes, nisi ei qui liberos artibus erudissent; p. 53: 30-32.）這個事例同儒家所讚賞的倫理道德相左。

[6] 參見《達道紀言·父子第六條》：“鶴爲人所愛者，尤以善養其老親。人靈不如癡禽乎？”（DDJY, p.256.）故事来源：“Storks return to their former nests, and the young, in their turn, support their parents when old。”（Pliny the Elder, *The Natural History*, X, 32.）

[7] 来自十七世紀的葡萄牙文 ema，後来法文爲 émeu，英文爲 emu。

[8] 復，FJ 本作“覆”。

富足其子，而竟不思財之主當爲何人。

11. 格辣德，上古聞士也，欲變本鄉亂俗，登高大呼曰："人何爲自欺乎？吾黨恒[1]思聚財廣地，而其所寄之子若孫，乃弗之顧，是所謂備美履而不忌傷足者耳，可不哀哉？"[2] 12. 昔有賢士見富人怠於教子，譏之曰："汝計富子孫，乃不教之以善用，猶授戈兵于童穉，而不示之以當用之法，不將害人並害己乎？"吾嘗謂："爲父貽財於子而不教以正[3]，是貽鴆毒而不施解毒之藥也，不亦殆哉！"13. 故君子先教其子習之于學問，漸進之于道德，然後美貲、令聞、豐爵皆可致也。

14. 吾西古俗用人，先審其家之教育，然後或進或黜焉。昔博學之士往朝領命，王知其子之不肖，則辭之曰："爾未盡天主所任職，而猶望盡吾所將任之職乎？"夫承教之子，內順仁親，外和主命，爲親之榮，爲邦之幹；不教之子，內逆乎親，外越法度，爲親之憂[4]，爲邦之戮。有子者宜何擇焉？

教之助第四

1. 嚴親雖望其子成立甚切，然或溺愛不明，或事迫於冗，即教不能不作輟也。設令無善士代致其力，則子之孝無由而

[1] 恒，FJ 本作"慎"。

[2] 參見《達道紀言・父子第一條》："東格辣德曰：'凡勤于積金而怠於教子者，如高廈而基托於虛'。"（DDJY, p.253.）

[3] 不教以正，FJ 本作"教於正"，FJ 本誤。

[4] 憂，底本作"愛"，FJ 本作"憂"，據FJ 本改。《齊家西學・齊童幼》也做了類似改動。

成矣。是以智者或稱師爲吾二父焉，或以爲補全父母之恩焉。2. 蓋父母生我，使我遊于世；而賢師教我，使我遊於道。父母生我，必屬我於世苦；而賢師導我，乃援我于諸苦。父母生我，未能使我不死；而賢師教我，乃使吾[1]道吾德不敗滅也。[2]

3. 罷辣多，上古大賢也，嘗謂天主之廣澤、父母之養育、賢師之教習，三者必不可測，併不可報，豈不信哉？[3]4. 斐理伯往爲大國智王，初聞世子生，曰："天主賜我以子，喜其可以承祧；又有亞里斯多名賢在，可以師之，可喜之甚矣！"其子名歷山，學既成，有臣問曰："斐理伯，王父也，亞里斯多，王師也，二恩孰大？"王曰："父使我嗣國爲王，師使我爲國明王，彼傳性，此傳

[1] 吾，FJ 本作"我"。

[2] 維基歐指示："父母給孩子生命，老師使孩子過善的生活。"（Qui enim genuerint, vivendi tantum, qui autem erudierint, bene etiam beateque vivendi auctores esse constat; Vegio, II. 1, p. 53: 27-28.）這裏，高一志把老師比作第二父母：生理學意義上，父母提供必須的原料；老师则提供必须的條件，來補充及完善孩子的教育。如此，在教育的作用上，老师的貢獻更重要。這些觀念符合伊拉斯謨的教育思想，认爲本性（natura）如同先天理念一样，是一个先天的能力，不包含任何内容，只包含道德及理智能力。本性提供某种潜能，只有通过"教育"（instructio）及外在的規訓（disciplina），才能發揮"本来无一物"的本性。因此，伊拉斯謨説，"人非生而如此，而是被塑造成型"（homines non nascuntur sed finguntur），或者説，"教育超越一切"（educatio superat omnia）。与動物相比，人的獨特性在于學習能力。自然提供潛能；教育把它們变成現實。在中國文化的處境中，把老師放在父親之上這個觀念違背傳統的五倫。

[3] "罷辣多"，即柏拉圖，很難想象柏拉圖有這樣的説法。可能原文"罷辣多"有誤，參見〔古希腊〕亞里士多德著，廖申白譯：《尼各馬可倫理學》第九卷 1164b2，商務印書館 2009 年版，第 261—262 頁。"因爲，这项（教育）服務所配得的東西是無法用錢来衡量的。而且，任何榮譽都不能與之相等。但是，就像對神与父母那樣，盡能力的回報（老師）便被看作是相等的。"

學，則善師之助親多矣。”[1]5.<u>咈濟玩</u>，中古名賢也，以義禮聞於時。子染邪習，恐已不能教也，乃引之鄰邦名<u>辣責德莫納</u>，使日侍賢師，無何，其子果去其舊染，而成其粹美。衆咸異之曰：“善師之功大矣哉！”夫以賢德之親，不能攻其子之惡，而賢師之教能攻之，師不急乎哉？[2]6. 昔者<u>厄肋濟亞</u>文學名國，有一童習于<u>罷辣多</u>名門，久之學成而歸，適覩其父詬厲異常，大怪曰：“侍<u>罷辣多</u>未聞如是也，久於此，恐吾所修悉亡矣。”[3]7. 於乎！世之不善教其子，而反害其師之正教者，可勝數哉？故親之智者，特延善師以善其子，如良農既植美樹而生，恐其不肖，則接以善種。噫嘻！童穉爲美種之苗，可不慎其所接也耶？

8. <u>都略</u>氏往爲吾西文師[4]，常譏世怠於教子者，曰：“人命極

---

[1] 亞里士多德擔任了亞歷山大的老師，教了他五年的書。參見 Plutarch, *Parallel Lives*, Alexander : “Aristotle he admired at the first, and loved him, as he himself used to say, more than he did his father, for that the one had given him life, but the other had taught him a noble。” 維基歐（II.4, p. 57: 13-20.）、托雷斯（VI.1, p.268.）、玻尼法爵（Jnan Bonifacio, *Christiani Pueri Institutio Adolescentiaeque Perfugium, Macao*, 1588, I, 26v）都提及這件事。也許对中國人来説，亞历山大將亞里士多德列于父親之前乃不孝之举。

[2] 咈濟玩（Phocion）把他的兒子福庫斯（Phocus）送到辣責德莫納（斯巴達）受教育。參見 Plutarch, *Parallel Lives*, Phocion: “Wishing to remove the young man entirely from that style of living, he took him off to Sparta and put him among the youths who were following the course of discipline called agoge。”《達道紀言・君臣一二六條》提及弗齊玩，即咈濟玩（DDJY, p.241.）。高一志所說的“義禮”指倫理；“義禮之學”指倫理學（ethics）。在他的著作中，這些概念經常出現。《齊家西學・齊童幼》中“衆咸異之曰：‘善師之功大矣哉！’”被刪除。

[3] 厄肋濟亞是 Graecia 的音譯，指希臘。參見 Seneca, *On Anger (De ira)*: “There was a boy who had been brought up in the house of Plato, and when he had returned to his parents and saw his father in a blustering rage, his comment was: ‘I never saw this sort of thing at Plato’ s.’ I doubt not that he was quicker to copy his father than he was to copy Plato!’ ” 玻尼法爵在《基督教育》（I, 26v）也有所提及。

[4] 都略即西塞羅（Marcus Tullius Cicero）。

脆，未識其終日之期，世人之子至愚，未能識其將爲何人。爲之親者，不早延賢師[1]教之，可以爲智乎？”9. 曩者泰西總都有智王名曰奧肋略，將終，子幼，時有賢臣，則命其師世子，曰：“吾之數不可延矣，孺子尚幼，則國家之重，係于師矣。如以正教之，國家必治，不然，國家必亡。”[2]語子曰：“吾已知天主之嚴命不可辭也，然吾向未敢負天旨，家志乎慈，國志乎仁，兹棄世，爾當代我。乃入吾家，爾猶未足爲親；入吾國，爾猶未足爲君。奈何？若能勤於正學[3]，惟賢師是從，則家必不乏慈親，國必不乏仁主。”言盡而終。王乎可謂知教也已！[4]10. 伯路大哥，下古西賢，

---

[1] 賢師，FJ 本作“師賢”。

[2] 指羅馬皇帝馬克・奧勒留（Marcus Aurelius）。他的兒子是皇帝康茂德（Commodus）。參見 Herodian of Antioch of Syria (c. 170-240), “Death of Marcus Aurelius”, in *History of the Roman Empire Since the Death of Marcus Aurelius* I.4: “Here is my son, whom you yourselves have educated, approaching the prime of youth and, as it were, in need of pilots for the stormy seas ahead··· You, therefore, together take my place as his father, looking after him and giving him wise counsel··· If you give my son proper advice in such matters and constantly remind him of what he has heard here, you will make him the best of emperors for yourselves and for all, and you will be paying the greatest tribute to my memory。” 托雷斯（I.1, p.1）也簡略提到。《齊家西學・齊童幼》對應的部分删去了奧肋略所講的話。

[3] 《齊家西學・齊童幼》將“乃入……勤於正學”删除。

[4] Herodian, “Commodus becomes emperor”, in *History of the Roman Empire Since the Death of Marcus Aurelius* I.4: “To follow him, Fortune has given the empire not to an adopted successor but to me. The prestige of those who reigned before me was increased by the empire, which they received as an additional honor, but I alone was born for you in the imperial palace. I never knew the touch of common cloth. The purple received me as I came forth into the world, and the sun shone down on me, man and emperor, at the same moment··· It is our task to devote ourselves to human affairs and to the administration of earthly matters. To set these affairs in order and make them secure is for you to undertake, if with resolute courage you would finish what is left of the war and carry forward to the northern seas the boundaries of the Roman empire. These exploits will indeed bring you renown, and in this way you will pay fitting respect to the memory of our mutual father.” 這裏皇帝提到了命運（Fortune），而《童幼教育》將其解釋爲天主。

嘆曰："人有田，無不覓敏農治之；有畜，無不覓勤童牧之；有舟，無不托智工操之。人之有子，且將爲田與畜與舟之主，而反不覓善師以訓之，愚哉！"

11. 夫家資器物種種必圖其良，子乃家之督也，乃獨不欲其良，愚哉！[1]或欲畫祖考遺像，必托繪工之巧者，不恤費也；乃教成子孫，立肖祖考之活像，豈可不擇賢師以繪之乎？[2]12. 往者亞里第頗爲名學之領，或有子使遊其門，問束修幾何，師曰數十金。父嫌其太多，曰："此金之重，乃足以得一[3]僕。"師曰："然。然若爾異時，必將得二僕焉。"是以智者寧使家室乏貲，必不使子孫乏教。[4]13. 西土有居室甚貧，乃其供師惟謹，鄰人誚之曰："若尚未

---

[1] 伯路大哥即普魯塔克 Plutarch。在《達道紀言》中被稱爲布路大各。參見 Plutarch, "Education of Children", in *Moralia*: "Nowadays, the common practice of many persons is more than ridiculous; for some of their trustworthy slaves they appoint to manage their farms, others they make masters of their ships, others their factors, others they make house-stewards, and some even money-lenders; but any slave whom they find to be a wine-bibber and a glutton, and useless for any kind of business, to him they bring their sons and put them in his charge。"

[2] 這裏似乎以中國風俗爲比喻。

[3] FJ 本無"一"。

[4] 在古代西方，老師要收學費，並可與父親協商學費數額。高一志指出教育的目標是使孩子變成"自由人"。這個故事流行於西方教育界，因爲"孩子"和"自由"在拉丁文中是同一個詞，即 liber。古希臘羅馬的教育目標是培養自由人和公民，而非奴僕。在《兒童教育》中，伊拉斯謨也譴責一些人重視奴僕的培養，而忽略了自己孩子的教育。(*De pueris instituendis* 492C-493B, pp. 185-186.) 高一志也在《達道紀言·父子第九條》提及這個故事："亞里斯弟玻設帳授業，一人欲托以其子，而問束修當如之何？答曰：'百金。'父曰：'以是重金可得一善僕。'師曰：'然後將得二僕也。'"(DDJY, p. 258.) 故事來源："Once when someone brought his son to introduce to him, he demanded five hundred drachmas; and when the father said, 'Why, for such a price as that I can buy a slave.' 'Buy him then,' he replied, 'and you will have a pair。'"(Diogenes Laertius, "Aristippus", in *Lives of Eminent Philosophers*, Aristippus, I, II. 4.) 維基歐也提出了這個故事。(Quam recte eis dici posset, quod Aristippus cuidam, cuius cum filium eruditurus quingentas drachmas postularet atque ille diceret tanti se mancipium emere posse: eme, inquit, et habebis duo!; II. 6, p. 61: 26-29.)

足供室，奚以供師爲？”答曰：“積貲不若訓子，供室不若供師。蓋財盛而子無教，則室將傾矣。”故親之知道者，但有子，先計其師，然後計其貲也。14. 伯兒洗亞國古俗，或得生子，便邀善師爲教主[1]。厄肋濟亞，吾士鄰國也，古俗恐人有困于財者，有羈于冗者，不能訓其子，則在在立公學，延四方名師，重其禄，以公教之。又恐有懈不教子者，則立公司以指其迷而開導之。

15. 吾西諸國，每都會又立一大學，遍邀賢師[2]，專務幼教。又有士既成學，而不計爵禄，不計榮達，但圖立功于天主，有利于國家，設學頒訓者，即耶穌會也。或開蒙學，或修文教，或談天文，或剖性理，或闡聖道，皆合力同志，務于幼教，必使其知天上有主宰治人物而當敬，國中有皇敷命大衆而當忠，室内有親教養百凡而當孝，日日如是，處處如是，此教之大旨也。[3]

教之法第五

1. 父師之教維何？曰言、曰身。

---

[1] 在大部分國家，父母是教之主，不過，在伯兒洗亞，即古波斯，老師則是教之主。這句話在《齊家西學·齊童幼》中被删除。

[2] 賢師，FJ 本作“師賢”。

[3] 在高一志譔寫《童幼教育》時，耶穌會士在歐洲已創辦了六十所學校。由於耶穌會獲得地方君主及貴族的基金支持，他們能提供免費教育。高一志表述教育的不同層次：蒙學（相當於小學）、文教（相當於中學）、天文及剖性理（相當於大學本科，包含自然科學及哲學）、聖道（等於神學研究所），並列舉了教育的三個道德目標：尊敬天主、忠於君王、孝順父母。這種教育模式在十六世紀的歐洲是全新的。過去只有兩種學校：修道院的學校及針對兒童教育的小規模公學。隨着耶穌會學校的出現，歐洲的教育機構發生了很大的變化，因爲在耶穌會學校裏，學生可以漸次完成小學、中學、大學部教育。卷下《西學》詳細介紹了西方教學的課程。

2. 夫童穉之心如未書素簡，親師之舌如筆墨寫書，必入之深，而後存之久也。故嚴君明師，務慎始教，希而不繁，正而不僻，庶得其宜耳。[1]3. 或問賢者："師孰爲善？" 答曰："希言之師。" 問故，曰："其言彌多，其意彌虛，言多而無實意，奚足尚哉？宇内惟希者貴美，有重寶焉，藏而不露，乃教之妙，肯以浮言多露乎？" 4. 昔有賢者延師，適二人同至，未識誰可，欲試之，請言。其一便佞口給；其一希言人也。遂擇希言者，曰："器之虛，雖小而發音大；器之實，雖大而發音小，豈不信哉？" 是以古有言曰："多言之工，十載不成器；多言之師，能成人之美器乎？" 5. 夫教幼之言雖善，且宜希而不繁，則夫妄言、誕言、污言、罪言，奚其可？ 6. 罷辣多大賢常戒乳母，勿使亂述虛傳及井市邪言，曰："夫童之心若蠟焉，印之易于成迹。" [2]7. 古詩云："陶器初沾之氣，終于不去。" 8. 故童幼初聞之邪聲，究竟難忘，則智父明師必須正言立訓，乃可以教子也。

9. 雖然，身教尤急焉。蓋言教如雷，迅發震響，非不警人，未幾遂散歸烏有；身教如銃，匪但虛響，發彈直能毀偃所遭之物。

---

[1] 高一志討論老師的主要教育方法，即"言教"，提出了"希言之師"爲善，老師應言簡意賅。這點也反映了古人對兒童的理解，即認爲孩子很容易受影響。高一志使用白板（tabula rasa）、蠟塊及陶器這三個比喻。"白板"這種比喻來源於亞里士多德《論靈魂》（第三卷第四章）。伊拉斯謨也經常使用"白板"比喻討論教育：兒童有先天的潛能（包括理智及道德潛能），但這些潛能只有通過教育才能成爲現實。在《天主實義》中利瑪竇也用過這個比喻："故謂人心者，始生如素簡，無所書也。"（《天主實義今注》第七篇 437 號，第 186 頁。）中國傳統教育中同樣有身教大於言傳的説法，參見《列女傳 · 魯子母師》："夫人諸姬皆師之，君子謂母師能以身教。"

[2] 柏拉圖用"蠟燭"比喻來討論兒童教育：*The Laws*, Book VII: "The child, while still soft, shall be molded like wax, and be kept in swaddling clothes till it is two years old。"

10. 究其所以然，兩目所擊，較兩耳所聞，振動人心尤切，何也？心在目，目即心，目所視通乎心者速，耳所聞達乎心者遲也。[1] 11. 色搦加嘗謂：“言道紆曲，遥而遲，行之難；身道徑直，近而速，遊之易。”[2] 12. 泰西詩云：“汝欲吾哭，先須汝哭；汝欲吾歌，先須汝歌。”豈有以其所好，反其所教，而能成者哉？ 13. 夫諸飛走非待言傳，而無悖焉，天道何言，而行無謬，萬物育焉。至于百工之善，學者雖聞細論，非見其師已成之功，不能熟其藝焉。初學繪者須從古畫摹之，初學書者須從美帖臨之，教子者何獨不然？農者欲修小樹使直，必縛而倚諸端木；繪者欲畫直綫，必先持乎正矩；夫親師自正乃童幼之端木與正矩矣。[3]

14. 色搦加曰：“諸幼之不肖，從親與師兩身而成焉。”蓋子之愚者，視親[4]師所行之邪，不知其邪也，以爲其所當行者耳。[5] 15. 歷山王始學習于數師略泥大，誠德博學之士也，但跛躃不能正行，歷山不覺法之，而終身多見跛躃之狀。噫嘻！師之微疾，習染如

[1] 維基歐闡述了同樣的觀念：“跟耳朵比較，我們更相信我們的眼睛。”（Certior quippe est oculorum quam aurium fides; I. 2, p. 6: 15-17.）

[2] 色搦加，即塞内加（Seneca）。參見 *Epistulae morales ad Lucilium* LII: “Let us choose, however, from among the living, not men who pour forth their words with the greatest glibness, turning out commonplaces, and holding, as it were, their own little private exhibitions, but men who teach us by their lives, men who tell us what we ought to do and then prove it by practice, who show us what we should avoid, and then are never caught doing that which they have ordered us to avoid。”

[3] 維基歐也同樣認爲，父母教訓孩子如同農民、船員和軍人培養實習生。（I. 2, p. 5: 24ff.）

[4] 視親，FJ 本作“親視”，FJ 本誤。

[5] 維基歐引用塞内加所提出“父親批評自己兒子的墮落，不過，兒子説，他從他父親那裏學習了這種墮落的生活”。（Quam recte apud Senecam adulescens luxoriosus contra senem patrem luxuria insanientem declamans, turpisque vitae eius exemplo se corruptum affirmans; Liber I. 2, p. 9: 17-19.）

此，則師之諸邪，非徒易入於心，既入，難出若此矣。[1]16. 古者或爲子延師，得士之文清而身淫者，異而詰之，師曰："向爾請我教書，特賃吾舌，豈賃吾身哉？"其親大嗔，曰："陋哉！古今聖賢擇師，所重者德耳、行耳，文飾之言，非美行之應，何足尚哉？"辭之去。17. 瑪辣加，西北國古聖也，幼時始學，至鄰師門，忽覩其輕玩狀，則退曰："夫夫也，未知守身，而足教人乎？"[2]噫！親師之身，幼子之鑑也。學者往而照之，目常在焉，則其所發之像，不論正邪，必以爲正像矣。雖然，幼學者亦親師之鑑也，欲知此之正邪靜動如何，則視彼之正邪靜動如何。18. 蓋此偏於左，彼亦左；此偏於右，彼亦右。[3]故親師之賢智者，先求諸身，然後求諸子。

19. 蓋教多成乎信，親師不行所言，反好其所禁，學者能信之乎？不信而學可進乎？色搦加嘗云："亂斯世者，莫若師之善言而

---

[1] 略泥大，Leonidas (or Leuconides) of Eripus. 參見 Saint Jerome, *Letter to Laeta* (n. 107): "Greek history tells us that the imperious Alexander who was lord of the whole world could not rid himself of the tricks of manner and gait which in his childhood he had caught from his governor Leonidas。" 維基歐也提及這個故事。（Quae a Leonide paedagogo suo et morum et incessus etiam vitia puer acceperat, nunquam a se delere potuisse; Liber II. 4, p. 57: 12-13.）

[2] 玛辣加，愛爾蘭聖人阿尔瑪的瑪拉基（Malachy of Armagh, 1095—1148）。在 *Liber de vita et rebus gestis sancti malachiae hiberniae episcopi*（Life and deeds of St Malachy, bishop of Ireland）中，聖伯納德（Saint Bernard）寫了這個故事："Intrans vero domum, vidit virum ludentem subula, crebrisque sulcantem tractibus nescio quo notabili modo parietem. Et solo visu offensus puer serius, quod levitatem redoleret, resilivit ab eo, ac deinceps illum nec videre curavit。" 托雷斯也提到這個故事："Nunca se pudo acabar con Malachias, que despues fue sancto, escrive Bernardo, que entrasse en la escuela de cierto Maestro, por solo, que le vio una vez hazer una cosa no conveniente a su autoridad : Negebat enim, qui se ipse non regeret eum aliis profuturum。"（I. 2 , p. 5.）

[3]《齊家西學 · 齊童幼》將"蓋此偏與左，彼亦左，此偏於右，彼亦右"刪除。

不善行者。”20. 利古兒峨，上古制綱紀，衆無敢違命者。或問故，答曰：“吾未命而先行，則吾所踐之跡，衆不敢不踐之也。”[1]21. 昔一大將欲征敵國，率兵及戰象，將濟河，群象不肯濟，百謀不能進，事急矣。或爲之計，執刀傷其首象，輒過河去，首象圖復讐，忿而從之，衆遂悉濟。或嘆曰：“嗟乎！教率以千計未克濟，而一身教之遂濟也。”則信哉，言者易造，而難得信于人[2]；行者難造，而易得信于人也。故親師欲立正教，必本諸身，而以美行實其美言，則信從易矣。[3]

教之翼第六

1. 親之溺愛者，不忍責其子之惡，使惡念日長而美質病；師之過嚴者，不獎掖其童之善，使善志時屈而學業衰。2. 古之名賢束欒氏嘗曰：“治之法妙在賞罰，况教之比治尤難，非執賞罰兩端

---

[1] 利古兒峨，指斯巴達的 Lycurgus。《達道紀言》稱爲里古耳峨或里古峨。參見 Justin（Marcus Junianus Justinus）, *Iustini Historiae philipicae*（C. A. Schwetschke und Sohn, 1835）, III. 2, p. 97: Spartanus ille Licurgus “non habentibus Spartanis leges instituit, non inventione earum magis quàm exemplo clarior : siquidem nihil lege ulla in alios sanxit, cuius non ipse primus in se documenta daret。”托雷斯也提到這個故事。（I. 4, p. 13.）

[2] 于人，FJ 本作“人于”，FJ 本誤。

[3] Sextus Julius Frontinus（ca. 40-103 AD）在《戰略》（7）（*Strategemata*）中寫了關於漢尼拔將軍的故事：“Hannibal, cum in praealti fluminis transitum elephantos non posset compellere nec navium aut materiarum, quibus rates construerentur, copiam haberet, iussit ferocissimum elephantum sub aure vulnerari et eum, qui vulnerasset, tranato statim flumine procurrere. Elephantus exasperatus ad persequendum doloris sui auctorem tranavit amnem et reliquis idem audendi fecit exemplum。”

也，烏乎成？”[1] 是以先哲嘗謂：“賞罰之於教育也，如鳥雙翼，如舟雙槳，二者廢一不可也。”[2] 3. 夫幼穉者禀氣之盛，莫不躁急，率情任意，所愛所憎、所惧所望，舉動莫不踰閑。譬之馬駒，驅馳蹄嚙，惟意所之，非得善騎之士調習而抑服之，不獲其用矣。[3] 往者明師之堂，常設學圖，左畫花冠，右畫荆條。蓋荆以懲怠，花以賞敏也。4. 西南古有名庠，務實學[4]。每將饔飱，必聚學者于堂而察其功業，敏者稱揚而厚其餼廩，懈者呵斥而約其飲食焉。以是俊士出其門者，未易更僕數[5] 也。5. 蓋德蒙譽者勉焉，惡遭辱者退焉。况譽尤幼者所愛，既愛譽，學而不厭其苦矣；辱尤幼者所忌，既忌辱，學而自忘其懈矣。

---

[1] “束鑾”指雅典立法者索倫 Solon，他所成立的法治制度很公平。参見 Plutarch, *Lives, Solon*: “Though he rejected the tyranny, he did not administer affairs in the mildest possible manner, nor in the enactment of his laws did he show a feeble spirit, nor make concessions to the powerful, nor consult the pleasure of his electors. Nay, where a condition was as good as it could well be, he applied no remedy, and introduced no innovation, fearing lest, after utterly confusing and confounding the city, he should be too weak to establish it again and recompose it for the best. But those things wherein he hoped to find them open to persuasion or submissive to compulsion, these he did, combining both force and justice together, as he says himself。”《達道紀言》中有兩處提及了束鑾。

[2] 這章表述教育需要同時推行奬賞和懲罰措施，兼顧平衡。

[3] 参見 Plato, *Apology*: “If your two sons were foals or calves, there would be no difficulty in finding someone to look over them; we could hire a trainer of horses, or a farmer probably, who would improve and perfect them in their own proper virtue and excellence。”（20a-25b）也參見《達道紀言・父子第八條》：“束格辣德曰：‘美質之幼子，多至不肖者何？其親之罪也。馴駒非治必烈，稚樹非治必野’。”（DDJY, p. 257.）

[4] 這裏的“實學”不僅僅指西方學派，也指晚明的思想運動。“西南古有名庠”很可能指的是義大利南部克羅托内（Crotone）的畢達哥拉斯（Pythagoras）學校。

[5] 《禮記・儒行》：“遽數之不能終其物，悉數之乃留，更僕未可終也。”

6.《聖經》曰：“善親必責懲其所慈之子。”[1] 則不責不懲者，必惡其子者也。[2] 蓋童幼之惡不懲于前，則無警于後，乃日愈恣侈，而惡日愈積矣。7. 夫涓滴之水漸成江河，兩葉之樹漸成合抱，童幼之質，不難從教而改邪焉，俟其習惡之久，而欲正之，必不易也。醫之智者，謹於微萌而惡疾退，遲於斷根，將致喪患。[3] 故曰：“醫者莫毒於順病者之欲，親師莫病於惜童幼之邪也。”8. 故古之聖賢于幼者非禮之言、非義之情，皆歸親師，而欲其代受罰焉。束格辣德及弟阿日搦皆上古名士也，遇幼者溺於邪，即一杖其親，一掌其師，曰：“惟爾之罪，若初弗納于邪，教之以正，豈至此乎？”[4]

9. 如德亞古爲道理之邦，有名士主教曰厄里氏者，其心雖正，然未能懲其二子之惡，竟爲天主所棄，其國遭亂，二子皆喪，厄里氏亦以憂死。[5] 10. 以此觀之，子亡既係於親之不謹，而𢦏[6] 戮還逮於親之躬，宜矣。11. 蓋養駒而不範以馳驅，必將被其傾顛；父母順其子之邪侈，終被其辱，不亦宜乎？

12. 西史載，昔有童幼横逆不止，士師執之，依國律，命服上刑。期至，將戮于市，童求見父，假欲永訣，許之。至父前，則

---

[1] 《聖經·德訓篇》三十 1：“疼愛自己兒子的，應當時常鞭打他。”

[2] 《齊家西學·齊童幼》中將“則不責不懲者，必惡其子者也”刪除。

[3] 《齊家西學·齊童幼》中將“而惡疾退，遲於斷根，將致喪患”刪除。

[4] 前面《教之主第三》中有同樣的故事，不過只提到第阿日搦（的阿日搦），没有提到束格辣德。

[5] 如德亞，指猶大 Judea。古代基督宗教時期，有些主教有孩子。這裏的主教指以色列的大祀祭厄里（Eli）。關於他及其兩个兒子（Hophni, Phinehas），參見《撒慕爾紀上》第二至四章。

[6] 𢦏，底本作“裁”，FJ 本作“𢦏”，據 FJ 本改。《齊家西學·齊童幼》也做了同樣的改動。

附耳若有私言者，乃噬其鼻，曰："向者爾知我不肖而未嘗責，乃至陷我至此耶？"[1] 嗟乎！父母不教于初，必致其子于厥終之難矣，戒之、戒之！[2]

13. 往者賢士勸親以謹于養育曰："勿恤爾子之惡，不則將遇無窮之辱。寧使爾子見責而哭，勿令爾見子死于刑而哭也。爾子被公堂之笞，辱也；被爾之責，榮也。" 14. 辣責德抹納有子，僅免懷抱，即寄於賢師，使勤遊學。學時言行忽溺於邪，賢師切責不改，杖之，其子來訴，更加刑焉。幼者內外見懲，始力學而底于成。故西諺曰："惟辣責德抹納善教育也。"[3] 今者于子之惡，非但弗責己也，又不使其師代責之。

15. 然或過於嚴，不審于愆之大小，不察于氣之殊禀，而漫刑焉，皆非也。蓋童幼之惡未深，或一提撕警戒之，必醒悟歸正，

---

[1] 在這個故事中，兒子把責任都推給父親，這違背了儒家思想。不過，高一志以這樣極端的故事勸服人們履行教育孩子的責任。

[2]《齊家西學・齊童幼》中將"嗟乎！父母不教於初，必致其子厥終之難矣，戒之、戒之"刪除。

[3] 在斯巴達，七歲的男孩子必須離開父母，接受軍事訓練，见 Plutarch, "*The Ancient Customs of the Spartans Moralia*: "Moreover, the young men were required not only to respect their own fathers and to be obedient to them, but to have regard for all the older men, to make room for them on the streets, to give up their seats to them, and to keep quiet in their presence··· When a boy was punished by anybody, if he told his father, it was a disgrace for his father, upon hearing this, not to give him another beating; for they had confidence one in another, as the result of their ancestral discipline, that no one had ordered their children to do anything disgraceful。" 除暴力教育之外，斯巴達教育還有很明顯的缺陷："They learned to read and write for purely practical reasons; but all other forms of education they banned from the country, books and treatises being included in this quite as much as men. All their education was directed toward prompt obedience to authority, stout endurance of hardship, and victory or death in battle。" 這裏的"西諺"把斯巴達式教育過度美化了。在《教之助第四》中，辣責德抹納被稱爲辣責德莫納。

何必過嚴乎？[1] 16. 昔有賢者設譬曰：風與太陽爭力强弱，試解人衣。風先暴起，擊人之體，似欲强奪其衣裳者，而人愈謹持其衣。太陽不然，旁射其光，薰入肌骨，使人不覺袒裼。風遂讓太陽爲勝。[2] 噫嘻！親師之智者，以善勸而奪其幼者之邪情，俾其改；若愚者，呵斥詬厲、手批足蹴，而竟不能使子善也，雖嚴何益矣？17. 故吾泰西諸學，以榮辱爲教之二具焉。[3]

---

[1] 雖然前面讚揚斯巴達式的教育，但是不贊同過於嚴厲的教育。在文藝復興時期，教育思想家强調應根據每個孩子的特殊性因材施教。維基歐有專門一章討論因材施教的教學方法。（Liber I, Caput XVIII : De cognoscendis diversis puerorum ingeniis, ac secundum ingenia adhibendis etiam diversis remediis, pp. 42-45.）同樣，伊拉斯謨强調，先天的自然性在每個人身上體现不同，因此，每個孩子的能力也不同。爲此，老師需要理解每個兒童的能力及興趣，因材施教。首先需要觀察孩子的行爲與表現，以便調整他的教學方法，適應孩子的興趣與傾向。（*De Pueris Instituendis* 499C-500A, p. 196.）這樣人格化的教育在《童幼教育》中也有體現，要根據兒童的情況施行懲罰，要“察於氣之殊稟”。在這一教育過程中，老師扮演很重要的角色，不過，孩子並不是被動的，而是逐漸堅定自己的意志，對自己的教育負責。孔子也有因材施教的思想，“子曰，求也退，故進之，由也兼人，故退之”。參見《論語・先進二十一》。

[2] 參見《伊索寓言》（*Fables of Aesop*）, *The Wind and the Sun*：“The wind and the Sun were disputing which was the stronger. Suddenly they saw a traveller coming down the road, and the Sun said: ‘I see a way to decide our dispute. Whichever of us can cause that traveller to take off his cloak shall be regarded as the stronger, You begin.’ So the Sun retired behind a cloud, and the Wind began to blow as hard as it could upon the traveller. But the harder he blew the more closely did the traveller wrap his cloak round him, till at last the Wind had to give up in despair. Then the Sun came out and shone in all his glory upon the traveller, who soon found it too hot to walk with his cloak on。”（Harvard Classic, 1909.）1625 年，金尼閣把《伊索寓言》翻譯成中文，標題爲《況義》。其中，這裏的故事稱爲《風與太陽》。金尼閣與高一志都翻譯了這個故事進行了翻譯，參見李奭學：《中國晚明與歐洲文學》，臺灣聯經出版社 2005 年版，第 50—51 頁。

[3] 高一志提倡精神上的教育，培養兒童的榮辱感。

學之始第七

1. 凡學貴以序而進焉，則先立乎其本，而後及其末。本者仁也，修齊之根，而諸善之母也，則始學體仁者，徑道也。[1] 乃仁之學，又本于天主，即以敬畏天主爲首功，蓋吾之所當愛及所當敬者，莫大莫尊故也。2.《聖經》云：“知之始畏主。”[2] 江河原出于洋而終歸入于洋[3]，人性原係于天主，則人始學，返其本根，終歸天主者，義也。

3. 鳳爲羽禽之尊，陽屬也，喜對目于太陽，生子即以是習之。其目不敢對太陽者，以爲不類，不屑育也[4]。象爲走獸之太陰屬也，每望朔，至清川對太陰滌身，昂首舞躍，而因教習其小象。異哉！禽獸之愚，似覺識其本，乃人之靈，反不若是乎？[5] 4. 亞得納上古爲總學之市，四海志學者咸集其中，立上下二堂。上堂題曰必從天主，下堂題曰必知己。示衆學者非從天起見，而推及于知己，定不能成其學也。[6]

---

[1]《齊家西學・齊童幼》中將“則始學體仁者，徑道也”刪除。

[2]《聖經・箴言》一 7：“敬畏上主是智慧的肇基”；《圣詠》一一一 10：“敬畏上主，是智慧的開始。”

[3]《聖經・訓道》一 7：“江河流入大海，大海總不滿溢；江河仍向所往之處，川流不息。”

[4]《教之主第三》關於海雕有同樣的描述。

[5] 在文藝復興時期出現“自然宗教”的流行思想。不僅僅所有民族有宗教感，並且動物也有，如鳳凰與大象。

[6]“必知己”指蘇格拉底的哲學觀點，不過，上下堂的區分並不完全反映出古希臘的教育觀念，而是反映出基督宗教的教育觀念，把神學課程放在文哲學課程之上。參見卷下《西學》。在教父時期及文藝復興時期，很多思想家經常討論“異教徒的美德”，肯定古希臘羅馬哲學家的倫理思想及道德生活。不過，在高一志的敘述中，這種焦點變得比較模糊，因爲來華傳教士没有告訴中國人，基督宗教不完全代表整個西方傳統。也許爲了傳教策略的緣故，傳教士希望中國人相信，基督宗教足以代表整個西方傳統。

5. 伯兒西亞亦勤于教育之國也，王始有子，選臣中四士以師之。四中至善者，先任以教子事上主之禮，而百官庶民無不從之矣。[1] 6. 格肋達，西海名國也，昔承大賢之教，勤於教業，使其幼者先學畏事至尊上主，次使念前聖賢之功德，終使習於律法。或問大賢之意，答曰："幼者知事上主，而後行聖賢之道不難，行聖賢之道，而後齊家治國，何難之有？" [2] 7. 如德亞國昔有聖主[3] 曰達未得者，臨崩將寄國於幼子，囑曰："吾將逝矣，爾猶未足爲君，殆哉！然能畏敬天主，庶幾成學而承先王之統耳。"子代立，遵父訓，卒成顯王。[4]

8. 伯兒西亞國智王得明世子曰濟祿而教之，曰："吾與爾言，爾謹藏諸胸，以爲慈親之重寶：生平謹畏主命，晝夜事之、事事禱之，勿忘也。"蓋幼者無所不短，而天主無所不長，以長補短，不亦智乎？濟祿謹受教，念茲在茲，竟起王業，表萬世。[5] 由此觀之，欲定國安家、植業昌後，法莫善乎教幼畏主矣。9. 蓋高資豐勢，皆比弱草，不可久也，吾子賴之，豈得不傾顛而偃仆乎？惟斯天主、惟斯仁道，弗屬時變，弗得傷損，吾子可永賴也。向者

---

[1] 伯兒西亞等同于伯兒洗亞（教之助第四），今稱波斯（Persia）。按照柏拉圖《阿爾奇畢亞得斯》，十四歲的王子被托給四位皇家教師（Basileus paidagogous）。托雷斯（I. 1, p. 1）也提到這一點。

[2] 格肋達指 Creta，今譯爲克里特島。大賢可能指 Epimenides。

[3] 主，FJ 本作"賢"。

[4] 如德亞國即猶大（Judea）。《列王紀上》二 1—4："達味死的日子已經近了，便囑咐自己的兒子撒羅滿說：'我現在要走世人應走的路，你要作英勇有爲的大丈夫，恪守上主你天主的典章，履行他的道路，遵守他的規律、誡命、法令和制度，如梅瑟法律上所記載的：'這樣無論你做什麽，無論你往何處去，必然順利，'上主也必履行他關於我所說的話，說：'如果你的子孫固守他們的道路，真能全心全意在我面前行走，那麽，你的後代就决不缺坐上以色列寶座的人。'"

[5] 濟録，指波斯国王居鲁士（Cyrus）。

有不行斯道者，犯法壞俗，敗家亂國，妖孽立至。信哉天主之不可不畏矣！10. 蓋未知畏天主，必于君臣之義、父子之親、夫婦之别、長幼之序、朋友之信，無所存也。[1]11. 古賢曰："知事天主，無不知忠君而親親者，未見忽天主者而能忠君而親親者也。"以此知，事天主爲事君、事親之本矣。12. 厄肋濟亞上[2]古有異端者名曰厄比姑樂，其性學細且廣，但有疑於天主宰制萬物，而不知敬畏，其徒之横逆邪侈、亂俗流毒，不可勝言。[3]是以君子正道從敬天主而日進焉，小人異端從忽天主而日流焉。

13. 世人爲子計，多欲豊之以重禄，引之於美藝，進之於博學，而且玉成之以誠德，然尚未知此種種美資，非主之聖寵不可獲矣。古詩云：古往今來，聖神俊傑，非天主厚寵，莫能成器。14. 篤彼亞，古教之聖士，時誨其子曰："吾曹雖居困約，然能殷勤敬畏天主，則亦庶乎無所不備焉。"[4]15. 蓋天主至善至慈[5]，必不使其所寵之子窮苦久矣。况臣之忠者，君必崇之；子之孝者，親必慈之；學之勤者，師必賞之；則人之仁者，主必成之，曷疑焉？16. 曩者西土亞兒伯多氏幼時，一心向格窮之學，而短于才，

---

[1] 《孟子·滕文公上》："聖人有憂之，使契爲司徒，教以人倫：父子有親，君臣有義，夫婦有别，長幼有序，朋友有信。"在這裏高一志肯定儒家的五倫，不過認爲倫理應該建立在信仰之上。

[2] 上，底本作"土"，FJ 本作"上"，據 FJ 本改。《齊家西學·齊童幼》也做了這個改動。

[3] 異端者指厄比姑樂（Epicurus，又譯作伊壁鳩魯）。在《天主實義》第六篇中，利瑪竇攻擊他："西域上古有一人立教，專以快樂無憂爲務，彼時亦有從之者，自題其墓碑曰：'汝今當飲食懽戲，死後無樂兮。'諸儒稱其門爲'豬寮門'也。"《天主實義今注》，第 167 页。如同當時大部分人一樣，耶穌會士對伊壁鳩魯的思想有理解上偏差。

[4] 參見《聖經·多俾亞傳》四 21："孩子！不要害怕我們貧窮；如果你敬畏天主，遠避一切罪惡，在你的上主天主前行善，你必能富有。"

[5] 至善至慈，FJ 本作"至慈至善"。

不能如意，旦夕祈天主洪祐，實踐仁道，而不敢惰。未幾，氣質清明，非衆友比，無書不通，無理不究，而竟爲世名師。[1] 因是泰西諸庠，凡具陳其學之條目於堂中，而敬事上主，必爲目首焉。

17. 往者吾鄉或托小子於師，已而察其學益，師曰："爾子愚弱不才，業未進也。"父曰："非才亦能爲仁否？"師曰："能。"父曰："吾但欲其爲仁、畏主足矣，何必論其才也？况果行仁道，愚[2]必明、弱必强，進學明理，若視掌耳。"師聞之，即如其言教之，卒符其父之言。18. 然教幼者事天之道，若何方可？曰：認之真、謝之密、從之切，三者盡，而畏主之道盡矣。[3] 夫認之真，必欲其明萬物之主至尊無對。蓋正道有一無二，而正邪不可併容，家中一父、國中一王、天中一日，而萬物中一主，理之當然也。則既知天地真主，主宰萬物、撫[4]育萬民、時刻援救生人，惡得不欽崇而圖所以日日報謝乎？故雖惓惓親愛、昕夕奉敬、闡其功德、揚其聖旨、闢異端、距邪説，猶爲不及矣。19. 蓋能誠其衷、實

---

[1] 亞兒伯多，指十三世紀的哲神學家大雅博（Albertus Magnus）。參見 Joachim Sighaet, *Albert the Great*, London, 1876, p. 23: "Albert at that time strove to penetrate the sanctuary of science. But in vain; all he learned in the evening vanished the next day··· But, behold, his chamber was suddenly illuminated with an extraordinary light, and three young virgins (Mary, Barbara, and Catherine) of ravishing beauty appeared to his astonished vision. One of them desired to know the cause of his discouragement; he answered that it was the dullness of his intellect. The virgin then consoled him, and told him to ask of his mistress what he desired. Full of happiness, Albert approached the Queen of Heaven, and falling on his knees besought her to bestow on him a vast knowledge of human wisdom. The holy Virgin then said, 'Be it done according to your request; your progress shall be so extraordinary, that you shall not have thy equal in philosophy..."

[2] FJ 本此處衍一"弱"字。

[3]《齊家西學·齊童幼》中將"方可？曰認之真、謝之密、從之切，三者盡，而畏主之道盡矣"刪除。

[4] 撫，底本作"父"，FJ 本作"撫"，據 FJ 本改。

其言、果其行，從依聖戒，而以進於道德、證於聖賢，端必由之。往來古今聖賢所言誠學，不外乎此，而幼者始學，可不由是乎？[1]

學之次第八

1. 幼者既立仁學而本於事天主，必當進於事親矣。蓋子於父母最親，其受父母之恩亦最重，則敬天主之後而孝二親，乃天理人情之至切者也。故造化主置十條目以治下民，而孝敬父母係于奉敬天主之後，冠於和睦世人之首焉。[2]2. 罷辣多，上古之大賢，其治國[3]所叮嚀者，惟是奉敬天主第一、事奉父母第二。蓋曰："天主之恩大，而父母之恩亦大，故施仁於天主者，無不施仁於親；不施仁於親者，可謂施仁於天主乎？"[4]斐卯氏嘗曰："二親恒

---

[1] 高一志所强調並不是信仰中的信條，而是某種宗教感，即對天主或神的敬畏。他認爲，這是兒童教育最重要的基礎。在《教育六卷》中，維基歐專門用一章討论"關於天主的尊敬"。（Liber IV, Caput III: De verecundia erga Deum.）不過，維基歐提出不同的例子，並且也强調十誡的第一誡"欽崇惟一天主在萬有之上，不可有別的神"及第二誡"毋呼天主聖名以發虛誓"。高一志的出發點不同，主要闡明倫理生活建立於對天主的敬畏。

[2] 聖經中的十誡分兩個部分，前三誡關於天主即"天理"、后七誡關於人即"人情"。"孝順父母"这誡放在第二部分的首位。參見《聖經·出谷紀》第二十章及《聖經·申命紀》第五章。對高一志而言，孝道是"學之次"。高一志强調"敬天主"，而朱熹在《小學》則强調"敬身"；參見本書薛靈美的文章。

[3] 治國，FJ 本作"國治"。

[4] 高一志暗示柏拉圖是基督徒。其實，對他而言這並非虛言，因爲古代教會史專家優西比烏（Eusebius of Caesarea，約 275—339）很早以前便提到，柏拉圖去了埃及，跟埃及神職人員學習梅瑟的律法。許多教父學家都認爲，在柏拉圖及其他古人的著作中存在某種"古代神學"（*prisca theologica*）。天主從一開始便把這種神學托付給人類，通過許多先知及聖賢，這種古代神學得以保存。文藝復興時期，特別是義大利學者馬尔西利奥·费奇諾（Marsilio Ficino, 1433—1499) 在他的《論神的能力和智慧》（*De potestate et sapientia Dei*, 1471）中翻譯古埃及的希臘文獻之後，"古代神學"這種觀念重新流行。

見而未敬愛也，天主未常見而謂能愛敬乎？僞也。”[1]

3. 敝土近有兄弟二人曰盎費、盎納者，偶遇火發，屋廬俱燼。兄弟共力，負其父火中奔馳，竟不受害。嗟乎！蹈火而死，人所不免，獨仁人孝子踐之不傷，豈不奇哉！[2]夫親親之理禀賦自天，根於性而發於情，有以激之，必强而著矣。4. 往者西南有富王名格肋所者，僅得一瘖子。王討叛而北，爲敵人所逐。子見之，急曰：“賊勿殺吾王！”因强發聲，遂解舌而語，賊亦不敢殺而去。異哉！往者舌結，片言弗出，師親之勤，弗克解其舌，而惟愛親之情，遂解之矣。[3]5. 古之賢曰：“父母在堂，如寶庫也，豈可不視之重而存之謹乎？而孝敬之功有三：一曰隆供養，二曰慎從命，三曰致謹慤。”

6. 夫供養者，父母於子懷抱時受諸苦楚，迨長而成人，擇師授室，惟疾是憂，養育之情何懇至也！故爲子亦以養報之，問安視膳，兼口體心志以養焉。不然，慈烏猶能反哺，人可不如烏乎？ 7. 蝨虫中一種，西名曰里卯，亦善供父母，至死不離。禽中一種，名曰默罷伯，不但供養其老，或見其感疾，飛則以背負之，

[1] “斐卯”待考證。參見《聖經·若望一書》四 20：“那不愛自己所看見的弟兄的，就不能愛自己所看不見的天主。”

[2] 也許高一志是在陳述他在義大利聽説的近事。

[3] 格肋所指 Croesus of Lydia（公元前约 595—547）。參見希羅多德（Herodotus），《歷史》（*Histories*）I. 85：“Croesus had a son who was of good disposition enough but deprived of speech. Now in his former time of prosperity Croesus had done everything that was possible for him, and besides other things which he devised he had also sent messengers to Delphi to inquire concerning him... Now when the fortress was being taken, one of the Persians was about to slay Croesus taking him for another; and Croesus for his part, seeing him coming on, cared nothing for it because of the misfortune which was upon him, and to him it was indifferent that he should be slain by the stroke; but this voiceless son, when he saw the Persian coming on, by reason of terror and affliction burst the bonds of his utterance and said: ‘Man, slay not Croesus.’ This son, uttered voice then first of all, and after this he continued to use speech for the whole time of his life。”

不使落墮，卧則以翼覆之，不使寒凍，而常翱翔拮据，必欲寧之而後已。今以人之美形，而不能行禽之仁，可謂人乎？8. 是以仁子不待師誨，而於親之養，殫力供奉，若猶未足，或投身於僕，或貿子女，或航海梯山，晝夜經營以盡孝，而不敢辭焉。9. 中古有一婦，罪當服上刑，士師恤其老，不欲加刑，命囚之囹圄，絶其飲食，令自死。其婦時有女新產，即假欲候親，空身常入，以乳乳母。久之，老婦不死。士師詢知仁女異謀，嘆曰："供親之情，莫孝於此！"乃赦罪母，讚美仁女。時諸縉紳共力立一大堂於獄中，名曰仁堂，以誥後世而勸孝焉。[1]《聖經》云："供其父爲天主所不忘焉，供其母必將得其報焉"，正此謂也。[2]

10. 從命者，父母有命，即當奉行，不惜勞苦[3]，不避艱難。爲子而奉命之時，惜苦避難者，此與奴僕無異也。古聖嘗曰："命有三，一曰天主命，一曰皇王命，一曰父母命，三者不可得兼，舍君親而從天主命，義也。"況君親之正命，未有不和于天主命，則亦未有不可得兼者也。故寶禄聖人勸子以孝曰："是乃天主之命

[1] 這裏的"仁"譯自古羅馬文化的核心價值，即 pietas。這個故事來源於瓦勒里烏斯·馬克西穆斯（Valerius Maximus）的《言行备忘録》(*Facta et dicta memorabilia*)第五卷第四章第七節。維基歐也提到了這個故事。（Memorabilis est Romanae illius mulieris pietas, quae matrem ultimo iudicio damnatam, dum in carcere diligentius per inediam cosumenda servaretur, consolandi causa adiens proprio lacte sustentavit. quod a custode postea animadversum tantam iis qui eam iudicaturi erant admirationem attulit, ut prae novitate tam rari atque inusitati facti poenam damnatae mulieri remiserint; IV.4, p. 143: 10-15.）在《閨範圖説》中，吕坤（1536—1618）提到類似的故事："唐夫人者，中書侍郎崔遠之祖母也。夫人事姑孝，姑長孫夫人，年高無齒。唐夫人每旦拜於階下，即升堂乳其姑。長孫夫人不粒食數年而康寧。一日疾病，長幼咸集，宣言無以報新婦恩，願新婦有子有孫，皆得如新婦孝敬。則崔氏之門安得不昌大乎？"

[2]《出谷記》二十 12："應孝敬你的父親和你的母親，好使你在上主你的天主賜給你的地方，延年益壽。"

[3] 勞苦，FJ 本作"苦勞"。

也。”[1] 則除親亂命，凡有所令，唯唯是從，如天主命焉。即竭蹶致身，此心亦甘之而已。[2]

11. 致愨者，子于父母，當內外交致其敬。或外勉强飾爲恭敬，或心忽略，不敬于顏色間，此即施之他人，猶爲倨慢，况生我者耶？故日落泥末聖人曰：“爲子而以目，傷其親者必當失其目光。”[3] 12. 美瑟，古教之名聖，爲天主所寵異，任以師治下民者也，其懲諸不孝者曰：“父母或不幸而得子反命慢簡者，則置之公堂，陳其逆惡，使衆民投石殺之。”[4] 天主于罰叛[5] 其聖命之罪人，猶舒裕不遽刑之，惟至于罰不敬親之罪子[6]，乃設重刑如是，不可畏哉！ 13. 羅謨落，太西總都太祖也，元制法律，而孝敬父母之戒

---

[1] 《聖經・厄弗所書》六 1—2：“你們作子女的，要在主內聽從你們的父母，因爲這是理所當然的。孝敬你的父親和母親——這是附有恩許的第一條誡命——爲使你得到幸福，並在地上延年益壽。”

[2] 高一志强調在一般情况之下天主、君王及父母之間的命令沒有矛盾，如果出現矛盾，天主命令在先。在《天主實義・第八篇》，利瑪竇凸顯了三者之間的矛盾：“凡人在宇內有三父：一謂天主，二謂國君，三謂家君也。逆三父之旨者，爲不孝子矣。天下有道，三父之旨無相悖，蓋下父者，命己子奉事上父者也，而爲子者順乎一，即兼孝三焉。天下無道，三父之令相反，則下父不順其上父，而私子以奉己，弗顧其上；其爲之子者，聽其上命，雖犯其下者，不害其爲孝也，若從下者，逆其上者，固大爲不孝者也。”《天主實義今注》，第 213 頁。儒家特別强調對父親的孝及對君王的忠，不過，還承認在特殊情况之下不應該服從。

[3] 日落泥末（Saint Jerome）即《育之功第二》中的“日落尼抹”。傷害父母的孩子應該被判死刑，這一觀念暫未找到出處。《達道紀言・父子第十七條》更具體地描述死刑：“西古法，不孝至傷親，命生置革囊投於浪中，不使吸氣於天，不使蒙洗于水，不使安立于地，何也？凡傷其所由生之本，生死不宜見憐於萬物者也。”（DDJY, p. 262.）

[4] 美瑟指梅瑟（Moses）。《聖經・申命紀》二十一 18—21：“人若有一個忤逆不孝的兒子，不聽從父母的勸告，責罰他以後仍不聽從，父母就該將他捉住，帶到當地的城門前，見本城的長老，對本城的長老說：‘我們這個兒子忤逆不孝，不聽我們的勸告，是個放蕩的酒徒。’本城的衆人就應用石頭將他砸死：這樣，由你中間剷除了這邪惡，每個以色列人聽了，必然害怕。”

[5] 罰叛，FJ 本作“叛罰”，FJ 本誤。

[6] 子，FJ 本作“于”，FJ 本誤。

尤嚴。蓋父於子之不肖不敬者，欲其任意責懲，投于僕、流于野、黜于夷，不惜焉。[1] 故仁子之事親者，言必欲其婉，色必欲其和，心必欲其欽欽翼翼，内外互致其謹慤，而無敢簡易不恭也，否則今之所施于親者，後必將受于子焉。[2]

14. 西聖盎伯羅恤曰："爲子者欲知敬親當如何，則須想已將爲親，所求于子者如何。" [3] 15. 達肋斯曰："爾所將施情於親，必望之于子。" [4] 蓋因所稼是所穡，無疑也。余向聞有不肖子慢其親，而縲之于獄，未久，其子亦以是報之。又嘗聞子之嗔怒其親，既詈咤之，又推曳之堦下而去。不數載，其子不忍親責，即以是言詈之，亦推曳於堦下。父醒悟，呼其子曰："已矣，已矣！向吾不孝[5] 而曳吾親於此，今伏天刑，義也，豈敢違乎？" [6] 嗚呼！古語："惡鳥惡卯[7]，惡樹惡實"，豈不信哉！

16. 雖然，天主戮不孝者，不一而足，載於經典，凡盡其孝敬者，往往錫之耆壽，自非然者，縲以極刑而戮厥身焉。[8] 17. 西

---

[1] 羅謨落，羅馬創立人羅穆卢斯（Romulus）。按照 Plutarch，殺父案在古羅馬法並不成立，因爲這個罪是不可思議的。參見 Plutarch, "Romulus" *in Lives:* "Romulus ordained no penalty for parricides, but called all murder parricide, looking upon one as abominable, and upon the other as impossible。"（Plutarch, *Lives*, Vol. 1, Cambridge: Harvard University Press, 1919, p. 136.）

[2] 參見《論語・爲政第二》："子夏問孝。子曰：色難。有事，弟子服其勞，有酒食，先生饌，曾是以爲孝乎？"

[3] 盎伯羅恤指米蘭大主教圣盎博羅削（Ambrosius）。

[4] 達肋斯指 Thales of Milet，參見 Diogenes Laertius, "Thales", in *Lives of Eminent Philosophers*, I, I.9。"All the assistance that you give to your parents, the same you have a right to expect from your children."

[5] 孝，FJ 本作"肖"。

[6] 《達道紀言・父子第十二條》有同樣的故事："古有慢其親，强引至門閾，親悟其幼之不孝，謂子曰：'至斯即足矣。昔吾强吾父至斯。'嗚嗟！人以此稼，豈不以此穡哉？"

[7] 卯，底本和 FJ 本皆作"卯"，疑爲"卵"之誤。

[8] 《齊家西學・齊童幼》中將"載於經典，凡盡其孝敬者，往往賜之耆壽，自非然者，縲以極刑而戮厥身焉"刪除。

志古鄰國有不肖者常慢其親，惡日叠長，而天戮及矣。士師拘之服上刑，行刑畢，而不肖之鬚忽變白。衆疑妖孽，聖人答曰："夫夫也，向使盡其孝敬，必將蒙天主之恩而壽考焉。既未及行其孝，故天主嚴罰而斷其命，可不戒哉！"18. 雖然，訓誨幼時，不但所生當孝敬也，又推廣其仁，而自天子[1]以至於郡伯師長之屬，皆孝敬之，内外盡其恭焉。蓋君王官長之屬，古今稱民父母，則以父母之敬敬之者，義也。罷辣多治法禁曰："諸長者勿輕慢之，否[2]將得罪于天主，而爲國家之戮矣。"象之小者常尊敬大象，乃至於人不知敬上乎？國有道，孝弟之敬必盛；慢易其長者，非有道之國，乃猛獸之地、蠻寇之野也。

潔身第九

1. 幼學既本於仁，次宜務於潔[3]。蓋人品各有所重，併有所戒焉。老者重智戒嗇，壯者重毅戒怒，而幼者重潔戒欲。2. 老者多見多聞，則宜多智，而不爲人所欺矣；然向苦財用於前，故不能不圖積於後，而恒不肯捨其所備之貲。壯者形氣之盛、心志之堅，未必不毅；然或逢事不順、情不平，輒生嗔恨而不易息也。幼者未行世道，未習世事，則亦未能智焉；又未積其力，未定其志，則亦未能毅焉；惟所禀美質淳朴，身神蠲潔，本分之資，可存可

[1] 天子，FJ 本作"天主"，FJ 本誤。

[2] FJ 本此處多一"則"字。

[3] "潔"可以被理解爲"純潔生活"，不過更具體來説也涉及到貞節生活（castitas）。

修。故嘗謂："幼者無潔，如老無智，如壯無毅，不足尚也。"[1]

3. 古迷色之幼，欲從大賢學，賢師不容，或異而問故，答曰："朽木不足成器。"蓋心不湛、身不潔，而真學無由立矣。鏡之明、水之清者，承二光之照，而對萬物之象[2]；若其昏且濁者，必不能也。地之潔者，能藝嘉禾；若瓦礫之地，殆不足播種也[3]。4. 夫幼之心神愈淨潔，愈易含道德文藝之種，而不負親師之訓誨；若其淫穢者，難容教矣。經云："真知弗入於邪心。"[4]又曰："淫者聽智言則厭廢之，猶以珍寶置於豕前，豈不踐且汙之耶？"[5]

5. 繪工爲圖，先粉之，然後加彩焉；智師始施美教，非得潔質，烏能受哉？[6]凡圖進于實學者，志宜定，心宜明，力宜清，三者不可無一，而潔者必備矣，淫者必敗矣。6. 亞里斯多氏曰："人神定而學知。"淫者常被諸欲所侵，如海被四風所鼓，反復退進，易變無恒，豈能立定於學也！若其心之明者，淫欲一入乎衷，遂發汙霾重霧，蒙晦靈才[7]，填塞[8]理竅，不使切思物義，剖析正邪

[1] 在《修辭術》中（第二卷 12—14），亞里士多德將人生分爲三個階段，其中每個階段的描述跟這裏有所不同。

[2] "二光"，佛教術語，指色光及心光。當然，這裏可能有其他意思。

[3] 参见《瑪竇福音》十三 3 — 9："看，有個撒種的出去撒種；他撒種的時候，有的落在路旁，飛鳥來把它吃了。有的落在石頭地裏，那裏没有多少土壤，因爲所有的土壤不深，即刻發了芽；但太陽一出來，就被曬焦；又因爲没有根，就枯乾了。有的落在荊棘中，荊棘長起來，便把它們窒息了。有的落在好地裏，就結了實：有一百倍的，有六十倍的，有三十倍的。有耳的，聽吧！"

[4] 《聖經 • 智慧篇》一 4："智慧不進入存心不良的靈魂裏，也不住在一個屈服於罪惡的身體內。"托雷斯也引用了这个故事。（XIX. 3, p. 691.）

[5] 《瑪竇福音》七 6："你們不要把聖物給狗，也不要把你們的珠寶投在豬前，怕它們用腳踐踏了珠寶，而又轉過來咬傷你們。"

[6] 《論語 · 八佾第三》："素以爲絢兮。"

[7] "靈才"是利瑪竇在《天主實義》發明的新語，對應今天所謂的"理智"（intellect）。

[8] 塞，FJ 本作"寒"，誤。

善惡矣。譬之目焉，其睛無所不照，惟被微塵之垢，即蒙而無所用。7. 嗟乎！吾心得其浄潔，無理不窮，無物不格，而或蒙污浼，即昏然棄正業，而流于卑陋，無所底止，於實學尚何望焉！[1]

8. 雖然，淫習不但晦心鈍靈，又殘氣力而敗元精也。譬蠹生木中，而漸蝕其心，未久虛落且偃矣。故古謂[2]："淫爲伐性之斧斤、戕生之鴆毒、刧力之闇寇，豈不信哉！" 9. 古聖勸學者潔修曰："修潔而學者，其心聰穎如神，洞徹萬有之理，其力有餘以盡其學，可不愛哉！習於淫者，其心雖睿而昏，其力雖盛而弱，可不惡哉！" 10. 比達卧拉，上古爲明學之宗領，其出入與居，無不湛然純一，言行無苟。遊其門者，無不俾之修潔，而進于道德。倘遇僻于淫、溺于汙者，則正言指其迷，或以身率引于潔，或置美樂以指其侈，使醒而歸正。是時有言曰："欲從潔修者，必遊于比達卧拉之門。"而其所教成俊士，不勝數也。[3] 11. 束格辣德大賢勸進其從者，常設兩[4]道，一曰明道，潔者所由以通天上[5]之域，而會諸神聖；一曰暗道，淫者所由以墮冥幽之中，而聚諸鬼

[1] 文本强調心靈狀態對於形成正確認識的重要性。在福音中，孩子們經常有純潔的心，而耶穌的門徒都在競爭。參見《瑪爾谷福音》九 33 — 37，十 13 — 16；《路加福音》十八 15 — 17。"實學"的根本基礎就是純潔的心靈。

[2] 謂，FJ 本作"爲"，誤。

[3] 畢達哥拉斯（Pythagoras）要求："Extolling them with praises, clothed in white garments, and keeping one' s body chaste"；中譯文參見徐開來、溥林譯：《名哲言行録 · 畢達哥拉斯》，廣西師範大學出版社 2010 年版，第 791 頁。維基歐提及畢達哥拉斯的這種觀念，並且認爲，没有一個基督徒比畢達哥拉斯説得更爲漂亮和虔誠。（Quid pulchrius religiosusque a Christiano quovis autore dici potuit; V. 1, p. 168: 20-22.）托雷斯憑藉阿奎那提及了類似的觀念。（I. 2, p. 7.）

[4] 兩，FJ 本作"二"。

[5] 天上，底本作"天土"，FJ 本作"天上"，據 FJ 本改。《齊家西學 · 齊童幼》也做了這個改動。

魔。[1] 12. 罷辣多久習此學，計繼其師之美業，則避華美之地，而于荒僻之處設帷焉。誌者解其意之妙曰："諸幼易肆志縱欲，莫如景麗之地也。"[2]

13. 故賢者圖進其弟子于實學，不但戒諸淫情，又欲其避諸引淫之事也。吾鄉向有賢士喪妻，而後得專一于美學，友勸之以續絃，答曰："向以婚未能專意務學，今幸斷絃，乃專意于學矣，可併務于婚乎？"噫！君子於[3]正色猶以爲實學之滯，彼習于淫者，可得成學耶？[4] 14. 往者高志之幼，初學恐爲私欲所累，罄力攻克，不使有悮正業。或常服冷汁苦藥，或加鉛板諸腰，或終日投身于寒冰棘藜，或以淡味僅克腹饑，或睡卧衽堅，苦勞骨肉，而違避安佚，千計萬謀，以免淫欲之害，而獲潔學之美。[5] 15. 蓋智與淫、德與色，終不並容，欲由彼，須離此，而習乎此，必不能習乎彼，

---

[1] 在《圖斯庫盧姆辯論》，西塞羅提到了柏拉图的《斐多篇》，並提出了所謂"蘇格拉底的兩條道路"："He believed and taught that there were two ways: …for those who had contaminated themselves by the vices to which men are addicted…there was a devious road, leading far from the company of the gods; while those who had preserved their integrity and chastity…had opened for them an easy return to those from whom they came。"（Cicero, *Tusculanae Disputationes*, translated by Andrew Peabody, Boston, 1876,p. XXX. 72.）玻尼法爵也提到這一點（*De castitate*, p. 151v- 152.）；托雷斯也提及"dos caminos"（IV. 1.p. 211.）。在《回憶》（*Memorabilia*）中，希臘歷史學家色諾芬（Xenophon）陳述了柏拉圖對他長子那普洛勒斯（Lamprocles）的勸告，不過没有明顯提到"兩條道路"。

[2] 據和莫多如斯（Hermodorus）記載，蘇格拉底去世之後，柏拉圖離開雅典，去了義大利或埃及。他離開雅典的主要原因是他無法進行教育。據《第七書信》所記載，柏拉圖目睹西西里島的風俗敗壞，感覺心灰意冷。

[3] 於，FJ 本作"以"。

[4] 反对人們以"續絃"爲藉口享受"正色"。

[5] 高一志描述中世紀宗教的禁欲，如禁食或受苦。很多聖人如亞西西的聖方濟（St. Francis of Assisi）"投身于寒冰棘藜"。玻尼法爵也有提及。（De castitate, p. 166v.）

甚明也。

16. 世之爲親者，靡不欲其子進于實學，乃每不謹其子之邪侈。或有不知之，乃謂之愚，而愚親養愚子，宜也；或知而不責之，乃謂之惡，而惡父之養惡子，常也；或知而又隱匿之，乃謂之蠻，而蠻親之子，竟無不蠻矣。于是或聞其子溺于邪，則笑曰："兹乃幼之頑嬉也，何足責懲。"未幾，再溺，而父又曰："幼者小過，不可責懲太嚴，否將拂滅其美志焉。"未幾，其子甘習于淫，厭棄學業，[1]縱欲敗度，喪身亡家，終蒙無窮之辱。父之智者，可不以是爲鑒乎！17. 童幼之他溺猶可補也，淫之溺不可補矣；他惡之習有底止，而惟邪淫之習無底止也，可不慎哉！18. 雖然，修潔之幼于淫邪之戒，不獨身遠之、念[2]杜之，即口亦封而不言、耳亦塞而不聞。蓋念于行相去不遠矣，淫言多引淫念，而淫念多引淫行，是以習淫者多始于口耳之不謹，可不戒哉！

知耻第十

1. 天主之生物無不全，賦物以性，併賦以存是性者焉。郡有城廓，身服衣裳，禾帶甲，菓具皮，寶負殼，種種備其所以存。至于人德之貴，獨無存之者乎？乃存人之元貴、存德之純體者，莫如羞惡之心[3]。2. 蓋此心根于性，而著于顔，圍身而攝動静，常

[1] 《齊家西學・齊童幼》中將"或有不知之……厭棄學業"刪除。

[2] 念，FJ 本作"即"，誤。

[3] 參見《孟子・告子上》："羞惡之心，人皆有之。"這章討論兒童的羞恥之心，拉丁文爲 verecundia 或者 pudor。

戒外患，不使内達而擾衷靜。3. 故先知者謂羞惡[1]爲心性之廓、德行之殼、義禮之師、捍惡之籓、而善俗之屏也。苟無此心，衆惡侵之，衆患從之矣。

4. 百獸之初生也，或具利爪尖角，或具堅蹄長齒，以當戈兵，敵其所害焉；又或備鱗介，當衣裳[2]以蔽其身焉。[3]人生赤身脱胎，僅持一知耻心而入凶世，即以此爲衣，以此爲甲，所以遮其懦而禦外患也。倘爲幼者棄喪此心，則烏乎可！邑無城，爲寇所侵；園無籓，爲獸所踏；而幼無羞，爲邪所攻矣。5. 是以知耻者雖溺于邪，必有止期與復機焉。無羞，必無溺之限，併無改之倪也。邪鬼引人於諸惡，先滅其愧心，然後攻之，使侮主、害人、汙己而亂國家。[4]聖賢化民，先引起其愧情，使知羞惡，而後進之于道德，所謂“羞散出而道亡，羞回入而道存”也。

6. 名[5]賢第阿日搦偶見孩童之溺，童羞而赭其面，乃稱之曰：“無傷也，此色乃德之色也。”[6]又有老賢，觀小童被責而赧，則喜

---

[1] FJ 此處多一“焉”字，誤。

[2] 衣裳二字不清，據 FJ 本補。《齊家西學 · 齊童幼》有同樣的處理。

[3] 參見《天主實義》：“下至飛走鱗介諸物，爲其無靈性，不能自置所用，與人不同，則生而或得毛、或得羽、或得鱗、或得介等當衣服，以遮蔽身體也；或具利爪、或具尖角、或具硬蹄、或具長牙、或具强嘴、或具毒氣等當兵甲，以敵其所害也。”《天主實義今注》，第 84 頁。

[4] “主”等同於“天主”。

[5] 名，FJ 本作“多”，誤。

[6] 參見《名哲言行錄 · 畢達哥拉斯》，廣西師範大學出版社 2010 年版，第 553 页：“有一次，他看見一個年輕人因羞澀而紅臉，就説道：‘鼓起勇氣，那是德性的膚色’。”維基歐也提及這個故事（IV.2, p. 134:23-24）：“Quare et Diogenes cum vidisset adulescentem rubore perfusum, pulchre illi dixisse traditur: Confide, fili, huiuscemodi est virtutis color。”托雷斯也有類似的表述。（I. 12, p. 45.）

曰："赧者良心也。"蓋有小過，人性之弱也，若旋知羞，人心之勇也。7. 夫學之道遠矣，童之性弱矣，而世俗橫逆，難敵易溺，使童無此羞持其心而振之，何由得進于學乎？西賢伯路大曰："農之智者，晴夏時必備度陰冬之需；而人之靈者，幼時備延老之需耳。需者非他，即羞惡之心而已。"[1]

8. 夫文繡加身，使衆恭敬也。有人問賢女比第亞氏曰："女飾何者爲盛？"答曰："羞色則女飾之貴盛者也。"[2]旨哉語乎！夫外飾之色，以冶其容，雖用以遮內醜，而實足誨[3]淫；羞情從內以發紅色，則表其心之良貴矣。9. 故加篤西至廉之士也，欲幼色變紅而不變黃。蓋黃者從心之惧而發，乃卑賤之情；紅者從心之羞而發，乃高志之兆耳。[4]10. 厄助峨略聖人詳其所以然曰："貴族及高志之幼，多血清且輕焉，或遇言與事之不潔不正，則內羞愧而外表赧也。若幼之賤陋者，多血濁且凝重焉，故雖惡之大者，未能動慚于內而變色于外矣。"[5]11. 名士色搦加嘗曰："幼者高志之兆，

---

[1] 伯路大指普魯塔克（Plutarch）。在《達道記言》被稱爲"布路大各"。

[2] 比第亞指德爾斐城（Delphi）阿波羅神殿的女主祭司 Pythia。

[3] 誨字不清，據 FJ 本補。

[4] Plutarch, "Cato the Elder", in *Moralia*: "He said that it gave him more joy to see those of the youth that blushed than those that blanched." 托雷斯也提出："Por esto dezia Caton el Viejo que le agradavan mas los niños quando se paravan colorados, que no quando se ponian amarillos; porque esto es senal de temor, y aquello de verguança y como no es cosa que se puede fingir ni tomar prestada, donde ella se muestra, assegura la persona, que no hara cosa indevida。"（I. 12, p. 46.）

[5] Saint Gregory of Nazianzus, "Adversus mulieres", in *Carmina* 1.2.29. 托雷斯："San Gregorio Nazianzeno dice: Do ordinario los buenos y generosos tienen la sangre liviana, y asi presto acude a cubrir el rostro, quando les dan alguno sobresalto, obrandolo ansi la Majestad Divina con ellos. At verò malis sanguinem condensavit, immotumque intus tenuit, eoque efficitur, ut ad nullam turpitudinem erubescant。"（I. 12, p. 45-46.）

莫如羞顏。" [1]

12. 老者以知智積其令聞，而人信伏之；幼者以知羞達其善名，而人愛慕之矣。13. 中古貴臣有骫國法而橫逆不止者，或告于王，貴臣時不在邑，其子獨赴公堂，將雪其親之辱。及聞告者細陳其父之非，滿面慚色，竟不敢措一辭。堂中諸司觀其容赧，反喜而赦其父不刑矣。於戲！財賄之重、友交之貴、代辨之文，不能救其親之急，而獨一子之羞色，不言而救之，不亦異耶！ [2] 14. 故伯兒納聖人曰："衆人所愛慕，莫如知耻之幼。" [3] 幼

---

[1] Seneca, *Moral epistles to Lucillus* I. 11: "When he tried to collect himself, he could scarcely banish that hue of modesty, which is a good sign in a young man; the blush that spread over his face seemed so to rise from the depths." (Ubi se colligebat, verecundiam, bonum in adolescente signum, vix potuit excutere; adeo illi ex alto suffusus est rubor.) 托雷斯在引用時稍有改變："Bonum in adolescente signum, cum illi ex alto rubor suffunditur。"（I. 12, p. 45.）

[2] 此處的中古貴臣指馬其頓國王菲利普（Philip）第五世（公元前 221—179）；他的兒子是德米特里厄斯（Demetrius）；公堂是羅馬元老院。托雷斯提及："Estava accusado Philippo Rey de Macedonia, ante el Senado Romano, por haberles guardado poca lealtad, y haber hecho mucho daños a sus amigos y confederados; para disculpir a Philippo de lo que se le imputava, vino su hijo Demetrio, mancebo de tales prendas, quales veremos en el discurso de su defensa. Entrando pues en el Senado, a proponer las escusas que su padre tenia, contra los capitulos de su acusacion, como se vio ante aquellos gravissimos padres, por una parte cortado, de hallarse en unos estrados de tanta autoridad, y por otra conociendo ser los delictos, que el Fiscal le oponia tan feos, que ni los podia negar ni defender, sucediole lo que dize Tullio: Pudorem rubor consequitur. Cayosele la cara de verguença al generoso mancebo, de tal manera, que sin poder passar adelante en lo propuesto, de puro empacho se quedo confuso, mudo y colorado. Eso parecio tan bien (escrive Justino) a todos los juezes, que por solo el respecto del hijo Demetrio, dieron por libre a su padre Philippo de los crimines y excessos, que se la havian provado。"（I. 12, pp. 46-47.）托雷斯説明了這一故事的來源：Alexander ab Alexandro (1461-1523), *Genalium dierum libros sex* Rome, 1522, 1539, lib. 2, c. 19。

[3] 伯兒納聖人現譯聖伯納德，參見 Saint Bernard, *Sermo* N. 86："Quid amabilius verecundo adolescente? Quam pulchra haec, et quam splendida gemma morum in vita et vultu adolescentis!"（I. 12, p.47.）也有這個引用。

之所以感衆心，莫切乎羞色，則羞色可比之光玉，加諸幼額，輝光四射，使人瞻且敬之；或譬之磁石，自遠招物，使繫歸之也。15. 由是罷辣多録治國之美法曰：“幼者所宜常從者二，于惡即羞、於善即勤而已。”[1]

16. 羅瑪常爲諸西國總都，其治幼之術，甚美且嚴，乃欲其從少專存此羞心，則使常衣紅衣，使常念内羞之存也。[2] 17. 里古兒峨往世亦以美法綱紀本國，至于童幼之學，則曰：“幼學須謹于羞情，與所獲重貲無異。”則入必謹於是，出必謹於是，言必于是，視必於是，瞬息不可忽也。[3] 18. 蓋羞之美多位乎目，而表乎口焉。口目二関，易開易閉，則羞心非謹，不覺流散，其既散亡，將不復來也。故賢者戒幼之羞，必欲其謹於口目矣。

19. 然羞心之妙有二處：一在人前，一在獨居。世人多忌人目而羞戒焉，至于獨處，則廢羞心而任欲肆矣，謬哉！君子忌其目，比人目尤嚴，蓋他目有時而可障，己目無時可避也。20. 吾西近世

[1] Plato, *Symposium* 178c-d: “Feeling shame towards what is shameful, and love for what is noble.” 托雷斯也用拉丁文引用柏拉圖：“Duo sunt quae per omnem vitam ducere debent adolescentem, in rebus turpibus verecundia, in honestis studium。”（I. 12, p. 49.）

[2] 托雷斯這樣描述古羅馬的镶紫红边白长袍（Praetexta）：“Los Romanos mandan que los hijos de los nobles truxessen aquella vestidura llamada Praetexta, que era una ropica hasta en pies, y de color purpureo, para denotar que los niños han de andar vestidos de pies a cabeça, con el ornato de la verguença, figurado en aquel color。”（I. 12, p. 50.）

[3] 托雷斯提及同樣的故事：“Lo qual fue la causa para que el legislador Lycurgo procurasse tanto en los mancebos esta virtud como principio y asiento de las de mas; mandava pues que los niños Lacedemonios guardassen esta en lo publico y en lo secreto, en casa y fuera, en el rostro y todos los movimientos de su cuerpo, diziendo: Pudorem quasi naturalem Spartani pueri concilient; in viis manum intra pallium habeant, silentioque intendant, nusquam circumspiciunt, sed humi oculos defixos teneant。”（I. 12, p. 49.）

有賢王名瑪施者，其生平習於義禮之修，未嘗使人目及己目視其赤身，玆羞之至也。[1]21. 盎滿古在西南爲名修之士，偶同友遊，中途遇川，無舟橋以濟。將涉焉，恐友見其裸，求友避之，又羞己目，遲滯徘徊焉，有天神忽至，携手登彼岸。異哉！知羞者非特感人心，又爲天主及天神所寵厚矣。[2]

童幼教育上終[3]

---

[1] 瑪施指羅馬帝國皇帝 Maximilian I（1459—1519）。托雷斯提及了西班牙作家佩德羅·墨亞（Pedro Mexia, 1497—1551）的《皇帝傳》（*Cessares*）："Y en nuestros dias, tuvo el mesmo respecto con mas ventaja, el Emperador Maximiliano, pues siendo gran señor y trayendo a su lado tanta gente de servicio, con todo esso nadie le vio desnudo, ni aun su proprio camarero。"（I. 12, p. 48.）

[2] 盎滿指埃及隱修士和聖人 Ammon, Amun 或 Ammoun of Nitria（拉丁文：Ammonius, 約 295—353）。參見 Palladius of Galatia（約 364—約 420），*The Lausiac History*（419—420），Chapter 8: St Ammoun of Nitria, translated by Robert T. Meyer, Ancient Christian Writers, Vol. 34, New York: Paulist Press, 1991, p. 43: "The blessed Athanasius the bishop in his life of Antony told a marvelous story about this man, how that he came to the bank of the river Lycus with his disciple Theodorus, and shrinking from removing his clothes lest he should see him naked, he was found on the other side, having been carried across by angels without using the ferry. Such then was the life of the blessed Ammoun and such his perfection that the blessed Antony saw his soul carried to heaven by angels. I crossed this river once in a ferry, but with fear; for it is a canal leading from the great Nile。" 這個故事亦見于卡西奥多羅斯（Cassiodorus，約 485—約 585）的《教會史三部分》（*Historia ecclesiastica tripartita*）。托雷斯提到《教會史三部分》並陳述了這個故事。（I. 12, p. 47.）中文很接近托雷斯的陳述，特别是："Porque el discipulo no le viesse ni aun los pies, mandole quedar atras. Estando ya solo en la ribera para echarse al agua, tuvo tanta verguença de si mismo, quando se queria descalçar, que por no se ver, se quedo confuso y pensativo, del medio que tomaria..."（I. 12, p. 47.）

[3] 童幼教育上終，FJ 本作"童幼教育卷之上終"。

童幼教育卷之下

遠西耶穌會士高一志[1]著

晉絳段衮、韓霖閱

緘默第一

1. 欲識人之心，覷其面、聞其言而可矣。面乃心之鑒，舌乃情之筆也，面猶不如舌之著焉。[2]故古賢接初學童子，命曰："言，予以觀汝。"是覷面未可識，必聞言乃可探其蘊也。2. 昔有名士，願人胸中備一竇，使內悰外露也。或聞之曰："口乃心之牖，何必竇乎？"人心如瓶，視其口，知其所藏矣。3. 然口之所言，其蓄之妙在于不言，是以古賢師設教，多以默爲宗範焉。

4. 亞兒波氏，人未嘗聞其言，而默以成其學，乃從來高士多師之。[3]西土黌門之外，皆立此賢石像，以手緘其口。5. 比達卧辣，

[1] 高一志，FJ 本作"高一著"，誤。

[2] 維基歐有同樣的描述："舌頭的活潑真正地表示人們生活，如同表現靈魂的圖像一樣。"（Arguit vero vitam hominum procacitas linguae, quae animorum quasi quandam effigiem ostentat; Vegio, V. 2, p. 170: 19-20.）

[3] 亞兒波指 Albertus Magnus, 上文稱爲亞兒伯多。

上世名師也，啓蒙初時，必以五載之默爲首功焉。[1]6. 束格辣德，亦近古理學[2]也，凡習其門，先修七年之默，然後許之言。

7. 蓋未以多聞學言，焉能知言乎？則默乃教言之道也。夫當言之時、及當言之事，成德之士猶難辦，童子能知之乎？8. 故《聖經》云："幼者非關爾事勿言，有再問爾者，方對可也。"[3]9. 造化主生孩孺時，欲其先習于多聞，則具其雙耳，使便于聽誨，而舌則結之，數年不許出語。童子不待學成而急于放言，豈不違造物之命乎？[4]10. 或得劣駒而欲馴服之，乃以轡縛其口。幼者乘氣之盛，與劣駒無異，則計服之法，莫善于納轡其口，不許任意發言也。[5]11. 夫人心譬富庫焉，而人口譬之庫門，有庫而不封其門，必致誨盗，心無口之封，豈止受外人之侵，當失其所得美學矣。是以君子之學，承傳于心，則閉口而默蓄焉；小人之學，入乎耳而出于口，豈有所留以增于學耶！

12. 古賢伯路大氏曰："佞者之耳，不屬乎心，惟屬乎口，其所入必出，而心且空虛矣！"[6]先知者假喻曰：陰司萬刑中有恒盛

---

[1] 在卷上《潔身第九》中，比达卧辣的譯法稍微不同：比達卧拉。

[2] 疑漏一"家"字。

[3] 參見《聖經·德訓篇》三十二 7："青年人，人若一再追問你，假使你必須說，你就說吧！"

[4] 維基歐認爲（V. 2, p. 173: 17-21）："斯多葛派的芝諾向喋喋不休的少年說過：自然給我們製造兩個耳朵及一口嘴巴，是要提醒我們應該多聽少說。"（Zeno Stoicus adulescenti cuidam loquaciori dixit, non ab re duas aures hominibus atque unum os tantum fabricavit, labiis etiam et dentibus munitum, ut supra diximus, quo tam solerti artificio nos plane admonere voluit ut et pauca loqui et multa audire debeamus.）這個故事來源於《名哲言行録》VII. 23。

[5] 維基歐有類似的說法（V. 2, p. 171: 24-25）："他們說舌頭不應該自由和隨便，而應該在胸部里被一些操控练习。"（Linguamque debere aiunt esse non liberam et vagam sed vinculis de pectore imo ac de corde captis moveri et quasi gubernari.）

[6] 伯路大指普魯塔克（Plutarch）。

水鏄瓮而不息者，常勞而無益。噫嘻！好言之幼，乃鏄瓮而已。[1]畎畝已治，嘉種已播，爲農者不謹藏之，未有能勃發者也。[2]13.下古泰西有幼志實學者曰篤瑪所，勤修默學，同學者呼爲瘖牛。賢師聞而責之曰："夫瘖牛必將發大聲！"篤瑪所後發默學之大業，終爲吾諸國之表。[3]如雷焉，先有微氣含于雲内，漸長增力，無聲，然後發大聲。以此觀之，則真學之業未有不由於默者也。[4]

14. 聖額肋峨略曰："默者養言之需，廢彼而此無所養也。"[5]或有言踰理者，其師聽而懲之，則欲補先言之闕，乃自罰以數年之默焉。嗟乎！遇患避難之法無如默。人愈智愈默，愈愚愈放言矣。15.比亞氏古七大賢之一，在席不言，佞者譏之曰愚。比亞對曰："愚者必不默，况席中乎？"[6]故慈親明師教育之際，無不務於默，使幼者修學靜中，而從容出言。16. 蓋真學之堂有二級：一謂默，一謂希言。由彼[7]暨此，乃爲實學耳。

---

[1] 古希臘傳説關於達那俄斯（Danaus）君王有五十位女兒，他懲罰女兒的方式是让女兒將水放入無底的桶。參見《僞阿波羅多洛斯》（*Pseudo-Apollodorus*）。

[2] 《齊家西學·齊童幼》中將"畎畝已治，嘉種已播，爲農者不謹藏之，未有能勃發者也"刪除。

[3] 指多瑪斯·阿奎那（Thomas Aquinas），被稱謂"瘖牛"（bos mutus）。"賢師"指Albert Magnus。

[4] 《路加福音》八15："那在好地裏的，是指那些以善良和誠實的心傾聽的人，他們把這話保存起來，以堅忍結出果實。"

[5] 教宗聖額我略一世（Gregorius Magnus）。《齊家西學·齊童幼》中將"廢彼而此無所養也"刪除。

[6] 關於古希臘的七位名賢，柏拉圖列舉了他們的名字；參見《普羅泰戈拉篇》（*Protagoras*, 342e-343b）。關於普裏恩的毕亞斯（Bias of Priene），史料中並没有相關記載。在《名哲學言行録·彼亞斯》中，也找不到這個故事。維基歐有類似的故事，不過將其歸於雅典立法者梭倫："Quare Solon, cum aliis loquentibus nihil diceret, quaesitus utrum inopia verborum taceret an stultitia, verissime respondit neminem stultum tacere posse。"（V. 2, p. 172: 19-22.）

[7] FJ本無"彼"字。

言信第二

1. 童幼之性，或煩于言、偏于僞。既以默制其言之煩，次須正其言之僞，使早習于信。夫人初生，情純言直，愈交接于物，愈加于僞矣。故親師之智者，謹于幾微，教訓于孩提，使存原質而不沾世染也。2. 比達卧辣，上世之賢也，常曰："生民所秉于天，莫大于能從真情而洪施於人。"蓋天主所以爲天主者，惟其至真至仁故也，則生民所以親天主者，實在真仁二德。[1] 3. 或問賢者所以承順天主之命，答曰："行真而已。"[2] 達味，古之聖王，請問於天主曰："吾主，孰將安於爾聖堂者乎？"答曰："言真於其心，而無欺於其舌者。"然則真者乃升天之階，而踵之者無不至於

---

[1] 阿利安（Aelian）提及了毕達哥拉斯（Pythagoras）的觀念："神們賜予人們兩個美好的禮物，即跟從真理及幫助別人。"（Duo haec divinitus data esse hominibus longe pulchriora, veritatem amplecti, atque benefeciis operam dare, utrumque; verò cum deorum operibus comparari posse; *Variae historiae*, XII. 59.）托雷斯引用了這句話的拉丁文，並補充："Muchas cosas confessava Pythagoras, haver recebido del cielo los hombres moradores de la tierra, en dos de las quales ponia la mira principal, como mercedes mas aventajadas, que son: el poder hazer bien unos a otros, lo qual es mas proprio de Dios: y el tratar verdad en los negocios que se les offreciessen; estimando esto en tanto, que con qualquiera destos dones juzgava podia completir la vida de los mortales con la de los dioses. Duo haec divinitus data esse hominibus longe pulchriora, veritatem amplecti, atque beneficiis operam dare, utrumque; verò cum deorum operibus comparari posse。"（XXIV. 6, p. 884.）《齊家西學·齊童幼》中將"上世大賢也"這幾個字刪除。

[2]《齊家西學·齊童幼》中將"或問賢者所以承順天主之命，答曰：'行真而已'。"刪除。

天堂，永永安樂焉。[1]故古詩云：“真者原居乎天，而或降臨斯地，必計率人反歸於天。”

4. 罷辣多氏，古文名宗，謂真者乃衆善之帥也，進即群德從之，退則群德併退。[2]聖人又曰：“真者非直爲諸善之基，又爲諸學向處。”5. 凡圖修文格物窮理者，無不計護持其真而免僞焉。令吾幼者不早習於真實，而惟依從僞俗，能成其學也耶？厄日多，古多學之國也，國俗精於繪事，能指事物之隱妙，且欲形容真者之貌，必畫日輪，何也？日光輝四射，炳然辨剖萬物，使目視得無差焉。6. 真者，正而無邪，實而無虛，能照輝諸隱。或投暗中即昏昧，弗識所趨，幸而得燭照，即可免陷溺矣。[3]7. 夫幼者多投居于暗，未明實學終始，非得真情引指，必不能進。是以先學聖賢初立幼教，無不禁僞言而反復叮嚀于真實也。

8. 伯兒西亞國古俗，有子者，先教以仁，次習諸信，其不若

---

[1] 達味指大衛王。參見《聖經・聖詠集》二十四 4—5：“誰能登上上主的聖山？誰能居留在祂的聖殿？是那手潔心清，不慕虛幻的人，是那不發假誓，不行欺騙的人。”《聖詠》十五 1—2：“上主，誰能在你的帳幕裏居住？上主，誰能在你的聖山上安處？只有那行爲正直，作事公平，從自己心裏説誠實話的人。”《齊家西學・齊童幼》中將“而踵之者無不至於天堂，永永安樂焉”刪除。

[2] 柏拉圖在其著作中提倡了最高的理念：真（*alethes*）、善（*agathon*）、美（*kalon*），不過在《法律篇》中他認爲：“Truth is the beginning of every good thing, both to Gods and men。”托雷斯提及《法律篇》認爲：“Esta [la verdad] affirma Platon ser guia de todos los bienes, de la qual ha de ser muy amigo quien quisiere ser bienaventurado; segun loqual diremos, que le que no la usa ni tiene parte en ella, tampoco la tendra en la ventura que dessea。”（XXIV. 6, p. 883.）

[3] 厄日多指埃及。參見托雷斯憑（Pierio Bolzani, 1477—1558）的《象形文字》（*Hieroglyphica*）（1556）：“La causa esta clara, porque la verdad en un sol claro de la tierra, que assi lo notaron los Egypcios en sus Hieroglyphicas, el qual descubre lo escondido, aclara lo oscuro, distingue los colores, haze visibles los cuerpos, y muestra lo real en todas las figuras。”（XXIV. 4, p. 875.）

者，必重羞重懲之。[1] 9. 辣責德抹，古厄肋濟亞國名邑也，勤于幼學，教之言，必欲希且約，欲正且實。故辣責德抹言法常載于書，爲世範焉。[2] 10. 亞德納亦修言名邑也，惟正言是重是賞，惟訛誕是惡是戮。至於公堂被告訐而自實承，不匿不漏，必赦免之不罰也。嗟乎！真情之美，于罪人之口猶得肆赦，况善人乎？ 11. 歷山，西之名王也，史有紀王功者，呈之王。王讀而遇非情之功，言不實，則嗔而擲書於河，曰："當沉爾身，姑沉爾言！" 蓋僞言僞人，王所深厭，故痛絶之耳。[3] 12. 西域往有務于性學者，敬高士總名曰巴拉瑪搦者，衆民師之。但或言偶不正，則辭絶之，永

---

[1] 伯兒西亞指波斯。托雷斯引用 Caelius Rhodiginus（1469—1525）的《經典閱讀》（*Antiquarum lectionum*［1516］）寫道："Aunque de muchas gentes leamos haber sido muy cuydadosas en la buena criança de sus hijos, pero ninguna fue tan remirada como los Persas: y porque su vivienda generalmente era en guerras, desde niños se dize, los que enseñava a hazer mala a un cavallo con toda ligereza, jugar de una espada con mucha industria, tirar faetas y flechar arcos duros con gran certeza, mas sobre todo, que fuessen amigos de la verdad, la qual devian mantener a costa de qualquier riesgo。"（XXIV. 6, p. 884.）

[2] 斯巴達人習慣説簡略的話語。至今英文還有"斯巴達式話語"（laconic speech）的説法。

[3] 盧西安（Lucian of Samostata , 約 125—180）描述了亞歷山大大帝對亞里士多波盧斯（Aristobolus of Cassandreia, 公元前 375—301）的指責。參見 Lucian, *The Way to Write History*, translated by Fowler, Oxford: Clarenton Press, 1905, Vol. II, p. 115: "Aristobulus inserted in his history an account of a single combat between Alexander and Porus, and selected this passage to read aloud to the former; he reckoned that his best chance of pleasing was to invent heroic deeds for the king, and heighten his achievements. Well, they were on board ship in the Hydaspes; Alexander took hold of the book, and tossed it overboard; 'the author should have been treated the same way'。" 高一志是從托雷斯的著作翻譯這個故事其對應的文字如下："我也應該給你同樣做，因爲我從來不喜歡你的虛幻及謊言。"（Lo mesmo deviera hazer de ti, que ficciones y mentiras nunca me agradaron, XXIV. 7, p. 887.）

永不使師人矣。[1] 或問一賢曰："僞假真己者如何？"賢曰："真者不文其言，不善其色，衆信之；僞者巧其言，令其色，衆鄙之。"13. 故諸辱人大愆，莫若僞言焉。蓋傲以謙、貪以廉、吝以施、汙以潔、忿以馴，可以雪洗，人未有不信者。惟僞者雖發正言，實之以誓，尚未足補前闕，而人終不信矣。語曰：真人言當誓，僞人誓不當言，不亦殆哉！

14. 亞瑪洗，上古王厄日多國也。其國奉邪魔，可密詢時事之吉凶。或遇其言之虛，輒毀其像，不許人敬之。[2]《聖經》云："鬼魔乃僞之父。"鬼一僞其言，猶未足憑信，而人僞可信與？爲人而不得人信，乃辱不勝言也！[3] 15. 亞理斯多嘗曰："使僞人勿遭

---

[1] 可能指巴門尼德所著的《性論》（*On Nature*），其中區分了真理與觀念。

[2] 亞瑪洗指埃及 Amasis II 法老王。參見 Herodotus, *Histories* II. 174: "It is said however that Amasis, even when he was a private man, was a lover of drinking and of jesting, and not at all seriously disposed; and whenever his means of livelihood failed him through his drinking and luxurious living, he would go about and steal; and they from whom he stole would charge him with having their property, and when he denied it would bring him before the judgment of an Oracle, whenever there was one in their place; and many times he was convicted by the Oracles and many times he was absolved: and then when finally he became king he did as follows:—as many of the gods as had absolved him and pronounced him not to be a thief, to their temples he paid no regard, nor gave anything for the further adornment of them, nor even visited them to offer sacrifice, considering them to be worth nothing and to possess lying Oracles; but as many as had convicted him of being a thief, to these he paid very great regard, considering them to be truly gods, and to present Oracles which did not lie。" 托雷斯也提及這個故事。（XXIV. 7, p. 887.）高一志只講了這個故事的一半，並未提及，法老王向說真話的偶像做了奉獻。耶穌會士托雷斯在西班牙講述了完整的故事。不過，高一志要表達的是对中國人偶像崇拜的徹底批評的態度。

[3]《聖經・若望福音》八 44："你們是出於你們的父親魔鬼，並願意追隨你們父親的欲望。從起初，他就是殺人的凶手，不站在真理上，因爲在他内没有真理；他幾時撒謊，正出於他的本性，因爲他是撒謊者，而且又是撒謊者的父親。"

他褻辱，而惟衆人不信之，是則褻辱之大者矣！”[1] 蓋人以交接物而生，夫交接主[2]信，令人無信，則亦無交接，無所交接，則人何以生爲？

16.比達卧辣[3]氏往往戒其弟子曰：“鳥之白胸黑尾者，勿上筋也。”解之者曰：“白胸黑尾之鳥，乃僞人也。”蓋僞者巧言令色，其面若粹白焉，究竟無證據、無結局，是若黑尾。如斯人者，賢師以爲不足與遊與言也。罷辣多氏禁工人無得造贋物，犯者罰正值。利濟亞國古俗于是尤加嚴焉，凡虛誕者，配爲奴婢，終身不齒。[4] 嗟夫！僞者常骯正法、奸善俗、傾道德、敗元質，可容於義理之國乎！[5] 17. 國家所以長盛者，真正焉；所以顛覆者，詭誕焉。好誕詐者，奴之不亦宜乎？是以志于真學者，必謹避諸訛言邪情如火水也。又非直戒于僞訛之實，即假訛之微影，亦不敢忽焉。目清明者好光避暗，病者反從暗而避光。18. 亞日洗老，古之

[1] 參見 Diogenes Laertius, *Lives of Eminent Philasophers*, Life of Aristotle, “He was once asked, what those who tell lies gain by it; ‘They gain this,’ said he, ‘that when they speak truth they are not believed。’”托雷斯也提及了這個故事。(XXIV. 7, p. 886.)

[2] 主，FJ 本作“之”，誤。

[3] 辣，FJ 本作“拉”。

[4] 利濟亞國可能指 Ligura。托雷斯提及了馬賽的相關法律：“Entre los Masilienses avia ley, que si haviendo ahorrado algun amo a su esclavo, despues deste beneficio el tal siervo le hiziesse algun engaño, por el mesmo caso le privavan de la libertad donada; y le mandaran volver a su primera esclavidad. Davan a entender con esta pena, que el mentir (como dice Plutarcho) es officio de esclavos viles, no de hombres libres y honrados, cuya preeminencia desmerece quien se fugera a vicio tan humilde。”(XXIV. 7, p. 888.) 亦參見 Plutarch, “Education of Children”, in *Moralia*: “But besides all this, we should, as a most sacred duty, accustom children to speak the truth. For lying is fit for slaves only, and deserves to be hated of all men, and even in decent slaves it is not to be condoned。”

[5]《齊家西學・齊童幼》中將“嗟夫，僞者常髒正法、奸善俗、傾道德、敗元質，可容於義理之國乎！”刪除。

賢者，或請曰："此有巧人，假畫眉鳥聲絶似，盍試之？"賢哂而辭曰："吾向屢聞真畫眉鳥聲，兹聞其假者，何益乎？"[1] 初喜假鳥之音，恐進而喜夫假人之言也。僞情僞言，漸入乎衷，未幾，吾亦將肆于若情若言矣。19. 所謂真者養真，僞者養僞。倘幼學者恣於詭誕，每至終身莫挽。慎之哉，慎之哉！

文學第三

1. 夫人以知爲人道之始，以行爲人道之終。生知者鮮，故志于知者，必由學矣。語曰：財以勞聚，知以困致。2. 嘗觀好學者，自童幼時，心向學、好問辨、争先進、耻止後，其知之欲與學之困，併長齊進，至于壯老，不知衰息。則譬之于嗇財者，財愈豊而欲愈盛，無所止限也。

3. 束鸞氏，上古七名賢之一，至八旬未嘗少怠于學，曰："老者既幸加日于生，亦無不可加學于心。"[2] 將就木，忽聞人論性中之理，遂昂首傾耳聽焉。或大異之，賢曰："學此理，然後可去世

---

[1] 亞日洗老指斯巴達君王 Agesilaus；《童幼教育》下卷第六章"飲食"中也翻譯爲"亞日西老"。《達道紀言》將其稱爲"亞日西"。這裏的故事來自：Plutarch, *Lives, Agesilaus*: "When he was invited to hear the man who imitated the nightingale, he declined, saying: I have heard the bird herself。" 托雷斯也提及這個故事："Preguntaron una vez al Rey Agesilao, si queria oyr un hombre que remedava con tanta propriedad la musica de un ruyseñor, que nadie juzagaria sino que ra la propria ave, a los quales respondio, segun Plutarcho, no; que muchas vezes he oydo al ruyseñor verdadero。" (XXIV. 6, p. 884.)

[2] Plutarch, *Lives, Solon*: "He was admittedly a lover of wisdom, since even when he was well on in years he would say that he 'grew old ever learning many things.'"

矣！”[1]可見學之業與人身終始，須臾不可離也。4. 然既欲學而知，必不可辭學之苦。經云：加知者亦加勞矣。5. 蓋生人性元被先祖之染累，無不昏于理而懦于力。乃已無不欲加明以開其蒙，而知其所當知；又無不欲加力以助其弱，而行[2]其所當行。6. 故人性從始生恒向學，而甘苦至終不已也。

7. 近視者需眼鏡，乃可見遠像焉；跛蹩者需杖策，乃可走長途焉。8. 文學者，心目之鏡、心足之杖也。性地之蒙且弱者，無不因之以致所當知之遠理，以勝所當行之遠道矣。9. 航海者仰觀星日，俯視盤針，不則海不可渡也。行當世之險海，非經學之指引，能免覆没乎？[3]

10. 幼者之學，根于仁，進以孝，堅以忍，成以智，四者非經典弗備焉。11. 蓋古今之懿德實學，具載于書，一覽可知，旋足效法，親師之教所不及也。12. 夫親與師，已或不明，亦未足教誨；或令反其好，未足鼓舞；或張而輒弛，未足成全。13. 若經典之教，至明無昧，至實無虛，至正無邪，永施無盡，從之者有不受益者乎？其明智爲衆善之倡率，諸惡之捍禦，患難之倚賴，平生之安宅。視往察今，周遍萬事，解釋諸疑，無所不到，無所不備也。童幼者始行世道，舍文學，安所指引哉！[4]

14. 語云：老者積其智以年，幼者積其智以書。夫年與書又大異焉，蓋年彌長，清氣彌退，外司內覺彌昏，賴之者恐智漸衰。若經典則愈習愈明，智愈加焉。且年之智，時所積也，於人功無

[1]《論語・里仁》：“子曰：‘朝聞道，夕可死矣。’”

[2] 行，FJ 本作“遊”。

[3] 對中國文化來説，“經學”指儒家經典。

[4] 這一部分强調經典教育，與中國主流教育是一致的。

與；而書之智，學所積也，其功大矣。15. 從年而知者，其學狹薄，不出一身一家一世之限；從書而知者，其學廣厚，不啻六合萬世之内，愈傳授，愈大而堅矣。16. 故明道者教子早進于文學，不使廢其業也。

17. 古西名[1]王有子曰歷山，傳以亞里斯多，命之曰："爾師大賢，幸甚，勿懈于學。吾昔未成學而聽政，幾不勝任。玆爾當國重統，以吾爲戒可也。"[2]世子受王命，侍賢師數載，無書不讀，無物不格，無理不究，竟得成其學，未過三旬，而以美治君數大邦矣。18. 蓋圖治國安邦，道莫徑莫善于文學也。故罷辣多嘗云："國家之幸，莫大乎使持政者務于文學，或務于文學者持國政也。"

19. 撒羅滿，古如德亞國王也，稺而孤，未習于學，乃志于治，則謹告天主，祈求明智。天主大喜其意[3]之誠，即寵之甚，使豁然貫通[4]古今衆理，而以美法總領大國焉。[5]20. 泰西前世有國王曰洗日蒙篤，生平好學。凡學士來者，尊禮之，重任之。或妒

---

[1] 名，FJ 本作"明"。

[2] Plutarch, "Sayings of the Kings", in *Moralia*: " "He [Philip] charged him [Alexander] to be observant of Aristotle, and study philosophy, That you may not, said he, do many things which I now repent of doing." 托雷斯也提及這個故事："Esto te aviso hijo mio, porque despues con la ignorancia no hagas muchas cosas indiscretamente en el govierno de tus estados, como yo he hecho por no tener este soccorro de sabiduria。"（VI. 1, p. 266.）也參見卷上《教之助第四》。

[3] 意，FJ 本作"氣"，FJ 本誤。

[4] FJ 本無"通"字。

[5] 《聖經·編年紀下》三 6—11："撒羅滿對天主説：'現在，求你賜我智慧和聰明，好使我能在這民族面前出入，因爲誰能統治你這樣大的一個民族？'天主對撒羅滿説：'你既有此心願，没有求富貴、財寶、光榮，也没有要求你敵人的性命，也没有要求長壽，只爲自己求智慧和聰明，好能治理我的民族，即我使你爲王所管理的民族；爲此，智慧和聰明已賜予了你，但我還願將富貴和光榮賜予你，是你以前的君王從没有過，你以後也不會再有的。'"托雷斯也提及了這個故事。（VI. 1, p. 267.）

而告曰："諸國來者，其人多卑陋，王任之何若是重耶？"王曰："明知者非卑陋，乃世之正表也。天主既寵之，使超越品庶，吾能不寵任之乎？"[1] 21. 或問于亞里斯弟名賢："智者與愚何異？"答曰："並置諸異界，則知之矣。"吾以爲並任之國政，必不可匿也。智者至于他邦，必聞其政，大小敬仰而信從之；若其愚者，所至莫之顧矣。[2] 22. 西書曰："智者生以立政，愚者生以行役。"[3] 古詩云："智者獨次天主，獨富榮美，爲諸王者之王"，此之謂也。[4]

23. 弟阿日搦遇童子富而愚，譏曰："飾文羊乎！"羊，畜中

---

[1] 指神聖羅馬帝國皇帝 Sigismund（1368—1437）。Giovanni Battista Egnazio, "Sigismundus", in *De principibus Romanorum*, Lyon: Seb. Gryphium, 1556, Liber III, p. 444："Ego, inquit, eos amo quos natura alios ante stare facilè voluit."托雷斯也提及這個故事："Mucho mas se aventajo en dichos y hechos favorables Sigismundo Cesar… Y como no faltassen zoilos invidiosos y roedores que le dixessen, excedia de lo conveniente a su corona, entronizando tanto a los letrados y cargando de tantas honras a los que de su natural eran de poca estofa y baxo suelo, respondio el discreto Emperador: Ego eos amo quos natura alios ante stare facilè voluit。"（VI. 3, p. 275.）

[2] Diogenes Laertius, *Aristippus*, II. 4: "On one occasion he was asked in what respect a wise man is superior to one who is not wise; and his answer was, 'Send them both naked among strangers, and you will find out.'"關於這個故事，托雷斯有所發揮："El philosopho Aristippo que preguntado que ventaja hazian los hombres doctos a los ignorantes, respondio: Pon los entre gente no conocida, y veras lo que pides; y en realidad de verdad es assi, que aunque el letrado y el que no es, en lo natural son hombres, mas la forza del Sabio, tiene un privilegio de hidalguia tan conocida, que entre gente politica, y barbara, entre grandes y pequeños, entre conocidos, y estraños se haze respectar y reverenciar。"（VI. 3, p. 275.）高一志的敘述以托雷斯的這番話爲基礎。另外，也可以跟《論語》比較："夫子至於是邦也，必聞其政。"在《教之助第四》中，此處"亞里斯弟"（Aristippus of Cyrene）被稱爲"亞里第頗"。

[3]《聖經・箴言》十一 29："愚昧的人，必作心智者人的奴隸。"托雷斯也有這個引用："qui stultus est serviet sapienti。"（VI. 3, p. 273.）

[4] 指古羅馬詩人贺瑞斯的詩。參見 Horace, *Epistulae* I. 1: "The wise man is only a little less than Jupiter, rich, free, honored, handsome, and, lastly, king of kings。"托雷斯也有這個引用。（VI. 2, p. 271.）

之至愚，獨利其毳耳。故智者居于小民中，如牧居羊中。去牧者于羊，去智者于民，無所歸矣。[1]24. 束格辣德，吾西大賢，往往感謝天主之三恩：一曰天主生我即賦我以性靈，不投于畜獸中；二曰天主生我即賜我男位，不投于女中；三曰天主生我置我于文學之邦，不投于愚夷中。三者以爲天恩之大，而日謝之兢兢焉。[2]若其得生于文學之邦，而猶不習於文學者，是則與愚陋之夷無異矣。

25. 先智者嘗設論曰："欲成大器，質與學孰重？則必以學爲重焉。"夫美質者，如田之膏腴，非恒修治之，徒長豊草耳。嘗觀質之鈍者，多用學之功力，竟得成全，未見美質者不學而能成也。是以古聖以美質不學，譬之美軀之無兩目、寰宇之無三光也，使入寶庫，而不用光照，美寶不可見矣。夫人美質或若寶庫，使無文學照之，奚美之有？26. 古賢欲嫁其女，友曰："某富且貴，可嫁乎？"賢問曰："夫向學而智乎？"曰否。賢曰："今有驢于此，雖文飾之美，可莫之顧也，况嫁之乎？"黄金爲五金之重，玉石

---

[1] Diogenes Laertius, *Lives of Eminent Philosophers*, Diogenes of Sinope: "He said that a rich but ignorant man was like a sheep with a golden fleece." 托雷斯提及了這個故事："A los ricos aunque fuessen muy señores, si eran indoctos, llamava Diogenes Cynico ovejas con vellones de oro; porque en la aparencia del vulgo, son gente de estima, pero en los ojos de quien sabe apreciar las cosas, son como unos brutos。"（Prologo para el lector, n. 17.）

[2] Diogenes Laertius, *Lives of Eminent Philosophers*, Thales: "But Hermippus, in his *Lives*, refers to Thales what has been by some people reported of Socrates; for he recites that he used to say that he thanked fortune for three things: first of all, that he had been born a man and not a beast; secondly, that he was a man and not a woman; and thirdly, that he was a Greek and not a barbarian." 此處高一志參考了托雷斯的這番話："Conociendo esta misma differencia Thales Milesio, o segun otros autores el admirable Socrates dezia que de tres beneficios muy particulares hazia gracias a los dioses cada dia: la primera porque le avian hecho animal racional, no bruto o bestia; la secunda porque era hombre, y no mugger; la tercera porque avia nacido en Grecia entre gente docta y sabia, no barbaro entre los peñascos de Scythia。"（VI. 3, p. 276.）

爲寶之貴，但無鍛煉琢磨之功，不獲善價；夫質之美者，非得文學之修治，何足貴也？欲知幼之文學當何如，則詳辨之于左。

正書第四

1. 西國古之名賢曰責諾者，初志于正學，則問于神："何由成其學乎？" 神曰："多交于終者而勤法之，可也。" 賢思察神意良久，知終者，已死之古人也。[1] 2. 古人雖死，其書尚在，所云多交勤法，意在是乎！乃購古名書，恒習之，終成大賢焉。3. 故書乃幼學所最急，學而舍典籍，猶舍毛羽而欲高飛，豈可得乎？[2] 雖然，惟擇其所當習之正者，而置其所當避之邪者。4. 蓋著書無限，而正者有數，乃邪書多假文飾，招幼目，竊入乎心而傾危其學矣。5. 故罷洗略大聖譬曰："蜂求釀蜜，必擇于花，其無益者，弗採也。" [3] 6.

---

[1] 《名哲言行録・芝諾》："他曾祈求神諭，爲了能夠最好地活着，他應該做什麽，神回答説，他應有着同死人一樣的膚色。他想，這是讓他要學習先輩們的教導。"（第613—615頁。）托雷斯同樣提到了這個故事。（XXV. 1, p. 928.）與此不同，中文未提到死者的膚色。芝諾認爲人應該跟死人在一起住一輩子，也就是説要一輩子看古人的書。儒家也會同意這一點，不過，這樣描述去世的人違背儒家精神。在《達道紀言・朋友五十四條》，斯多葛學派思想家 Zeno of Citium 被稱爲責略博士。在《畸人十篇》，利瑪竇把他稱爲責嫒。（《天學初函》第一卷，第 79—80 頁。）

[2] 高一志强調典籍的重要性。這符合西方博雅教育，也符合儒家阅读經典的教育理念。

[3] 罷洗略大聖指 Saint Basil the Great。托雷斯講述了這個故事："Ideo omni custodia anima servanda ne per sermonis voluptatem deliniti, pravum aliquid simul assumamus; veluti qui venena cum melle concinnant atque occultant。"（XXV. 4, p. 942.）在講道中他詳細地討論蜜蜂的生活習慣。原文參見：*De legendis libris gentilium*（Homelia 24）。英譯本參見 *Hexaemeron*, Homely 8, paragraph 4，in Philip Schaff ed., *Nicene and Post-Nicene Fathers: Second Series*, Volume VIII, p. 97。在《達道紀言・夫婦》二十一條，Saint Basil the Great 被稱爲巴西略聖人。.

幼圖聚學，必謹于書，其非正者弗習也。7. 蓋幼者未嘗涉世，未能辨善惡、擇利害，獨于初所見書以爲倣效焉，于是[1]習若性成矣。

8. 古之人有言："常讀淫書，其心未能貞潔；常讀潔書，其心未能恣侈，信也。"是故古學名宗罷辣多治國妙術，凡著述正道之書，必重酬之；著述非道之書，必嚴罰之。[2]9. 蓋以有益于國家者；莫如善書，而反害于國家者，莫如邪書也。國家遭亂，則善書具其所以治之美法；國家得道，則善書備其所以存之制度也。故從古謂正書者，道德之塲也，義理之庫也，聖賢之鑑也，度世之指南也，淳風之市肆也，患難之藥石也。

10. 古明師德默氏設訓于大國之王篤肋謀曰："大國之寶不如美書，積美書不如持之密而專之久也。"國王身有病，而臣之忠者，或不及知，或不敢諫，或諫不直不密。若書之正者，不忌王怒，不圖王寵，爵祿不干，而時刻直陳其善。王忽厭而命之默則默，命之復言則言。[3]是善書非特爲士人之嚴師，尚爲國家之藩屏，故重書者，厥國不能危敗焉。11. 如德亞古爲明道[4]之邦，奉天主聖教，幸領經典正傳，時敵國謀之，未能加害，但後世經典之學

---

[1] 于是，FJ 本作"是于"。

[2]《理想國》第三卷開頭説明，城邦要推廣一些書籍，同時禁止詩人的作品。托雷斯也提及這一點。（XXV. 4, p. 942.）

[3] 篤肋謀指故埃及國王參見 Ptolemy I Soter。德默指建立了亞歷山大圖書館的 Demetrius of Phalerum。Plutarch, *Regum et imperatorum apophthegmata*: "Demetrius of Phalerum recommended to Ptolemy the king to buy and read the books dealing with the office of king and ruler. 'For', as he said, 'those things which the kings' friends are not bold enough to recommend to them are written in the books.'" 原文"时刻直陳其善"似乎譯自托雷斯的以下文字："Son los libros unos predicadores secretos, y letrados de camara tanto mejor oydos quanto nos amonestan con menos ruydo。"（XXV. 1, p. 929.）

[4] 明道，FJ 本作"道明"，FJ 本誤。

漸衰，而國家遂見傾覆矣。[1]

12. 至童幼之學，正書尤要，不幸遇書之不正者，其害多不勝言。蓋淫聲邪術，人所耻道者，不正之書，往往有之，無知之幼，目擊而心喜之，不覺絶置正學矣。13. 罷辣多嘗於邪書之害，譬之毒泉流行，推萬民而斃之。[2] 是故吾西諸國，從古甚嚴於著書，不敢忽也。14. 國律常設公司，任以較書之職，其不正者禁不使行，惟正者令著述頒行焉。[3] 於戲！正道之書，藏於宮中，如寶庫，如藥石。事難，常取以[4] 周急而療病；事順，常取以攝心權而約邪侈也。15. 篤肋某，古厄日多名王，自幼承賢師[5] 善誘，以數萬金購天下名書，隣國來朝，求觀其寶藏，王引諸藏書之室曰："斯吾寶藏耳，吾所最珍異，所積財賄惟斯焉耳，倘一日離此，不樂矣。"[6]

16. 往敝鄉有名將，遇世亂，率師伐國。戎事畢，師衆皆趨掠貲貨，己獨收諸古聖賢之書藏之，曰："是乃吾子孫之重寶也，爲

---

[1] 如德亞指 Judea。《聖經》陳述以色列如何被巴比倫及波斯征服。參見《聖經・列王紀下》二十二 13："因爲我們的祖先没有聽從這卷書上的話，也没有按造這卷書上所記載的去實行，所以上主對我們大發忿怒。"

[2] 參見《理想國》第三卷。托雷斯也提及這一點："De aqui vino, que el gran Platon en aquella Republica que el ordenava, mando no se admitiessen Poetas, ni libros que dello tratassen, por estar muy cierto, que pocas vezes dexan de hurdir malas telas, en achaque de ficciones; y de contaminar la juventud, con la doctrina que en ellas enseñan。"（XXV. 4, p. 942.）

[3] 在西方，天主教會或國家禁止邪書，不允許出版或閱讀邪書。明朝同樣禁止邪書。當然關於兒童教育的書更要謹慎。

[4] 以，FJ 本作"於"，誤。

[5] FJ 本多一"以"字。

[6] "篤肋某"等同於前幾行的"篤肋謀"（Ptolemy I Soter）。托雷斯也曾提到亞歷山大圖書館："Despues sabemos que los Egypcios, y otros Griegos, commençaron a tener librerias famosas, qual fue la de Ptolomeo en Alexandria..."（XXV. 1, p. 933.）

子積財，奚如積書乎？”[1]彼財多令人恣欲而害深，正書者，攝欲抑侈，益財而養學也。17. 夫人命夭短，自所積學，未能廣且成，乃正書者，備諸往世之實學，使我一覽輒廣益焉；人性先馴自所積惡，未能廣且深，乃邪書者，具諸不肖之惡行，使我一覽輒習染焉。18. 古之聖人比善書于藥室，諸疾病各得其所以治之則也；比邪書於疫室，人往無不沾其惡邪也。[2]

19. 西土有士曰意納爵，初好勇，未習實學，忽傷足而寢，以讀書排遣。時室中有聖人之書一種，即執而讀，始嘗其味，即讀之不舍，後遂成明道之師焉。[3]20. 西南又有俊士名曰奧悟斯丁，幼時不幸習于邪師之門，而溺於異端之邪書，但心終不安定，欲

---

[1] 羅馬將軍蘇拉（Sulla）把一個私人圖書館從雅典搬到羅馬。參見 Plutarch, *Lives, Sulla*：“Having put to sea with all his ships from Ephesus, on the third day he came to anchor in Piraeus. He was now initiated into the mysteries, and seized for himself the library of Apellicon the Teian, in which were most of the treatises of Aristotle and Theophrastus, at that time not yet well known to the public. But it is said that after the library was carried to Rome, Tyrannio the grammarian arranged most of the works in it, and that Andronicus the Rhodian was furnished by him with copies of them, and published them, and drew up the lists now current。”

[2] 參見 Seneca, *Epistulae morales ad Lucillium*, n. 45：“You complain that in your part of the world there is a scant supply of books. But it is quality, rather than quantity, that matters; a limited list of reading benefits; a varied assortment serves only for delight。”塞內加並未把“善書”比喻爲“藥室”，不過托雷斯用了這個比喻：“Mas porque escrive Seneca, que no va tanto en rebolver muchos libros, quanto en que sean buenos los que se leyeren, tenga en los de mas particular eleccion, porque muchos son como las medicinas compuestas de yervas saludables y ponçoñosas。”（XXV. 3, p.938.）《譬學》也把邪書比喻爲“疫室”。參見李奭學：《明末耶穌會翻譯文學論》，香港中文大學出版社 2012 年，第 299 頁。

[3] 耶穌會創立人圣依納爵（Ignatius of Loyola）在戰場上受傷，之後在康復時看到了聖人傳記並悔改。參見《圣依納爵傳》。（Ignatius of Loyola: A Pligrim' s Journey:The Autobiongrephy of St. Ignatius of Loyola, San Francisco: Ignatins Press, 1985.）托雷斯也詳細陳述過這個故事。（XXV. 2, p. 934.）

歸正，未及見所當由之路。倏得保禄名聖宗徒之書，遂如寐乍醒，乃從指迷之經，去異端而竟入聖域矣。[1] 歷察古今名修君子，無不從善書而立；天下之邪術左道，無不從邪書而傳也。21. 是以吾泰西凡圖功於明修，但遇小隙，則持美書而玩味；若諸邪書，雖飾以高文，不屑視也。

22. 蓋人心得文之美者，先喜其文，次喜其情，終從其教而難改。是美文之邪書，若注鴆于玉瓚而獻之，其可食哉？[2] 歷山王從幼習于古詩，未嘗見置，其父斐理伯問曰："齋中書不少，汝惟讀某詩不舍，何也？" 歷山對曰："諸書多非要道，或溺于賤陋，而惟斯詩乃進我于正道也。"[3]23 噫嘻！今親之愚多蔽私愛，嚴于小兒之飲食、衣服[4]，而于其所始習之書，邪正不謹，則何獨忌其身之害，而反不忌其神之害耶？室中偶遇蟒蛇，即驚而逐之，乃或藏毒書而不驚乎？或見其幼子落于邪，未有不悔恨者，而不識其

---

[1] 這就是奧古斯丁在米蘭聽到"拿，閱讀"（Tolle, lege）的著名故事。參見《懺悔録》第八卷 28 － 29 段。托雷斯也詳細陳述過這個故事。（XXV. 2, p. 934.）

[2] 西方修辭學家如西塞羅及昆體良都强調文學須文字整齊，並且感动讀者，不過最終目標在於塑造讀者的美德。

[3] 此處的詩指荷馬的作品《伊利亞特》（*Iliad*）。這個故事來源於 Plutarch, *Lives*, VII, 59: 5："He was also by nature a lover of learning and a lover of reading. And since he thought and called the Iliad a viaticum of the military art, he took with him Aristotle' s recension of the poem, called the Iliad of the Casket, and always kept it lying with his dagger under his pillow, as Onesicritus informs us; and when he could find no other books in the interior of Asia, he ordered Harpalus to send him some。" 在《達道紀言・君臣十八條》，高一志也提出亞歷山大對這本書的欣賞："歷山王得最寶匱，即用以藏名士之詩，曰：'書至寶，宜以寶匱珍之。'" 托雷斯也提及了這個故事："Bien pudo dezir Alexandro, que las traya consigo, pues (segun el mesmo autor) les [obras de de Homero] era tan devoto, que la espada y la Iliada desde famosa Poeta le guardaron el sueño todas las vezes que se reposava。"（XXV. 3, p. 939.）

[4] 本書在"西學"之後的第六章和第七章中分別論述了飲食和衣服兩個方面，因此可以推測高一志是後來把"西學"一章插入其中。

所藏之惡書爲諸惡之端也，惜哉！

西學第五[1]

此稿脱于十七年前，未及災木。同志見而不迂，業已約略加減刻行矣。兹全册既出，不得獨遺此篇，遂照原稿併刻之。[2]

1. 或問：文學既爲國家之急務、童幼之要業，當如何則可？余曰：國有道，必有學焉，但學之序，彼此不同，吾將陳西學之節，或有所取而助大明[3]之學乎。

2. 吾西小童開蒙之後，遂習于文，蓋言者人所以别于獸而交

---

[1] 《西學》準確地描述了建立在亞里士多德哲學和經院哲學的基礎上，在當時很有影響力的教育系統，即在 1581 至 1599 年之間耶穌會士所寫的《教育計劃》(*Ratio Studiorum*)。這種教育保持了中世紀的框架，卻在很多方面突破了這一框架，特别是結合了文藝復興時期盛行的古代文學風格和科學風潮。

[2] 如果《童幼教育》於 1632 年出版，那麽 17 年前，即 1615 年，高一志是在南京寫下了《西學》。由於 1617 年“南京教難”的爆發，他受牢獄之災，並被遣返到澳門，《西學》無法正式出版。這裏的“同志”指艾儒略，他看到高一志的《西學》之後，於 1623 年出版了《西學凡》。高一志暗示，艾儒略抄襲或參考了自己這篇文章，但並未提及自己的名字，由此可以看出傳教士之間的競爭。參見〔法〕梅謙立：《理論哲學和修辭學兩個不同對話模式》，景海峰主編：《拾薪集》，北京大學出版社 2007 年版，第 81—105 頁。李奭學則認爲《西學》於 1611 年寫成，（參見李奭學《中國晚明與歐洲文學》，臺灣聯經出版社 2005 年版，第 28 頁；《明末耶穌會翻譯文學論》，香港中文大學出版社 2012 年版，第 257 頁），這種説法有誤。在《齊家西學·齊童幼》裏没有高一志的這些話。鄒振環分析了《西學》與《西學凡》之間的異同；參見鄒振環：《明清漢文西學經典：編譯、詮釋、流傳與影響》，復旦大學出版社 2011 年版，第 223—254 頁。由於兩個文本的一些區别，也許我們不能肯定，艾儒略完全抄襲了高一志的《西學》。

[3] 大明，底本被塗改爲“大國”，FJ 本作“中國”。説明底本成書于明代，FJ 本成書于明代之後。

接于物，則始學無不宜修文者。然太西之文，約[1]歸于五而成：先究事物人時之勢，而思具所當言之道理，以發明其美意焉；次貴乎先後布置有序，如帥之智者，節制行伍，勇者置于軍之前後，而懦者屯之于中；次以古語美言潤飾之；次以所成議論，嫺習成誦，默識心胸；終至于公堂，或諸智者之前辨誦之。此五者之中，必貴實理而致于用焉，豈徒具其文而苟吐散于空中乎？[2]

3. 或衿紳遇事難决者，或民習于陋業而沉于邪俗，或賢者罹于非理之訟，或當讚頌聖賢之功德，或譏彈不肖之惡習，或防國家之災而滅將萌之亂。于是知文之士，具正論于衆前，從高座剖析事理，使疑盡釋，枉者伸，詐者服，凶者伏誅。及以修道設教，使弱者見易而立志，狂者見難而加謹。或述已往之政制，使諸君子得其正譽，而諸小人憚其譏彈也。

4. 文學畢，則衆學者分于三家而各行其志矣：或從法律之學，或從醫學，或從格物窮理之學焉。三家者，乃西學之大端也。[3]

5. 其一家若法律之學，本浩博且重，不可忽也。蓋諸法典自天主之命始，質正理而立[4]，據聖賢而施，志于均治而行。先知者

---

[1] 約，FJ 本作“總”。

[2] 這裏描述西塞羅的修辭五步驟：題材（inventio）、佈局（dispositio）、文題（elocutio）、記憶（memoria）、誦説（actio）。在西塞羅修辭學的基礎上，耶穌會士蘇瑞芝（Cypriano Suarez）發表了《修辭技術》（*De arte rhetorica*，1569），後來耶穌會學校以此進行文學教育。參見李奭學：《中國晚明與歐洲文學》，臺灣聯經出版社 2005 年版，第 27 — 30 頁；生活・讀書・新知三聯書店 2010 年版，第 29 — 33 頁）。

[3] “文學”課程相當於今天的中學課程，學生從这一课程畢業之後開始修習大學课程。耶穌會教育結合了古典學的教育模式及士林的教育模式。中學以古典學爲核心，强調文學、修辭學、語法、詩學等。文學傳統關注學生的性格塑造（信仰、精神、情感、美感等），使他們將來可以對社會有所貢獻。士林教育涉及到邏輯學、哲學、神學、自然科學，目標在於培養學生的理論能力，以便他們可以將來對學術界有貢獻。

[4] 立，FJ 本作“正”，FJ 本誤。

嘗謂法度曰：乃天主之聲也，寰宇之神也，國家之筋也，道德之甲也，訟獄之司也，五倫之紐也，雅俗淆亂之斧也[1]。則廢法度于世，與廢日于天，去神于身無異。諸實學之中，豈不當有專務公法之學，計振本國之政者乎？6. 凡圖秉國敷治，而不修國度之學，比于無翼而欲飛，無戈而欲戰，可乎？古西國有士，未習于法學，臨民攝政，偶遇訟事之難，即不敢自決，乃托左右之吏處焉。時有賢者，過而笑之曰："嗚呼！夫仕者乃管籥焉？非旁人吹之，必不出聲也，吏是彼是，吏非彼非，不如吏爲官，官爲吏也！"7. 以故吾泰西諸國常立法度之公堂，時時奉數高士，以設其正傳。俾凡欲從政者，六載之久遊其學，至于六載終，方應嚴試，而惟取其可以從政者也。

8. 其二家謂之修疾治命之學。蓋世人所重者莫甚乎命，所忌者莫甚乎害命之病。病之名無算，療病之神藥正方無幾。諸疾所由之故難究，非得慱學之醫士，安能起死而回生也？欲治田，問良農；欲考室，問良工；而于生命之重，獨不加謹，乃惟所立方製藥，遽妄信從乎？諺曰：賊人心莫甚邪俗，賊人身莫甚邪藥。病之虐，不如醫之愚多殺人也。病之重，十死一二，醫之愚，十死七八，傷哉！9. 故吾泰西古俗，有醫之公學，諸名士釋古醫之遺經，發明人性之本原，辨外體百肢之殊、內臟諸情之驗，及其萬病之所以然，而因設其所當用之藥方。又大約六年中，師教其弟子以切脈及療治之法，六年之後，須嚴考試，而非領考司之命，不得擅行醫也。[2]

10. 其三家費羅所非亞也。費羅所非亞者，譯言格物窮理之道

[1] 最基本的法律就是神法，即天主爲以色列頒布的律法（梅瑟五書），狹義上講是指天主借摩西頒布的十誡。

[2] 參見董少新：《形神之間：早期西洋醫學入華史稿》，上海古籍出版社 2008 年版。

也[1]，名號最尊，學者之慧明者，文學既成，即立志向此焉[2]。此道又分五家：一曰落熱加，一曰非西加，一曰瑪得瑪第[3]加，一曰默大非西加，一曰厄第加。11. 落熱加者，譯言明辨之道，以立諸學之根基，而貴辨是與非、實與虛、裏與表，蓋開茅塞，而于事物之隱蘊，不使謬誤也。[4] 12. 非西加者，譯言察性理之道，主乎明剖萬物之理，辨其本與末、性與情、其當然者，與其所以然者。依顯測隱，由後推前，緣其既知，以致其所未知。故其學浩博，非他人學可比，凡上天下地中，火氣水土之域、萬象萬生之品、造化之妙、四時之序、四行之交互、五金之凝結、百穀之成熟，種種具焉。[5] 13. 瑪得瑪第加者，譯言察幾何之道，主乎審究形物之分限者也。其分者，若截以爲數，則顯物幾何衆也；若完以爲度，則指物幾何大也。其數與度，或脱于物體而空論之，則數者立算法家，度者立量法家也。或二者在物體而偕其物議之，則數者如在音相濟爲和，而立律吕家；度者如在動天迭運爲時，而立曆法家也。此四大支，流析百泒，皆可究極精理，此未暇詳也。[6] 14. 默大非西加者，譯言察性以上之理也，則總論有形諸物之宗理，分析萬有爲二宗品：一謂之自立者，一謂之依賴者。依賴者又分爲九宗焉，終設神

---

[1] FJ 本無“也”字。

[2] 高一志用宋明理學的説法，即“格物窮理”，來解釋“費羅所非亞”（philosophia）的涵義。

[3] 第，FJ 本作“弟”。

[4] “落熱加”指 Logica。按照《教育計劃》（215、216 及 220 條），一年級的學生要按照可因布拉（Coimbra）課程學習，其中包括亞里士多德的《論題篇》。

[5] “非西加”指 Physica。在物理學方面，傳教士一般倡導西方的四行或四元理論，即“火氣水土”四行構成物質世界的基礎。按照《教育計劃》（222 條），二年級的學生主要學習物理學，包括亞里士多德《物理學》及《論天》。

[6] “瑪得瑪第加”指 Mathematica。二年級的學生要學習幾何學。利瑪竇與徐光啓發明“幾何”的這個新詞，翻譯自歐幾里德的《幾何原本》（1607）。

鬼之精論，而漸著明萬有之源本也。[1] 15. 夫厄第加者，譯言察義禮之學也，其務不外乎三者：先以義禮修身，次以身齊家，終以家治國是也。然計修身，先剖析義禮與諸德根本異同及其細情，使吾知其所當從之善，與其所當避之惡也。次論立室、生產、資業、養育之道，使知其所當取，併其所當戒也。次區別衆政之品節，而銓敘流品，考覈政事，使其正[2]者顯且存，其邪者棄之也。[3]

16. 若是者，人學庶備矣，但人學之上尚有天學，西土所謂陡羅日亞也。此學乃依古今經典，與諸聖賢註論，剖析正道之本源，而攻闢異端諸[4]邪也。其學亦分四大支：一論物上必有一主，至大、至明、至善、至公，即詳其性及其妙情；一論天主造成天地及萬物之功，而萬物之中，神與人爲靈貴焉；一論萬民所向之真福，及其所以得失真福之善惡，及諸善惡之正報；一論天主降生救世之來歷，及其化衆而登大[5]道之奇功，以至歸天而定後日教化之諸規也。[6]

---

[1] “默大非西加”指 Metaphysica。按照《教育計劃》(226 條)，三年級的學生主要學習亞里士多德的《形而上學》。在《天主實義》中，利瑪竇把 substantia 翻譯成“自立者”，把 accidens 翻譯成“依賴者”。 利瑪竇也介紹了依賴者的“九宗”。參見《天主實義今注》，第 127—130 頁。

[2] 正，FJ 本作“政”。

[3] “厄第加”指 Ethica。按照《教育計劃》(235 條)，倫理學老師需要講授亞里士多德《尼各馬可倫理學》十卷。在伦理學方面高一志著有三本相關著作：《修身西學》、《齊家西學》、《治平西學》。

[4] 諸，FJ 本作“之”。

[5] 大，FJ 本作“天”。

[6] Theologia 即天學（今天所謂的“神學”）。按照《學習綱領》(180 條)，學生要花四年時間學習《神學大全》，包括“論天主”(De Deo)、“論創造物”(De creaturis)、“論神學倫理學”(Theologica moralis)、“道成肉身”(Verbum incarnatum) 及“基督救世主”(Christus redemptor)。這裏所謂的“天學”與“人學”相對應。而在這本書的序中，韓霖所提到的“天學”更爲接近李之藻的“天學”觀念，包括神學與人學。

17. 夫天學已備，即人學無不全，而修齊治平之功，更明且易，行道之力更强矣。故吾西大學之修，從認己始，而至于知萬有之至尊，正所謂復其初、反其本也。然既明于是，又從彼推廣其仁，愛人如己，使各克其職，而盡其分數焉。18. 其中又有高志之士，既勤苦于彼諸學，尚進習于正道之妙，而常在其中涵育，以成純德，修身不已，雖文業自足聞達，乃反辭尊位重禄，離父母、骨肉、親戚，施豐貲而甘困約，煩劇身心，鏟滅名跡，以談道勸德。倘遇邪教異端，輒殫力闢之，以扶天主正傳，即致命不顧焉。

19. 此則吾太西總學之大略也，若其詳細，則吾耶穌會中人，類能言之，倘有下問，不敢憚煩。且譯書次第出，會見天人之學，布滿中華矣。

飲食第六

1. 亞訥加氏，西國古賢也，嘗設三誡于學：腹其一，舌其二，色其三。蓋害正學者不止三，而腹之[1]害尤甚。試觀凡腹充飽以酒肉，則心志墮溺于賤陋，乃舌易肆于言，而情易恣于淫也；凡甘淡薄則美志立、欲易約，而舌亦不至縱矣。

2. 雖然，飲食之欲，治之最難，蓋根乎情性，與人並生長而不可絶也。乃取其適可，而辭其太[2]過，在成德之士猶[3]難之，況

[1] 之，FJ 本作“其”。
[2] 太，底本作“大”，FJ 本作“太”，據 FJ 本改。
[3] 猶，FJ 本作“獨”。

始學乎？故聖教明師皆曰："凡志于清修之學，宜先克最难克者，则飲食之欲是也。"[1] 稍順之，則衆欲恣侈，道德傾隕；欲絶之，則肢體餒弱，學業輟息。必酌其中可耳。

3. 故父師教育之際，當于其欲之萌芽早正之，則或視農法焉，或視獵法焉。農法曰："諸木植茂，時以清泉溉之，但溉之不得其時與數，反以害之。"童孩者長之急，又多内火，即未免厚供之，然而或失時、或失宜，亦未免致患矣。獵法曰："欲習犬于獵，使疾趋而獲獸也，必養之薄，時空其腹焉。蓋肥者未能善走焉能獲獸乎？"夫幼者欲習于文藝之學，法莫善乎育之薄，不使飽飫，爲美業之滯也。

4. 蓋文德全成，必欲氣之清潔，以受種種外物之像焉；欲司記之堅固，以含存諸像焉；欲明德之静漠，以洞徹萬物之理焉；欲志之高且定，以决諸疑而處諸事之難焉。四者廢其一，而全成其學者鮮矣。[2] 豐饕者多血氣垢濁，記心漏散，明悟昏昧，志氣顛躓，而學尚有所立之地乎？[3] 5. 弟呵泥恤古爲西海名島之虐王也，遇所忌賢士幼子，欲害之，時時豐宴饗之，終廢其先學，而溺于不肖。噫！惡王千計不能害大賢之子，而惟豐飲食以敗其學，巧

---

[1] 天主教會認爲有七個大罪或重罪（seven capital sins）：傲慢（superbia）、吝嗇（avaritia）、迷色（luxuria）、憤怒（ira）、嫉妒（invidia）、懶惰（acedia）、貪吃（gula）。按照中世紀思想，身體與精神互相影響。如同維基歐所説，不要吃得太好，也不要吃得太差，而要跟着自然安排。（I. 5, p. 26 : 24-28.）

[2] 高一志陳述學習所必須的四個條件：血氣、記憶、理解、意志。如果吃得太好，這四個方面會受到影響，孩童不能很好地學習。

[3] 參見 Plato, *The Laws* 645e："And how about sensations and recollections and opinions and thoughts? Does it make them likewise more intense? Or rather, do not these quit a man entirely if he becomes surfeited with drink? Yes, they quit him entirely。"托雷斯也提到這一點："Dize pues el divino Philosopho: Vini usus voluptates, dolores, iras, amores vehementius concitat. Sensus verò memoriam, opinionem, intelligentiam prorsus extinguit, si quis ebrietate fuerit occupatus。"（XI. 9, p. 486.）

哉！[1]6. 亞日西老氏昔爲名將，忽帥軍經地西海[2]島名達瑣，衆民饋以嘉味數種，賢將惟納其最薄，而辭其旨者。使者屢懇，遂分散于下僕，不自用也。使者問故，將曰："務于道德者，必不滯于殽膳也。"[3]

7. 夫形神二物最相近，形神二養又最相遠。身飫則神臞，未能專于正學之要焉；身饑則神清，未遑营口腹之陋焉。加肋諾古爲大學之宗，壽至一百四十歲。或問之曰："子從何法而學之廣、

[1] 弟呵泥恤指 Dionysius of Syracuse 第一世或第二世。西海名島指西西里島。

[2] 地西海，《齊家西學》中作"地中海"。

[3] 希臘島嶼爲 Thasos。參見 Plutarch, "Sayings of Spartans", in *Moralia*: "The Thasians, as he was marching through their country with his army, sent to him flour, geese, sweetmeats, honey-cakes, and other costly foods and drinks of all kinds. The flour alone he accepted, but the rest of the things he bade those who had brought them to carry back because these were of no use to the Spartans. But when the Thasians importuned him and begged him by all means to take all, he gave orders to distribute them among the Helots. And when the Thasians inquired the reason, he said, It is not in keeping that those who practice manly virtues should indulge in such gormandizing, for things that allure the servile crowd are alien to free men。" 此處《童幼教育》的文字更接近托雷斯的文字："Esta es la causa porque es tan alabada de Plutarcho la Templança y sentencia de Agesilao, el qual passando por Thasso isla del mar Egeo, como los islenos le truxessen un presente de cosas regaladas y vinos preciosos, suplicandole se sirviesse de aquello y de su buena voluntad, el Capitan valeroso agradeciendoles muy cumplidamente el trabajo y cuydado, solo recibio un poco de arina, que juntamente trayan con las otras cosas muy curiosas. Y como ellos porfiassen y aun se agraviassen de que no admitiesse su servicio, Agesilao por dar les contento y cumplir con ellos, lo mando distribuyr entre sus esclavos y criados; de lo qual admirados grandemente los Thassios, y preguntado la causa dello, respondio : Qui probitati student, non decet istius modi gulae irritamentis delectari; quibus enim servitia capiuntur; ab ingenuis hominibus sunt aliena。"（XI. 2, p. 462.）前文下卷《言信第二》將 Agesilaus 稱爲"亞日洗老"，《達道紀言·昆弟二十一條》稱之爲"亞日西"。

壽之長乎？”曰：“無他，貶食減飱，而未嘗至于飽也。”[1]8. 記者曰：多食者未能延命而致壽，未能立志而廣學。多食之禽常係于垢土，弗見發體而任天遊，以享其清氣焉。豐養之幼多滯于污陋，能立志而專于高務耶？9. 伯兒西亞古爲道邦，其遊學者不許任意取食，乃至學堂，賢師叩之，饑之時，始以苦者淡者與之。10. 辣責德未納亦古名學之邑也，于幼之飲食有分數不可踰，踰者必懲不赦，幼中罕見有胖體者。每季試童子，肥者輒責罰之，減其日需，使反其原體之臞焉。試期至，即具定數之腰帶，而量各童之腹，其不入帶數者責之。至于大節，則取醉僕置市中，使衆童圍聚，隨意擊撻之。俾童子觀彼驚惶，自止其飲食之侈，而不敢肆矣。

11. 因多國古俗于幼之育尤嚴也。學者同居，常侍師側，非師之命，弗敢聚食。將食，師先審各童之功，其敏者則譽而容于席，其惰者則叱不容于席。坐席之範，弗談弗笑，舉動不苟，取其淡素，而起趨學也。若近世學道，去彼世殊甚矣，親之愚者，蔽于私愛，養子若養牲無異焉。12. 雖然，幼學之戒酒宜尤嚴，蓋幼者稟氣之旺，而因得性之急，使隨意啜酒，將加火于火矣。[2] 古聖曰：“酒乃

---

[1] 按照卡利斯·羅金斯（Caelius Rhodiginus）的《經典閱讀》（*Antiquarum Lectionum*），著名的古羅馬時期希臘醫生加倫（Galen）活到 140 歲。參見托雷斯：“De Galeno principe de la medicina se cuenta que vivio ciento y quarenta años, lo qual no tiene por burla Rhodighino, antes confirmando la dicha verdad, pone la razon y causa de su tan larga vida, diziendo: Proditum est Galenum Philosophum et medicum singularem centum quadraginta annos vixisse tamtamque; in cibo et potu abstinentia usum, ut ad sacietatem numquam comederit, aut biberit, sicque; citra ullam affectionem sola defecit senectute。”（XI. 3, p. 466.）

[2] 柏拉圖將酒比喻爲火，參見 Plato, *The Laws* 666a：“Shall we not pass a law that, in the first place, no children under eighteen may touch wine at all, teaching that it is wrong to pour fire upon fire either in body or in soul。”維基歐有同樣的比喻：“Vinum autem, quia calore abundant, minime eis ministrababitur quod…Plato monet vetans ignem igni excitari。”（I. 8, p. 28 : 15-17.）

道德之敵、潔淨之讐、神身之甘毒，好之者焉能好道德之學乎？”

13. 古聖又曰：“酒之用有四級，一謂之須，一謂之喜，一謂之辱，一謂之狂。”[1] 蓋幼者所須甚寡，漸喜嘗焉，遂至辱且狂矣。故吾泰西古今諸修幼學之都邑，或一旬、或二旬之間必禁酒，不使童幼之心昏迷而棄美學也。蓋早習于酒者，必遲至于知，無不然也。

衣裳第七

1. 造化主爲人具衣裳，以蔽四體、禦外患者也，古之人奉命不違焉。後世人心漸侈，其于衣服，奢華甚矣。篤瑪所聖人曰：“吾先祖初生時得性情之正，乃無衣而不耻其裸。既而逆命，爰始知羞，乃主慈憐，以裘衣之。愚民漸侈于[2]衣，則以元罪所遺，爲本身[3]文飾。”[4] 哀哉！譬之奴僕或抗主、或劫家貲，而所得服飾，

---

[1] 第歐根尼·拉尔修（Diogenes Laertius）提出了三個等級：“Life of Anacharsis”，in *Lives of Eminent Philosophers*: “He said that a vine bore three bunches of grapes. The first, the bunch of pleasure; the second, that of drunkenness; the third that of disgust”。在托雷斯的書中，原來的三個等級變成了四個等級：“Por esta mesma decia el Philosopho Anacharsis: Primam in mensae cratheram pertinere ad sitim, secundam ad hilaritatem, tertiam ad voluptatem, quartam ad insaniam。”（XI. 9, p. 486.）

[2] 于，FJ 本作“其”。

[3] FJ 本多一“之”字。

[4] Aquinas: “qui gloriatur de veste, similis est furi qui gloriatur de cauterio, quia propter peccatum Adae introductus est usus vestium.” 托雷斯說他自己引用阿奎那的一本書（XX. 10, p. 779.），其實，這個説法並非來自阿奎那，而是来自威廉·貝勞特（Guillaume Peyraut）的《論統治者的教育》。（*De eruditione principum*, Rome, 1578.）按照《創世紀》，亞當與厄娃犯罪之後，發現自己赤身露體，開始穿衣服。“元罪”即原罪（original sin）。

不以爲累辱也，反以爲本體美飾，可乎？2. 故經戒曰："勿誇于美衣，勿喜于光日。天主之命不可測也。"解之者曰："從[1]粲粲衣服而喜，未必無愆罪焉，未必不承天主之僇焉，豈可不慎哉！"

3. 至于童幼衣裳，尤宜加謹。蓋諸自外而昏惑幼心者，莫如衣裳之餘飾也。古言曰：外修彌盛，内修彌瘁。譬之日光，愈大愈昏目；衣之光明，未有不昏其心者也。4. 孔雀負五彩而張華輪，羽禽之中，最爲奇麗，對太陽而舒顧自喜，倨傲不暇已；俯視其足之醜也，則廢然矣。幼者盛服與孔雀無異，恒睹身之文飾，驕而矜之，不視其本情之惡邪乎？

5. 奥悟斯多，吾西古賢王也，嘗設訓曰："服之奇艷，驕傲之旗、邪淫之巢也。火得薪之乾，傲得衣之文，皆易發焉。"[2]《易》云："冶容誨淫"。[3] 冶容多係于衣裳之華麗，淫與傲既入其骨髓，乃圖從學而務内修，得成乎？6. 昔聞一師臨學，見門人中或袨服者，責之曰："此衣乃招淫之表，非求道之驗也。"中古賢者忽逢美少年招淫[4]于市，譏之曰："墳兮，墳兮！外餙内醜，奚可近兮！"掩鼻而過之。又聞師之陳訓曰："善且正者，若貞靚之女，不假文飾，自見閑美；其惡且邪者，若淫陋之妓，時時塗抹，自見其醜賤也。"[5]

7. 物愈[6]真正，愈喜質朴，不求其文；愈假邪，愈謀妝飾，不

---

[1] FJ 本無"從"字。

[2] Augustus: "vestitus insignis ac mollis superbiae vexillum est, nidusque luxuriate." 參見 Petrarch, *De remediis, De vestitu cultuque corporis insigni*, 1354-1366。

[3]《易經·繫辭上》。

[4] 淫，FJ 本作"搖"。

[5] 此故事亦見於《七克》卷六《坊淫》，參見《天學初函》，第 1022 頁。

[6] 愈，FJ 本作"命"，誤。

欲露其本質也。8. 往有智者寓言曰："山鳥自醜其形，假群雀之彩羽飾之，抒翅長鳴不已，俄群雀至，聞其聲而鄙之，盡褫所假而復其故。"[1] 於戲！凡好華衣者，概以羊以蠶之餘飾，圖遮其醜體及其愚心，至于出聲發言之際，終爲人所笑棄耳。

9. 德抹納，上古名士也，塗中遇童幼盛衣自詡，笑而提其耳曰："勿傲乎，勿傲乎！是衣乃蠶[2] 羊之衣，曷傲乎！"[3] 10. 或借衣于友，爲頃刻之飾，君子羞之曰："爾借諸禽之餘毛剩羽，爲本身之美飾，既不自愧，猶傲人乎哉？"獮猴或得衣女衣，直似真女，既而察其情，則猴耳。

11. 幼之愚者，强飾以文繡，弗能改其稟之[4] 濁也。12. 若幼而好學者，志于内文，不求外飾，計内之有餘，不患外之不足矣。13. 彼亞氏古七名哲之一也，嘗曰："明智多隱陋[5] 衣之下，愚鹵多藏鮮衣之中。"[6] 明珠之貴，韞于粗蚌；薔薇之芳，產于刺木。

14. 故吾泰西學規不許任意衣飾，厥有分數，踰者致罰。蓋幼性好奢好文于外，未識内修之美也，自非嚴父明師爲之指南，豈能自進乎？ 15. 然童幼之衣宜約且薄，亦宜齊且潔也。衣之盛美，率爲傲徵；衣之穢惡，率爲汙徵。16. 日落泥抹聖人[7] 曰："衣之用，好學者必居其中。與其奢，寧儉；[8] 儉之中，與[9] 其汙，寧

---

[1] 來自《伊索寓言》中的故事"借來的羽毛"。

[2] 蠶，底本原作"蠢"，被塗改作"蠶"，FJ 本作"蠢"，FJ 本誤。

[3] Diogenes Laertius, "Demetrius of Phalerum", in *Lives of Eminent Philosophers*: "On one occasion, when he saw a debauched young man, he said, 'There is a square Mercury with a long robe, a belly, and a beard.'"

[4] FJ 本無"之"字。

[5] 隱陋，FJ 本作"陋隱"，误。

[6] 彼亞指古希臘七賢之一畢亞斯（Bias）。

[7] 人，FJ 本作"賢"。

[8] FJ 本此處多一"寧"字，誤。

[9] FJ 本無"與"字。

潔。”[1] 蓋外儉表心之謙抑，而外潔證心之清明也。

寢寐第八

1. 有寤必寐，理也，故養育之道，非寢不成焉。晝之所業已殫力矣，非夜之安寧，不能復補。是寢卧乃安心裨力、清氣消苦、奪憂潤體之藥也。2. 若童幼者，其所稟之質猶弱而未堅，未習苦勞，不可久困，所謂“寐寢乃孩童之次食”也。3. 但使寢寐不得其道，將溺清神而負美學，如旨食焉，過其宜，非特不致養之功，而猶招害矣。4. 古明[2] 醫嘗云：“寢越分數，則散四體，殘元氣，昏靈才，衰記性，煽邪欲，肆懈怠。”[3] 5. 嗟夫！寢寐非他，譬關市之徵，將取吾光陰之半而去也。乃或未厭夜寢，又耽晝眠，豈不再廢其所當用之時耶？

---

[1] Saint Jerome, *Letter to Laeta* (n. 107): “The clothing which she makes for herself should keep out the cold and not expose the body which it professes to cover.” 他在《致萊塔的信》(*Letter to Marcella*, n. 24.) 談了阿塞拉（Asella）貞女：“She disregards refinement and is careless about her dress。” 維基歐也提及這個故事：“Quod de Asella itidem ab eodem Hieronymo dictum est, idem semper sit habitus, neglecta mundities, et inculta veste, cultus ipse sine cultu。”（V. 4.）

[2] 明，FJ 本作“名”。

[3] 此處的醫生指希波克拉底，參見 Hippocrates, *Hippocraticum corpus*, Aphorisms II. 3: “Both sleep and insomnolency, when immoderate, are bad。” 托雷斯也提及這一點：“Y en lo que trae el cuerpo, es muy cierto el Aphorismo de Hippocrates y de su Commentator Galeno, ser el demasiado sueño grandamente dañoso, quando passa del justo termino, para que se borren a las escusas de los que en achaque de sanidad, o necessidad toman privilegio en el dormin como unos lyrones. La razon es, porque aliende que con el sueño demasiado les miembros y sentidos se enflaquecen y entorpecen。”（XII. 2, p. 510-511.）

6. 伯兒納聖人嘗謂："吾委之去而無益者，莫如寢時也。蓋有人于此，獲金數鎰，或粟數斛，而用之貿布帛器物，以益其家，此非謂之費，乃交易貨物，猶可謂之有也。若其費可用之時于寢卧，此非無益之費乎？"[1]7. 往者賢師進其門人于勤學，曰："勿肆于寢，寢乃清年之虐賊也。"[2]世寶無貴乎時，人資無重乎命，人命之大半爲寢所强奪，而吾猶不哀、猶不覺乎哉？穿窬負微貲以去，吾猶不可當而亟捕之，若吾年命之數已去不可追、已敗不可補，吾反委擲於懈寢不悔耶？ 8. 有人於是天主賜之壽，使至耋耄焉，或計減其數之二旬或一旬，人必不願。今爾得命于天主，未必壽也，以力以財不可延之，乃自甘分之于無益之卧寢而不惜乎？

9. 先知言寢者，或謂死之像，或曰死之兄弟，或曰死者常寢，而寢者暫死也。則生而好多寢者，是暫好遊死者之境界矣，傷哉！ 10. 意非加、厄羅迷，古太西二智將也，遇國事急，深夜各巡其所督營，遇守營軍寢寐者，則撫劍死之。或異而罪之，答曰："夫軍也，宜守營備患，捍國安家，而反寢寐，必自投于死者之中

---

[1] 參見聖梯利的威廉（Guillaume de Saint-Thierry，約 1080—1148）, *Golden Epistle to the Brethren at Mont Dieu ,Epistola ad Fratres de Monte Dei*。當時人們認為這封信是圣伯納德（Saint Bernard）寫的，不過，現在被確認是 Guillaume de Saint-Thierry 寫的。托雷斯提到這封信時，將其歸於聖伯納德名下："Nihil temporis tam perit de vita nostra quàm quod somno deputatur. Si los dineros se desperdician, a otra casa llegan; si la ropa y vestidos se prestan, otro los goza; si los edificios se desemparan, otros los habitan; y si el hombre es prodigo de lo que tiene, a otro alcança su interes. Pero lo que se da al sueño, es por una parte irreparable, y por otra a ninguno toca su provecho。"（XII. 3, p. 513-514.）

[2] "賢師"指塞涅加（Seneca）；"門人"指 Lucilus。參見 Seneca, *Epistolae morales ad Lucilium*, N. 127："Vitam nobiscum dividit somnus. Ex hoc tempore tam angusto et rapido et nos auferente quid juvat maiorem partem mittere in vanum?"托雷斯也提到這個故事。（XII. 3, p. 514.）

矣，吾遇而殺之，何罪焉？”[1]11. 嗟乎！造化主置吾生民於斯世，必計吾修道德而積美功焉。夫修道積功之期至近[2]，如駒過隙，乃吾以多寐减其功，如之何？ 12. 古賢歎世曰：“吾日飲食焉，禽獸亦然；吾飲食而卧焉，禽獸亦然。惟至于修人學焉，禽獸必不然也[3]。於是爲人事之多、禽獸之少，不亦宜乎？”

13. 自古務于正學，無不欲恒寤而不息也，倘不穫已，方稍偃卧而休[4]息焉。14. 亞里斯多氏，古性學大宗也，向務格物究理，屢忘日用之薄需，連星于日而不覺，苟不得已，聊安以補力，必先持銅毬一枚，然後閉目，未久，毬落於銅盤，即驚醒，不使久寐也。[5]則凡立志欲成其學，豈可懷安於寢乎？ 15. 噫嘻！百工止圖賤利，無時不勤苦，起早眠遲，經年弗改也。乃志於大學者，

---

[1] Iphicrates 與 Epaminondas 是古希臘的兩位著名的將軍。參見 Sextus Julius Frontanus, *Stratagems*, III. 12: “When Iphicrates, the Athenian general, was holding Corinth with a garrison and on one occasion personally made the rounds of the sentries as the enemy were approaching, he found one of the guards asleep at his post and stabbed him with his spear. When certain ones rebuked this procedure as cruel, he answered: I left him as I found him. Epaminondas the Theban is said, on one occasion, to have done the same thing。” 托雷斯也提到這個故事。(XII. 1, p. 505.)

[2] 近，FJ 本作“速”。

[3] 也，FJ 本作“必”，误。

[4] 休，FJ 本作“先”。

[5] Diogenes Laertius, “Aristotle”, in *Lives of Emiment Philosophers*: “And whenever he went to bed, he used to take a brazen ball in his hand, having arranged a brazen dish below it; so that, when the ball fell into the dish, he might be awakened by the noise.” 托雷斯也提出了這個故事（XII. 4, p. 516），不過，他並未直接使用《名哲言行録》，而使用義大利學者 Pietro Crinito（1475—1507）的《論神聖教导》（*De honesta disciplina*, 1504）。在《睡答》（1629）中，畢方濟也提到了這個故事。參見畢方濟：《睡答》，載鐘鳴旦、杜鼎克主編：《耶穌會羅馬檔案館明清天主教文獻》第六册，臺北利氏學社 2002 年版，第 415 頁。這個故事類似於中國的説法“發懸樑，錐刺股”。

可寢而棄其正業乎？[1] 16. 德抹斯，古文之名師，夜醒，忽聞百工之修業，則自責曰："斯微民也，已起久矣。拮据於賤陋如是，而吾修文學，猶不如彼乎？"[2] 今之學者，聞其言而觀其行，安可不效其志而法其勤也？

交友第九

1. 友者人之比，宇內無人自足以生，自足以事，則亦無人不須友以成也。故天主歸斯民於同宇，命其結親交友、彼此相助焉。[3] 2. 倘除友于人中，是除日月於天，除水火于地也。[4] 3. 若童幼者愈偏於愛情，必愈趋於結友。古所謂"老者多積資，幼者多積[5]友"是也。4. 雖然，友之積彌易亦彌危，蓋幼之成敗，概係於友之善不善，何者？常所聞見，漸入于心，引而效彼之善惡不自覺也。

---

[1] 《齊家西學・齊童幼》中將"則凡立志欲成其學，……棄其正業乎"刪除。

[2] 德抹斯指 Demosthenes。參見 Cicero, *Tusculanae Disputationes*, IV. 25 (55)："Who has not heard of the vigils of Demosthenes, who said that it pained him whenever in his work before daylight any artisan got the start of him ? Finally, the leading men in philosophy itself could never have made such progress in their studies without burning desir。"托雷斯也提到了這個故事。(XII. 4, p. 518.)

[3] 參見〔意〕利瑪竇：《交友論》，載朱維錚主編：《利瑪竇中文著譯集》，復旦大學出版社 2007 年版，第 109 頁："各人不能全盡各事，故上帝命之交友，以彼此胥助。若使除其道於世者，人類必散壞也。"

[4] 參見 Cicero, *On Friendship*, No. 6："As people say, it is not water or fire that we need the most, but friendship"；Plutarch, *Moralia,* How to Distinguish A Flatterer From A Friend, No. 5："We usually say, 'A friend is more necessary than fire or water'。"也參見《交友論》，第 113 頁："世無友如天無日，如身無目矣。"也參見《達道紀言・朋友》二十五條："古有言曰：宇内水火猶可廢，而友道不可一日廢。"

[5] 積，FJ 本作"結"。

5.《聖經》曰：“與聖者交，必將入聖；與善人交，亦將爲善；與惡人交，亦將爲惡。”[1] 信哉！ 6. 伯路氏曰：“爾自謂與何人交，我亦謂爾將爲何人。蓋交于儒者，多習于書；交於獵者，多從田逐獸；交於醉者，多湎於酒，未見相交之久而不相從相法者也。”[2] 向爾無病，但親近於篤疾者，彼患將逮於爾躬矣；向爾無香，但親近於懷香者，彼氣將散於爾躬矣。7. 古明賢常謂：“嚴君明師之訓誨，大不如朋友之語能動諸友之心。”以此觀之，凡學者可不謹所交哉？

8. 吾西先知者設陳擇交真論，無不欲童幼友其益者、友其寡者、友其永者，而戒其友之損及衆且[3] 新者也。9. 或問賢師：“與何人友可？”答曰：“於益者而已。”又問：“其益者云何？”曰：“善于我者則謂之益。”[4] 10. 蓋真友之義，以德志之相似始立，以德行之相長始成，所謂“正友之結以德爲本，以德爲終”是也。[5] 11. 兩石忽值而相擊，則著光發火；夫石者人也，人倏會談交，如相擊然，相交而内德之光志遂顯彰矣，德顯而人情結成[6] 友焉。友以德起，相長相益無已矣。12. 古諺曰：燈無油，友無德，不遽滅

---

[1] 《聖經・箴言》十三 20：“與智慧人往來，可成智慧人；與愚昧人作伴，必受其連累。”

[2] Plutarch, *On Having Many Friends*, No. 9：“Proteus, not fortunate and not at all scrupulous, can change himself often on the very instant from one character to another, reading books with the scholarly, rolling in the dust with wrestlers, following the hunt with sportsmen, getting drunk with topers, and taking part in the canvass of politicians, possessing no firmly founded character of his own.”

[3] 且，底本作“具”，FJ 本作“且”，據 FJ 本改。《齊家西學・齊童幼》也做了同樣的改動。

[4] 參見《論語・季氏》：“益者三友、損者三友。友直、友諒、友多聞，益矣。友便辟、友善柔、友便佞，損矣。”

[5] 參見《達道紀言・朋友》三十四條：“若以德以義相應而結，是乃真友之交。”

[6] 成，FJ 本作“咸”，誤。

乎？ 13. 西史曰："善者相交謂之友，惡者相交謂之盟。"[1] 14. 傷哉！世俗之陋，交友之際，多惟計賤利之益，而未喻大德之益，則何異於商賈之徒也耶？昔者或始交於賢而富者，未幾求以微利。賢曰："何爾必計友吾金，未計友吾身？"且舍所求利而永辭之。15. 蓋志於利而友者，至於無所望，而友止矣。16. 嗟夫！德者乃生人之寶資也，則其能益[2]我以德，甚乎能益我以財也。

17. 西古名賢色搦加云："真友之妙，在乎彼以其長增補吾短，使齊彼善。又以吾長增補彼短，使齊吾善。若其無所取以補之，則亦無所取於友之義也。"[3] 18. 或問聖人以益友之道，答曰："順我於理，逆我於非[4]；直言吾惡，簡稱吾善；希言多行，所許遂踐。"[5] 夫乃益友之真者也，可不從之乎？若其無順逆之殊，常飾吾非，常揚吾是，且狂於言而略於行，夫乃損友之徒也，可不戒乎？ 19. 因是而幼之智者，於結友必勿忽，必勿速焉。比達卧辣，上古之學宗，嘗戒曰："勿苟伸手而取友也。"[6]

---

[1] 參見羅馬歷史學家薩盧斯特（Sallust）："好人之間是友誼；惡人之間是黨派：（Inter bonos amicitia, inter malos factio est; BJ 31, 15）；《王子倫理哲學》第五卷第五章，第254頁中有相同的説法。也參見《達道紀言・朋友》三十四條："惡人結交以濟其惡，謂之盜賊之盟。"

[2] 益，底本作"盆"，被塗改作"益"，FJ本作"益"，據FJ本改。《齊家西學・童幼教育》也做了同樣的改動。

[3] "色搦加"指塞内加（Seneca）。也參見《達道紀言・朋友》四十三條："佞人以大人功，必小鄰人之德；真友以補人短，必提鄰人之長。"

[4] 非，FJ本作"罪"。

[5] 參見〔意〕利瑪竇：《交友論》，第109頁（此处改动了標點）："正友不常順友，亦不常逆友。有理者順之，無理者逆之。故直言獨爲友之真矣。"也參見《達道紀言・朋友》四十三條："真友宜順則順，宜逆則逆。"

[6] 參見波菲利，*Life of Pythagoras*："Astraeus was by Mnesarchus entrusted to Pythagoras, who received him, and after studying his physiognomy and the emotions of his body, instructed him. First he accurately investigated the science about the nature of man, discerning the disposition of everyone he met. None was allowed to become his friend or associate without being examined in facial expression and disposition。"

20. 蓋人性情難測，友之惡者難辨，則豈可速交乎？21. 諺曰：急於取友，未免致悔。取而旋悔，不如不取矣。智者擇友之遲，猶有謬焉，愚童者於結友之速，將免謬乎？是以先知擇友，必欲彼此同食鹽幾斛，然後定交焉。22 蓋限以時日之久，而因擇其所從與其所當避也。23. 若吾西古俗，仁親智師多不許其幼任意取友，又不待塩食之限也，乃自定所從友，而先察其益與害焉。若其幼者繼世，非特承父之產業，尚從父之善友。蓋父所已試忠信之友，孝子以爲美資，而終無故不肯絶也。故罷辣多曰："父卒而遺寶資之重於子，大不如遺善友之衆。"豈不信哉？

24. 薄厄爵，西土大賢也，向聞其友遭患窮困，則慰唁之曰："爾室豐業雖亡，信友之衆仍在，不必憂也。"[1]25. 若伯聖人一朝聞廣業敗毀、子女壓死、屋室傾頽、衆僕虜亡，乃有三信友者，終不離於側。則《聖經》所謂"金銀之重不可例於信友"者，然矣。[2]26. 以此觀之，忠信之友既有數也，則吾所當交者寡矣。經云："千中取居其一。"[3]凡物貴且奇者必不多，多則不奇不貴矣。27. 昔者或誇以多密友，賢者聞之，即譏之曰："爾無密友矣。"

---

[1] 參見波爱修斯（Boethius）《哲學的慰籍》（*De consolatione philosophiae*）II.25："你現在抱怨關於你失去的財富，不過你發現了友誼是最重要的財富。"（Nunc et amissas opes querere; quod pretiosissimum divitiarum genus est amicos invenisti.）這一説法亦見於《王子倫理哲學》第五卷第三章，第 247 頁。

[2] 《聖經・約伯傳》二 11 － 13："約伯的三位朋友，特曼人厄里法次、叔亞人彼耳達得、納阿瑪人左法爾，聽説他遭遇了災禍，就各從本地起程，來到一起，去慰問他、勸勉他，他們從遠處舉目一望，已認不得他，就放聲大哭，撕破了自己的外衣，把灰揚起，落在自己頭上。他們於是同他在灰土中，坐了七天七夜，因見他受苦太大，没有人敢向他説一句話。"亦參見《王子倫理哲學》第五卷第三章，第 247 頁）。

[3] 《聖經・約伯傳》三十三 23："一千天使中，若有一個在他身傍，作他的代言人，提醒他應行的義務。"

蓋友之多者，初不可証試，中不可密交，終不可存保，乃易合而易散矣。28. 色搦加氏嘗謂：“吾凡出而友彼賢之希者，必倍吾善而歸室矣[1]；凡出而友所遇之衆者，必倍吾惡而歸室矣。”可不戒哉？

29. 益友既覓之久而結之固，則無大故終不可絶也。30. 古言曰：友之無故以新易舊者，不但失往日之恩，又將致害矣。31. 幼之愚者不知交友之妙，乃每順則相結，逆則相棄，古智比之淫妓焉，其與所交，時容時棄、時愛時厭，而終未能有交之密者。知道之君子既友，友之德未有不久者也。

閑戲第十

1. 人性如弓，一張一弛，皆堪修繕，豈能恒用力於正業乎？若幼之氣質猶弱，心志未堅，則非閑戲間之，弗能久也。2. 德抹氏曰：“人學如行路焉，路遥而無歇息，行可遠乎？”[2] 3. 學長且難，令無優游之時，豈可成與？綫急牽，定將斷；幼者太迫於學，必將衰。4. 西之古聖，務修數載，德名藉藉，欲稍寛解[3]，遇小鵲摩弄之。從者或異而輕之，聖人識其疑，遂命從者執弓引滿。從者如命，執而張數次，聖人又命其復張數次，從者辭曰：“若是也，豈不敗乎？”聖人曰：“然則彀弓有數，而分不可踰，乃大學

[1] 歸室矣，FJ 本作“歸矣室”，FJ 本誤。

[2] “德抹氏”可能是上文提及的德抹斯或德牧斯特（Demo sthenes）。

[3] 解，FJ 本作“假”。

之務，可越弱力之限耶？”[1]

5. 木[2]性確固，猶弗堪久轂，乃骨肉之性，能久苦于業乎？鐵柱恒磨，輙細如針；石之堅厚，恒踏薄微；而人之才力常用，豈能免于過勞乎？6. 故先知者雖嚴於幼學，然以理量其力，必使舒泰，或寬逞顔色而從其當然之戲也，但於閑暇時，慎戒而不敢忽耳。

7. 罷辣多嘗曰：“無事之時，爲幼之所當謹也。”8. 蓋幼性迫急，所爲不知適中，至於閑暇，或過佚翫，或侈肆欲，不思回業也，向所習文學美藝，必見亡矣。9. 諺曰：屋久不居則塵，斧久不擊則鈍，水久不動則臭。而幼心久寧不用，將不失其前功與？10. 膏腴之田，或翻勞之，或空歇之，農之常也。但以法空之，必無不倍益；倘非法空之，必荒敗矣。11. 幼者常習於正業，而或稍休之，義也；倘得休歇之久，必將荒而棄舊學矣。何者？幼之性未有不忌苦勞而就安樂者，則雖早習於苦，但至安樂，必持之固而舍之遲也。是以古之名賢嘗謂：“夫色與閑，未試者猶易戒也；若已試者，而欲其不過宜，難之甚矣。”12. 故諸明智者，學修之際，常欲嗣業，而不欲間斷；常忌其閑暇，如寇如讐，而不敢忽焉。

13. 日落泥抹聖人曰：“吾居有事之時，未必忌鬼魔之巧媚焉，而[3]獨于無業之隙，則不敢不戰兢也。”[4]14. 蓋鬼魔如賊寇焉，必乘人懈而敗其貴資。15. 以故好學者不獲已而當稍閑，姑舍所執之業而適他事，必不敢懈於其閑焉，正所謂“吾於吾閑，猶未知閑”

[1] 這個故事可能來自奧維德 Ovid, *Remedia amoris 139*：“Without leisure, the arc of Cupidon is destroyed。”（Otia si tollas periere cupidinis arcus.）亦參見托雷斯的類似表述。（XX. 13, p. 791.）

[2] 木，FJ 本作“本”，FJ 本誤。

[3] 而，FJ 本作“乃”。

[4] 日落泥抹聖人是指 Saint Jerome。

也。16. 默囊德氏，古之工詩者也，常云："吾於閑暇而無疾，寧抱疾而無閑也。"蓋疾雖虐，苦吾肉體而已，若閑者多溺心於惡，所謂"無事之時，概爲邪事之始"。[1]

17. 吾西數國從來有律，凡遇童幼閑遊而無定業者，必責懲拘囹圄，不使荒佚而亂俗。若其修學之童，侍賢師之側，有定時閑戲，聊舒懷焉。古規當此之時，既得齊年、齊力、併齊其學，則可撫琴也，可歌謡也，可作詩也，可習奕也，可蹴踘也，可較射、可擊劍、可騎馳也；若其博擲等非禮之戲，定不許焉。18. 聖人有言曰："幼之喜戲有道，必堅其體而養其志；非道，則溺其體而散其心。"19. 試觀童幼初得正教，常務於學，昕夕不休。令其偶值博徒而與之交密，遂忘前學，不聽父師，不顧益友，飲食廢置，卧寐弗思，道德不問，生死不與，惟言思夢想在博中，所謂"好博之心多不在本身"是也。

20. 夫博之邪俗，非惟害學而散心志，抑亦破本家之業而敗他家之產也。21. 蓋博非財不行，則百計千謀，必欲得所應賭之需耳。今日所輸之數，明日望復，復其金而猶逐者望不止，竟終弗獲，益復輸焉。不覺漸消家產，貪賭之心尚未滅也，反愈圖人之財物，若未能順得，必强奪之矣。[2]22. 是以古[3]賢論賭者于盜賊，而以盜賊之僇罰處之也。23. 又曰："一賭之事，概兼衆惡。"好賭者多悮怨天，傷義禮，骫國法，置孝弟，廢五常，毀善俗，敗家業，奪民財。是數者之惡，皆從彼生也，則亦以衆惡之罰罰之，不亦宜乎？ 24. 吾西諸國，從古賭者必服重刑，其賭者所得之債，

---

[1] 默囊德也許是 Menander。

[2]《齊家西學·齊童幼》中"蓋博非財不行……避强奪之"被刪除。

[3] 古，FJ 本作"故"。

不許索之，倘索得之，其負者可以告官而反其人焉。雖然，又欲塞諸引賭之路，則凡招引舍藏賭者之流，必重懲之。乃世俗親之愚者，常怨其子之不肖，或肆賭敗家，而不知預止其將萌之患。25. 則惟于正學餘力，引以閑戲之近正者，勿令溺於諸邪習可也。

童幼教育下終

附　録

（一）高一志生平年表

1566年出生於義大利都靈教區特洛伐雷洛區的貴族家庭。

1584年10月24日，加入耶穌會，時年十八歲。

1584—1586年，在耶穌會學校學習兩年的靈修。

1586—1589年，在耶穌會學校學習三年的哲學。

1589—1592年，在耶穌會學校進行三年的教學實習。

1592—1597年，在耶穌會學校學習五年的神學。

1599—1602年，在米蘭教授哲學三年。

1602年7月9日和8月20日兩次致信羅馬耶穌會總會長請求前往東方傳教。

1603年4月9日，從米蘭出發前往里斯本，乘“聖若望號”前往東方。

1604年7月，抵達澳門。

1604年8—12月，在韶州短暫停留，之後在江西南昌居住四個月。

1604年12月—1605年2月底，從南昌出發抵達南京。

1606年8月13日，在南京發四願。

1609年，被任命爲耶穌會南京會院負責人。

1610年，著《性靈説》。在徐光啓的協助下完成《推演正道論》和《諮周偶編》，署名王一元，字泰穩。爲是年逝世的利瑪竇作傳。

1611年5月3日，爲南京新教堂舉辦隆重的“聖十字教堂”聖典及彌撒；之後爲婦女設立聖母會一所，並在洪武岡蓋無樑殿，在孝陵衛寢殿前造花園，引起官方關注。

1615年，刊印《教要解略》，著《西學》，並以四篇神學論文爲利瑪竇的《天主實義》做注。

1616年，南京禮部侍郎沈潅連上三疏，請逐傳教士；楊廷筠和徐光啓則撰文爲其辯護。9月1日，被捕入獄。

1617年3月6日，被沈潅審訊，並被處以杖刑。4月30日，被提出牢房，押離南京。5月20日，抵達廣州，被關押於牢房，后獲釋。12月28日，抵達澳門。

1618—1619年，先後撰寫六封書信和一封致總會長的年信，介紹南京教案及中國傳教情況。

1621—1622年，被任命爲澳門聖保禄學院總務長，負責學院的後勤工作。

1622—1624年，擔任學院神學和哲學教授，潛心中文創作與教學。

1624年底，由澳門返回中國，改名高一志，在江西建昌短暫停留，后轉入山西绛州開教。

1627年，接受蒲州名相韓爌邀請，前往蒲州開闢教區。在夏縣建立聚會點。

1629年，《天主聖教聖人行實》七卷刻於武林。

1630年，在曲沃建立教會。

1631 年，在蒲州建院。《聖母行實》三卷出版。

1632 年，《童幼教育》、《勵學古言》刻於絳州。

1633 年，《神鬼正紀》、《譬學》刻於絳州。

1634 年，爲助當地人抵禦旱荒，與段衮等人成立聖母會與育嬰堂，扶傷育孤。

1635 年，絳州知州雷翀發佈通告，表彰高一志。

1636 年，《達道紀言》、《斐禄匯答》出版。

1637—1640 年，《修身西學》、《齊家西學》、《治平西學》出版。

1639 年在韓霖的資助下，在平陽縣修建了一座教堂。

1640 年去世，葬於絳州南段家莊。

（二）民國年間《童幼教育》跋

馬相伯

古絳韓子鐸書，蓋借明祖訓言，發揮天國實義；引用西儒處，發揮尤透闢，以余所見，大較韓子手訂也。陳君援菴，春初已付重刊，刊成輒盡，至再至三，今且四版矣。及聞有童幼教育鈔本，以其引用最多，故又亟索另鈔，以便加入。夫幼童教育者，即家庭教育也；家庭者，人身人類之生存地。事雖不外飲食男女，而世間之萬苦實在其中，雖因大欲所存，苦始不苦，不苦而世間之萬惡遂從此生；過在人知飲食以求生，不悟人生非爲飲食也；人類固由男女，男女之究竟非爲男女之大欲也；大欲不知節制，徒狗苟蠅營，醉生夢死，遂至國與國無人道，人與人無仁義，反自詡善奪人有以保存我身我類，不知我已變爲畜身畜類，然則普天萬惡之生，實有無家庭教育始，此古人所以言治國，必先言保赤，此言宜家，而后始言教國人歟？益信國人之教，自家庭始，家庭之教自一夫一婦始，不然，子異母，母異寵，操戈不遑，教育何有？溯自春秋以來，王家爲甚，富家亦然。是一家尤不能和，何望一國之共和？亟應取韓序所謂厄第加者，由家而鄉，由鄉而縣，由縣之小團體合成數縣數百縣之大團體，而后共和庶有望乎？宜陳君之亟欲附刊也已。所惜徐匯書樓鈔本甚劣，有因形似音似而訛者，更有因妄改而訛者，費數日之心目力，校閱一過，粗粗可解，爰跋數語，郵寄陳君。歲己未，中秋後三日，丹楊馬良識，時年八十。

右文係先生手筆，附於童幼教育抄本末；抄本現藏勵耘書屋。三十七年輔仁大學返校節，勵耘書屋主人出示，亟爲發表於此，以爲拙編馬先生文集補遺。方豪識。

摘自《上智編譯館館刊》1948年第3卷第6期

（三）崇禎八年絳州知州雷翀告示

山西絳州正堂雷爲尊天祛邪事，照得開辟一天，萬古所尊，正道惟一而已。自堯舜禹湯武周公以來，相傳所謂事天帝事上帝者是也。先儒解曰：上帝天之主宰。今人以所見之蒼蒼者言天，是猶稱帝王曰朝廷也。即至愚之人，不識不知，未嘗不曰天爺、曰天命、曰天理、曰聽天、曰靠天、曰天報，可見性中帶來，原非勉强。自二教，惑亂人心，使人不尊天而尊己，所以從古大儒，極力辟之。更可恨者，非佛非道，有無爲金蟬等教名，欺天悖理，煽惑愚民，甚至結黨爲非，大幹王章法紀。幸有西儒高先生，修身事天，愛人如已，以教忠教孝爲第一事，上自聖天子賢宰相，莫不敬禮之，以致缙紳學校諸君子，尊之如師傅，愛之如兄弟，百姓從其教者，皆化爲良民，其有功進行，稗益世道大矣。爾鄉民有心向善，何不歸正于正道，乃甘從邪教，欲爲善而反得惡耶？夫聖天子固天縱之聰明，而賢宰相以下，皆孔聖之弟子也，豈識見不如爾鄉民耶？爾等又何疑焉？而不棄邪歸正哉？爲此出示，明智之人，能遷改。即見理未明，一時未能從教者，猶可由愚抵智，由頑化良，若不但執迷，敢從白蓮無爲等教者，定行訪拿，其脅從之人，一並治罪不貸，須至告示者。崇禎八年六月告示

摘自鄭安德：《明末清初耶穌會文獻匯編》
第3卷第24册，附録二

（四）平陽府疆域圖

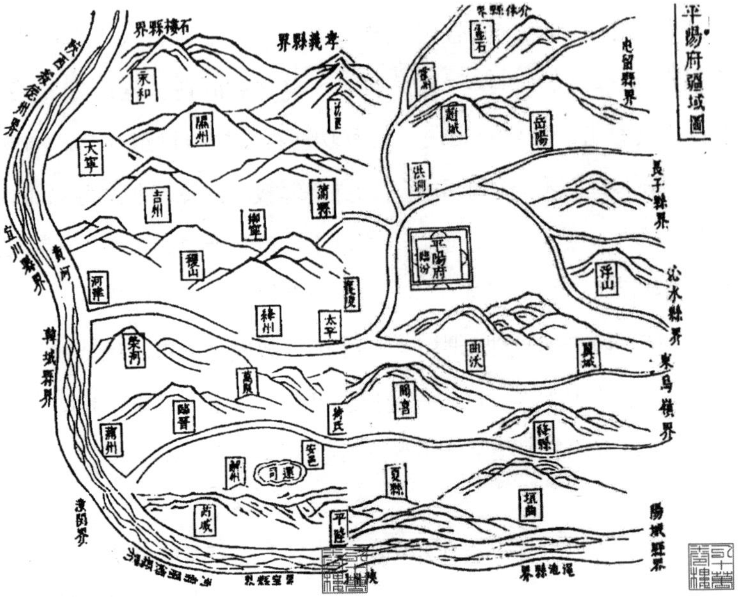

摘自（康熙）《平陽府誌》第36卷，清康熙四十七年刻本，第68頁

（五）絳州州屬五縣圖

下圖爲光緒年間絳州地圖，共分五縣：稷山縣、絳縣、垣曲縣、聞喜縣、河津縣。[1] 而在明末崇禎年間，絳州隸屬平陽府，統管三縣：稷山、絳、垣曲。[2]

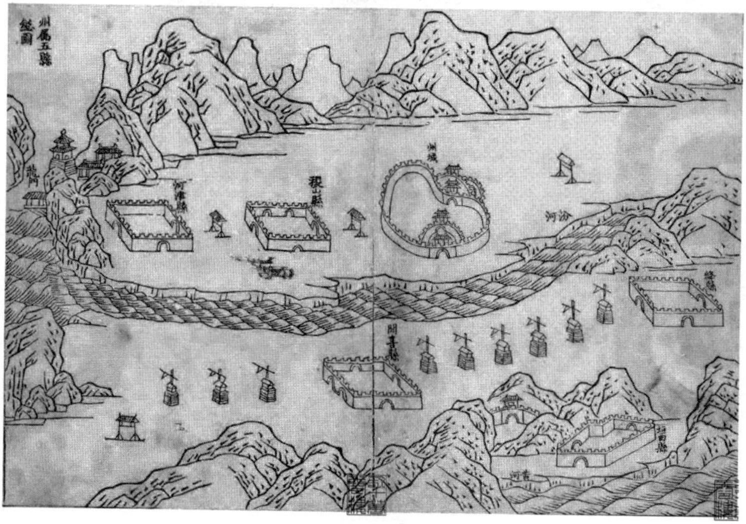

摘自（光緒）《直隸絳州圖總目》，《直隸絳州誌》第 20 卷，清光緒五年刻本，第 28 頁

[1] 參見（雍正）《平陽府誌》第 3 卷，清乾隆年間刻本。
[2]（康熙）《絳州誌》第 1 卷，清康熙九年刻本，第 47 頁。

（六）東雍書院圖[1]

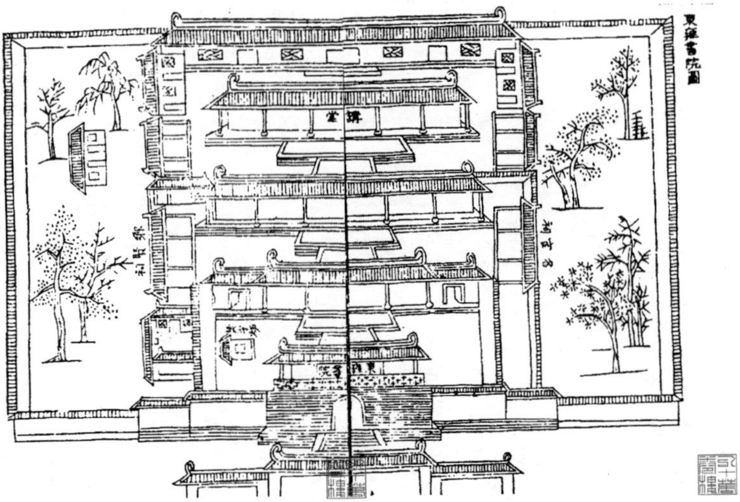

摘自（光緒）《直隸絳州圖總目》,《直隸絳州誌》第 20 卷，清光緒五年刻本，第 37 頁

[1] “東雍書院在絳州城内正平坊故明王府業，國朝初西洋人據爲天主堂。”（直隸）《絳州誌》第 3 卷，清乾隆三十年刻本，第 216 頁。

索　引

A

B

C

D

參考文獻

《童幼教育》版本

BnF　法國國家圖書館（BnF）Manuscrit chinois 3389。

FJ　輔仁大學 036R（今存於臺灣“中央研究院”），收入鐘鳴旦等主編:《徐家匯藏書樓明清天主教文獻》第一册，臺灣輔仁大學神學院 1996 年版，第 239—422 頁。

FDG　梵蒂岡圖書館藏《明清中西文化交流史文獻叢刊》第十四册，大象出版社 2016 年版，第 1—162 頁。

GT　中國國家圖書館編號 48892。

HXT　黄興濤等編:《明清之際西學文本》第一册，中華書局 2013 年版，第 189—228 頁。

中文一手資料

（清）傅山著，劉貫文等編:《傅山全書》，山西人民出版社 1991 年版。

（明）韓霖著，孫尚揚、肖清和等校注:《鐸書》，華夏出版社 2008 年版。

（明）黄宗羲著，沈芝盈點校：《明儒學案》，中華書局 2015 年版。

（宋）黎靖德編，楊繩其、周嫻君校點：《朱子語類》，岳麓書社 1997 年版。

（清）李恩授纂，李丙榮續纂：《丹徒縣志摭余》，民國七年刻本。

（清）李煥揚修，張于鑄纂：《光緒直隸絳州志》，清光緒五年刻本。

（清）劉顯第修，陶用曙纂：《（康熙）絳州志》，《哈佛燕京圖書館藏稀見方志叢刊》第九册，國家圖書館出版社 2015 年版。

馬相伯：《童幼教育跋》，《上智編譯館叢刊》，1948 年第 3 卷第 6 期。

（宋）司馬光：《宋司馬温國文正公家範》，國家圖書館出版社 2013 年版。

（三國魏）王肅編著：《孔子家語》，中州古籍出版社 1991 年版。

（明）徐光啓著，朱維錚、李天綱編：《徐光啓全集》，上海古籍出版社 2010 年版。

（民國）徐昭儉編：《中國地方志集成·（民國）新絳縣志》，鳳凰出版社 2005 年版。

（清）張伯行：《小學集解》，齊魯書社 1997 年版。

（東漢）鄭玄註，（唐）孔穎達疏，龔抗雲整理，王文錦審定：《禮記正義》，北京大學出版社 1999 年版。

（民國）周恭壽修，趙愷、楊恩元纂：《貴州省續遵義府志》，《中國方志叢書》華南地方第二八四號，臺灣成文出版社有限公司

1980 年版。

周駬方编校：《聖朝破邪集》，《明末清初天主教史文獻叢編》第二册，北京圖書館出版社 2001 年版。

（宋）朱熹撰，（明）陳選註：《禦定小學集註》，《影印文淵閣四庫全書》子部儒家類，第 699 册，臺灣商務印書館 1986 年版。

〔意〕艾儒略著，葉農點校整理：《艾儒略漢文著述全集》，澳門文化藝術學會 2012 年版。

〔意〕高一志：《達道紀言》，載吴相湘、劉兆銘編：《天主教東傳文獻三編》第二册，臺灣學生書局 1984 年版。

〔意〕高一志：《齊家西學》，載黄興濤、王國榮編：《明清之際西學文本》第二册，中華書局 2013 年版。

〔意〕高一志：《童幼教育》，載張西平等編：《梵蒂岡圖書館藏明清中西文化交流史文獻叢刊》第一輯第十四册，大象出版社 2014 年版。

〔意〕利瑪竇著，文錚譯，〔美〕梅歐金校：《耶穌會與天主教進入中國史》，商務印書館 2014 年版。

〔意〕曾德昭，何高濟譯，李申校：《大中国誌》，上海古籍出版社 1998 年版。

〔比〕鐘鳴旦等編：《耶穌會羅馬檔案館明清天主教文獻》，利氏學社 2002 年版。

西文一手資料

Bartoli, Daniello. *Opere del padre Daniello Bartoli della Compagnia di Gesu.* 39 Volumes. Torino: Giacinto Marietti, 1825-1856.

Bonifacio, Juan [Bonifacius, Johannes]. *Christiani Pueri Institutio (1588), Edição anastática do exemplar da Biblioteca da Ajuda em Lisboa com un estudo prévio por Manuel Cadafaz de Matos.* Macao : Instituto Cultural de Macao, 1988.

Cicero. *Tusculanae disputationes.* trans. by Andrew Peabody. Boston:Little & Brown，1886.

D' Elia, Pasquale. *Fonti Ricciane.* Roma. La Libreria dello Stato, 1949.

De Torres, Juan. *Philosophia moral de principes.* Burgos, 1596.

De Vitry, Jacques [De Vitracio, Jacobus]. *Sermones Vulgares.* Edition. J. Longère (*Corpus Christianorum. Continuatio Mediaevalis*, n° 255), Turnhout: Brepols Publishers, 2013.

Erasmus. *Civilitas morum puerillum. De pueris statim ac liberaliter instituendis libellus.* Erasme de Rotterdam. *La Civilité puérile.* trans. by Alcide Bonneau. Paris: Isidore Lisieux, 1877.

Jerome. "Letter to Laeta" . in *Sancti Eusebii Hieronymi Epistulae*, edition Isidorus Hilberg, 3V. New York: Johnson, 1970.

Le Guidon des parens en instruction et direction de leurs enfans. Paris : Gilles Gourmont, 1513.

Marshall, P.K. (ed.). *Oxford Classical Texts: Aulus Gellius Noctes*

Atticae, Vol. 1: Liber I-X. Oxford: Oxford University Press, 1968.

Pavur, Claude. (ed.). *The Ratio Studiorum: The Official Plan for Jesuit Education*. Saint Louis: Institute of Jesuit Sources, 2005.

Pliny the Elder. *The Natural History. Volume X: Books 36-37*. trans. by D. E. Eichholz. Loeb Classical Library. Cambridge, MA: Harvard University Press, 1962.

Seneca. *Epistulae morales ad Lucilium*. trans. by R. Gummere. Loeb Classical Library. Cambridge, MA: Harvard University Press, 1917.

Sullivan, Anne Stanislaus. *Maphei Vegii Laudensis De Educatione Liberorum et Eorum Claris Moribus Libri Sex, A Critical Text of Books IV-VI*. Washington: Catholic University of America, 1936.

Vegio, Maffeo [Vegius, Mapheus]. *De Educatione Liberorum et Eorum Claris Moribus Libri Sex*; Maria Walburg Fanning. *Maphei Vegii Laudensis De Educatione Liberorum et Eorum Claris Moribus Libri Sex, A Critical Text of Books I-III*. Washington: Catholic University of America, 1933.

Venturi. P. T. *Opere storiche del P. Matteo Ricci S.I.* Macerata: Premiato stab. tip. F. Giorgetti, 1911.

中文相關研究書目及譯著

陳衛平、李春勇：《徐光啓評傳》，南京大學出版社 2007 年版。

陳垣等：《民元以來天主教史論集》，臺灣輔仁大學出版社 1985 年版。

方豪：《中國天主教史人物傳》，香港公教真理協會 1967 年版。

方豪：《方豪六十自定稿》，臺灣學生書局 1969 年版。

方豪：《方豪晚年論文輯》，臺灣輔仁大學出版社 2010 年版。

黃一農：《兩頭蛇：中國第一代天主教徒》，上海古籍出版社 2015 年版。

金文兵：《高一志與明末西學東傳研究》，廈門大學出版社 2015 年版。

李奭學：《中國晚明與歐洲文學》（修訂版），生活·讀書·新知三聯書店 2010 年版。

李奭學：《明末耶穌會翻譯文學論》，香港中文大學出版社 2012 年版。

李向玉：《澳門聖保祿學院研究》，澳門日報出版社 2001 年版。

林金水：《利瑪竇與中國》，中國社會科學出版社 1996 年版。

梁家勉：《徐光啓年譜》，上海古籍出版社 1981 年版。

羅光：《利瑪竇傳》，臺灣光啓出版社 1960 年版。

戚印平：《澳門聖保祿學院研究：兼談耶穌會在東方的教育機构》，澳門文化叢書 2011 年版。

錢存訓：《近世譯書與中國現代化》，北京教育出版社 1997 年版。

萬明：《晚明南京教案新探》，中國社會科學出版社 1997 年版。

王治心：《中國基督教史綱》，上海古籍出版社 2004 年版。

吴廷燮：《明督抚年表》，中華書局 1982 年版。

蕭若瑟：《天主教傳行中國考》，上海書店 1989 年版。

熊光義：《耶穌會的教育法》，臺灣光啓出版社 1965 年版。

張鎧：《龐迪我與中國》，大象出版社 2009 年版。

趙慶源:《中國天主教教區劃分及其首長接替年表》,臺灣聞道出版社 1976 年版。

周俊富:《東林列傳》,廣陵出版社 2007 年版。

周守仁主編 :《耶穌會教育論文集》,臺灣恩維出版社 2012 年版。

鄒振環:《明清漢文西學經典:編譯、詮釋、流傳與影響》,復旦大學出版社 2011 年版。

〔德〕彼得·克劳斯·哈特曼著,谷裕譯:《耶穌會簡史》,宗教文化出版社 2003 年版。

〔德〕畢爾麥爾著,〔奧〕雷立柏譯:《近代教會史》,宗教文化出版社 2011 年版。

〔美〕柏里安著,陳玉芳譯:《東遊記:耶穌會在華傳教史(1579—1724)》,澳門大學出版社 2014 年版。

〔美〕鄧恩著,余三樂、石蓉譯:《從利瑪竇到湯若望:晚明的耶穌會傳教士》,上海古籍出版社 2003 年版。

〔法〕費賴之著,馮承鈞譯:《在華耶穌會士列傳及書目》,中華書局 1995 年版。

〔日〕高瀬弘一郎:《基督教時代的文化與諸相》,八木書店 2002 年版。

〔法〕高龍鞶著,周士良譯:《江南傳教史》第一册,臺灣輔仁大學出版社 2007 年版。

〔奧〕雷立柏:《西方經典英漢提要》(卷四),世界圖書出版公司 2012 年版。

〔美〕孟德衛著,江文君等譯:《1500—1800 中西方的偉大相遇》,新星出版社 2007 年版。

〔法〕裴化行著，管震湖譯：《利瑪竇神父傳》，商務印書館 1993 年版。

〔法〕榮振華著，耿昇譯：《在華耶穌會士列傳及書目補編》，中華書局 1995 年版。

〔葡〕桑托斯：《澳門遠東第一所西方大學》，澳門基金會 1994 年版。

〔法〕謝和耐著，耿昇譯：《中國與基督教》，上海古籍出版社 2003 年版。

〔西〕依納爵・羅耀著，侯景文譯：《耶穌會會憲》，臺灣光啓出版社 1976 年版。

〔古羅馬〕優西比烏著，瞿旭彤譯：《教會史》，生活・讀書・新知三聯書店 2009 年版。

中文相關研究論文

陳寶良：《明末儒家倫理的困境以及新動向》，《史學月刊》2000 年第 5 期。

胡玲：《近代早期耶穌會教育的影響》，《淮陰師範學院學報》2009 年第 31 期。

胡玲：《近代早期耶穌會教育事業繁榮的諸因素》，《歷史長廊》2010 年第 440 期。

黃文樹：《第一本傳入中國教育專著：〈童幼教育〉論述》，《樹德科技大學學報》2009 年第 11 卷第 1 期。

金文兵：《明末地方教化“引耶入儒”的現實考慮 —— 耶穌

會士高一志晚年譯著（1630—1640）背景初探》，《世界宗教研究》2012年第3期。

李弘祺：《高一志和他的〈童幼教育〉；明末耶穌會士有關倫理教育之中文著作研究之一》，收入《中外關係史國際學術研討會論文集：思想與文物交流》，淡江大學歷史學系1989年版，第109—122頁。

劉昭民：《最早傳入中國的西方氣象學知識》，《中國科技史料》1993年第2期。

〔法〕梅謙立：《明清之際的友誼政策》，《西學東漸研究》2010年第3輯。

〔法〕梅謙立：《晚明中西倫理學的相遇：從〈尼各馬可倫理學〉到晚明〈修身西學〉》，《中央研究院中國文哲研究所集刊》2011年第39期。

蒙培元：《從心性論看朱熹哲學的歷史地位》，《福建論壇》1990年第6期。

譚樹林、張伊玲：《晚明南京教案起因再探——以西方殖民活動爲視角》，《江蘇社會科學》2001年第5期。

許光宜：《明清西方地震知識入華初探》，《中國科技史雜志》2012年第4期。

〔荷〕許理和：《李九功与慎思录》，載卓新平主編：《相遇与對話：明末清初中西文化交流國際學術研討會文集》，宗教文化出版社2003年版。

張維華：《南京教案始末》，《齊大》1930年第1卷。

朱漢民：《誰誤讀了"格物致知"？》，《光明日報》2012年3月26日。

鄒振環：《明末南京教案在中國教案史研究中的範式意義——以南京教案的反教與“破邪”模式爲中心》，《學術月刊》2008 年 5 月。

西文相關研究書目

Chan, Albert. *Chinese Books and Documents in the Jesuit Archives in Rome, A Descriptive Catalogue: Japonica-Sinica I-IV*. Armonk, NY : M. E. Sharpe, 2002.

Delbrel, J.. *Les Jésuites et la pédagogie au XVIe siècle*: Juan Bonifacio. Paris：Alphonse Picard, 1894.

Dehergne, J.. *Répertoìre des Jésuites de Chine de 1551 à 1800*. Roma: Bibliotheca instituti historici, 1973.

Graves, Frank PierrePont. *A History of Education: During the Middle Ages and the Transition to Modern Times*. London: The Macmillan Company, 1914.

Horkan, Vincent Joseph. *Educational Theories and Principles of Maffeo Vegio*. Washington: Catholic University of America, 1953.

Kelly, Edward. *The Anti-Christian Persecution of 1616-1617 in Nanking*. Ph. D. Diss. Columbia University, 1971.

Laures, Johannes. *Kirishitan Bunko A Manual of Books and Documents on the Early Mission in Japan*. Tokyo: Sophia University, 1957.

Li Sher-shiueh and Meynard Thierry. *Jesuit Chreia in Late Ming China: Two Studies with an Annotated Translation of Alfonso Vagnone's*

Illustrations of the Grand Dao. Bern: Peter Lang, 2014.

Lopes, Antonino. *I papi, La vita dei pontefici attraverso 2000 anni di storia*. Roma: Futura edizioni, 2009.

Margiotti, Fortunato. *Il cattolicesimo nello Shansi dalle origini al 1738*. Roma: Edizioni Sinica franciscana, 1958.

O' Malley, J. W. *The First Jesuits*, Cambridge Mass.: Harvard University Press, 1993.

Olin, John C.. *Erasmus. Utopia, and the Jesuits, Essays on the Outreach of Humanism*. New York : Fordham University Press, 1994.

Pfister, Louis. *Notices biographiques et bibliographiques sur les jésuites de l'ancienne mission de Chine (1552-1773)*. Shanghai: Imprimerie de la mission catholique, 1932.

Redaelli, M.. *Il mappamondo con la Cina al centro, fonti antiche e mediazione culturale nell' opera di Matteo Ricci S. J.* ETS, 2007.

Standaert, Nicolas & Zürcher, Erik. (ed.) *Handbook of Christianity in China*, Leiden: Brill, 2001.

Tracy, James D.. *The Growth of a Mind*. Genève: Librairie Droz, 1972.

Woodward, William Harrison. *Desiderius Erasmus Concerning the Aim and Method of Education*. Cambridge: Cambridge University Press, 1904.

Zardin, D.. *Il Collegio gesuitico di Brera in Milano: socialità religiosa e vita culturale, in Accademie e istituzioni ecclesiastiche di cultura in Italia tra concilio di Trento e illuminismo*. Atti del convegno di Grado. 1-3 ottobre, 1985.

西文相關研究論文

Bernard-Maître, Henri S. J.. "Les adaptations chinoises d'ouvrages européens, bibliographie chronologique." *Monumenta Serica*. Vol. 10., 1945, pp. 309-388.

Casassa, M.. "La Compagnia di Gesù nelle Provincie di Torino e Aosta". *La Compagnia di Gesù nella Provincia di Torino dagli anni di Emanuele Filiberto a quelli di Carlo Alberto*, Torino: Società Piemontese di Archeologia e Belle Arti, 1998, pp. 13-24.

Crivellin, W. E.. "La ricostruzione della Compagnia di Gesù a Torino (1870-1916): un primo bilancio", Signorelli B.. (ed.) *I Santi Martiri: una chiesa nella storia di Torino*, Torino: Compagnia di San Paolo, 2000, pp. 157-182.

Duan, Chunsheng. *L'attività missionaria e pedagogica di Alfonso Vagnone S. J. in Cina (1605-1640)*. Dottorato di ricerca. Università Cattolica del Sacro Cuore, 2012-2013. N. 3911239.

Falato, Giulia. "Alfonso Vagnone S. J.' s 'Tongyou Jiaoyu' and Its Contribution to the Introduction of Western Learning into Late Ming China." in *Ming Qing Studies*, 2015, pp. 137-158.

Falato, Giulia. "The Concept of Friendship in Alfonso Vagnone S. J.' s Work 'Tongyou Jiaoyu'." in *International Communication of Chinese Culture*, 2016. 3 (1), pp. 95-106.

Kawamura, Shinzō. "Humanism, Pedagogy, and Language.

Alessandro Valignano and the Global Significance of Juan Bonifacio's Work Printed in Macao (1588) ." a paper delivered at the International Colloquium entitled *O humanismo latino e as culturas latinas do Extremo Oriente*. Inter-University Institute of Macau, January 6-8, 2005.

Lee, Thomas H. C.（李弘祺）. "Alphonsus Vagnoni and His *Western Learning on Personal Cultivation*: The First Introduction of St. Thomas' Ethical Ideas in China"，載《國史浮海開新録：余英時教授榮退論文集》，edited by Zhou Zhiping and Willard Peterson, 臺灣聯經出版社 2002 年版，pp. 347-377.

Signorelli, Bruno. "L'ultima collaborazione fra lo Stato Sabaudo e la Compagnia di Gesù in epoca di antico regime: la creazione degli ospizi e delle congregazioni di carita." *La Compagnia di Gesù nella Provincia di Torino: dagli anni di Emanuele Filiberto a quelli di Carlo Alberto*. Torino: Società Piemontese di Archeologia e Belle Arti, 1998. pp. 221-246.

Vergara, Ciordia Javier. "La edición de Burgos de 1588 del *Christiani pueri institutio adolescentia[e]que perfugium*, obra clave del humanismo jesuítico hispano." in *Historia de la educación*. 31, 2012. pp. 81-103.

Zürcher, Erik. "Un 'contrat communal' Chrétien de la fin des Ming: Le Livre d' admonition de Han Lin (1641)." in Hubert Delahaye and Catherine Jami (ed.). *L'Europe en Chine: Interactions scientifiques, religieuses et culturelles aux XVIIe et XVIIIe siècles*. Paris: Collège de France, 1993. pp. 3-22.